서정시학 비평선 040

고백, 시

이성모

서정시학

이성모 李成模

경남 마산에서 태어나 경남대학교 국어교육과 졸업. 부산대학교 대학원 문학석사, 경남대학교 대학원 문학박사. 『시와 사람』, 『서정시학』지에 「이 계절의 시와 시집」 평론을 연재하였다. 『전봉건 시 연구』를 내었다. 『시와 비평』지 발행인, 한국시학회 이사, 한글학회 경남지회장을 역임하였다. 현재 『시애』지 발행인, 창원시김달진문학관장, 마산대학교 교수.

서정시학 비평선 040
고백, 시

2019년 11월 08일 1판 1쇄 발행
2020년 08월 10일 1판 2쇄 발행

지 은 이 · 이성모
펴 낸 이 · 최단아
펴 낸 곳 · 도서출판 서정시학
주   소 · 서울시 서초구 서초중앙로 18 504호 (서초쌍용플래티넘)
전   화 · 02-928-7016
팩   스 · 02-922-7017
이 메 일 · lyricpoetics@gmail.com
출판등록 · 209-91-66271

ISBN 979-11-88903-32-0   93810

계좌번호 : 국민은행 070101-04-072847   최단아(서정시학)
값   24,000원

* 잘못된 책은 바꾸어 드립니다.

이 도서의 국립중앙도서관 출판시도서목록(CIP)은 서지정보유통지원시스템 홈페이지(http://seoji.nl.go.kr)와 국가자료공동목록시스템(http://www.nl.go.kr/kolisnet)에서 이용하실 수 있습니다.(CIP제어번호 : CIP2019042729)

고백, 시

머리말

    시는 고백이었다. 마음속에 생각하고 있는 것이나 감추어 둔 것을 사실대로 숨김없이 말하는 것이었다. 참괴무면慚愧無面, 부끄러워서 볼 낯이 없는 것. 자기 자신의 잘못된 점을 따져 나무라는 시적 긴장이 시인이 지녔던 시적 심장이었다. 쩨쩨하고 남부끄러움, 옹졸함, 치졸함, 비겁함, 가책 없는 뻔뻔함에 가슴을 치던 시인들이 있었다.

    순정純正한 사람이 쓰는 순정純情한 시를 잊은 지 오래이다. 시 따로, 사람 따로, 시적 코드로만 존재하는 익명화된 시인. 시에는 눈물이 그득하나, 말라비틀어져 까칠한 시인. 시에는 애끓는 사랑으로 넘치나, 사람을 용서하고 기다림을 모르는 시인. 시적 재주에 기대어 이름 꽤나 얻었으나, 시로부터 결코 구원받을 수 없는 시인이 너무 많다. '순간의 미학이 시'라고 해도 지속으로서 삶의 태도를 견지한다는 것은 그야말로 '시의 진실'이라는 세계에 깃드는 것이다.

    시가 고백이라고 해서, 푸념과 넋두리의 자족적 세계에 떨어지는 것을 말하는 것은 결코 아니다. 불평의 토로와 하소는 부질없는 공염불과 같다. 믿음과 실천, 결기 없는 언술은 심장의 언어가 아니라 입술의 언어이다. 시적 진술을 전제로 할 때, 고백은 스스로에게 건네는 반성과 성찰이며, 남과 세상을 향한 총체적 의미로서 삶의 국면으로 확장된다. 일개인의 정신적이거나 육체적인 결여가 고독과 고립, 허청거리며 사는 숱한 인간 군상으로 굴절 반영되는 것이며, 더 나아가 보편적인 삶의 형상으로 공감되어지는 세계에 시가 있다.

헤겔의 미학, 제2권에 편재된 시학에서 헤겔이 바라본 미학의 가장 낮은 단계인 직관, 미학의 핵심에 시에 있다고 여긴 까닭은 어디에 있는가. 그가 본 시, 서정은 '정신성'의 원리이다. 현실에 맞닥뜨린 제반 실천적 문제로부터 자유로운 세계, 내면과 외면의 존재를 넓게 바라보는 안목이란 무엇인가. 이는 E. 슈타이거『시학의 근본개념』에서 말하는 내면화(erinnerung)이다. 과거 현재 미래가 통합된 정적인 체험, 주체와 객체 사이에 아무런 단절이 없이 이른바 자기의 심혼을 일깨우는 자아. 독일문예학에서는 이를 두고 "영적인 과정, 영적인 체험"이라고 하는 바, 이 길은 "아무도 들어가 보지 않은, 발을 들여놓을 수도 없는 내면적인 사건인 동시에 정신적인 결단이 필요한 지각"이다.

고백은 "나의 영혼, 플라톤이 말하는 이데아에 참여하는 길"의 출발점이다. 이 책의 제목을『고백, 시』라고 한 까닭은 '고백시(confessional poetry)'라는 장르적 특성, 자기 지시적 시선으로부터 자유롭고자 함이다. 개인시, 자서전적 시의 축어적 의미는 물론, 더 나아가 로젠탈(M.L.Rosenthal)이 로버트 로웰의 시집『인생 연구』를 두고 명명한 '고백시'- 개인의 이력과 경험, 고백적 맥락, 당대 현실과의 접점, 문명 비판적 성향 등 - 로부터도 달리하고자 함이다.

문학이 위대한 것은 문학정신의 위의에 있는 것이 아니다. 문학에서만큼은 실존이 본질에 앞서지 않는다. 문학은 썩어가는 주검, 그 욕망의 살점을 파먹고 날아오르는 까마귀와 같다. 바타이유의 말처럼 "문학은 결백한 것이 아니라 비난받아 마땅하며, 문학은 끝없이 스스로의 유죄에 대한 변호이

다."(『문학과 악』 책머리에)

　본인은 제도권의 평단 등단 절차와 무관하게 살아온 무망한 사람이다. 발표의 지면을 준 『시와사람』, 『서정시학』지, 그리고 시인들에게 무한한 경의와 감사를 드린다. 무망함의 끝자락에서 『고백, 시』에 관한 반성과 성찰. 무한대의 물음표. 꼬리만 잘려 어지럽게 낸 첫 문학평론집이다. 부끄럽다.

2019년 가을
의령 호미헌(虎尾軒)에서

이 성 모

차례

머리말 / 5

제1부 반성과 성찰

1. 시는 끝까지 자기 자신을 반성하지 않는다. / 13
2. 디카시에 관한 관견管見 / 31
3. 극서정과 시적 상상력 / 47
4. 지리산 시의 정신사 / 60
5. 1950년 정지용과 정진업 / 75
6. 마산지역에서 부활해야 할, 시인 권환 / 99
7. 백석의 「昌原道」 읽기 / 112

제2부 시의 길

1. '말'과 '나'를 버린 시의 길 – 이하석, 최동호의 시 / 121
2. 물물과 마음을 좇는 시의 길 – 이건청, 홍신선의 시 / 130
3. 기억의 에돌이, 시간의 현상학 – 김구슬, 성선경, 신달자의 시 / 142
4. 귀를 열어, 들은 것을 전하는 시 – 한승헌, 나태주, 배종환의 시 / 157
5. 기억의 몽따쥬 혹은 유희적 몽상 – 권혁웅의 시 / 177
6. 자유자재 혹은 空의 시학 – 문인수의 시 / 185
7. 인간적인, 너무도 인간적인 초록시의 길 – 이하석의 시 / 196

제3부 고백들

1. 슬픔과 니힐, 저항과 구원 - 우무석의 시 / 209
2. 몽둥이찜질, 황홀한 적바림 - 정일근의 시 / 227
3. 고백한다, 그러므로 나는 존재한다 - 이서린의 시 / 240
4. 바람과 피의 현상학 - 강신형의 시 / 252
5. 시에서 삶의 길을 찾다 - 서인숙의 시 / 262
6. 진정한 농민시에 이르는 길 - 성기각의 시 / 282
7. 삶의 영도零度, 혹은 미망迷妄을 넘어서 - 공영해의 시 / 295

제1부 반성과 성찰

시는 끝까지 자기 자신을 반성하지 않는다.

1. 혁신의 모순. 잃은 것은 사람, 얻은 것은 무명의 문학

참 오래 되었다. 지역문학의 위의威儀에 자존감을 걸고 뛰어들었던 시절, 『시와 비평』지, 창간호에 게재했던 표제를 지금 쓰고 있다. 문학의 순수성과 문학하는 이의 진정성을 귀하게 여기던 때이었다. 김달진문학제를 구심점으로 하여 지역문학의 혁신을 꿈꾸었던 시절이었다. 이제야 깨닫는다. 그때의 혁신이 뜻을 같이하는 집단 내의 결집 혹은 끝없는 믿음을 부여하기 위한 방편으로서 자위일 뿐이었다는 것. 게다가 혁신의 아우라에 도취되기에 앞서 사람과 사람의 진정성이 혁신의 주체가 되어야 하며, 인간이 인간답게 반성하는 근원적 성찰 없이 내뱉는 혁신이란 그야말로 무망한 신기루였다는 것.
　문학 이전에 사람이 있다는 것, 사람이 있기 전에 욕망이 앞서가고 있다는 것을 까마득하게 방기하였다. 사람이 살아감에 있어 정겨운 사람이 곁에 있어 즐거운 삶이기도 하지만, 애꿎은 사람이 들어 괴롭기도 한 것이다.

문제는 그릇된 성정으로 사람이 사람을 물어대는 이른바 페어플레이를 하지 않는 인간 앞에 섰을 때이다. 이에 대해 중국의 신해혁명과 군벌정부시대의 격변기를 거치면서 작금의 인간사를 직핍하여 명쾌하게 답한 루쉰魯迅의「페어플레이는 아직 이르다」라는 글이 있다. 그는 '페어'하려면 먼저 상대방을 잘 살펴보아야 하며, 상대방이 '페어'하지 않는데, 어리숙하게 자신만 '페어'하여 손해를 보아서는 안 되며, 특히 상대방이 누구인가를 가려 베풀어야 한다."고 한다. 이를테면 "물에 빠진 그가 사람이라면 돕고, 개라면 내버려두고, 나쁜 개라면 때려야 한다."는 것이다. "요컨대 사람을 무는 개라면 그 놈이 뭍에 있건 물속에 있건 간에 전부 때려도 되는 부류에 속한다."는 것이다.

사실, 루쉰의 이러한 태도와 방법 이전에 무엇보다 중요한 것은 상대방이 감히 얕보지 못할 정도의 힘을 키우는 것, 그것만이 스스로 살길이다. 그럼에도 불구하고 자기 앞가림은 제쳐두고 상머슴 꾼이 따로 없다. 대한민국 바보가 따로 없는 '나'이고 보니 참으로 어리석기 짝이 없다.

혁신만이 지역문학의 새로운 꿈과 희망에 맞닿아 있다고 생각하면 그것이야말로 의도의 오류이다. 혁신은 절망과 만나는 자리에 있다. 좌절을 선고하는 처절한 인식에서부터 출발하는 자리가 혁신이다. 대립과 모순을 물리쳐야 할 대상으로 삼아 거척하거나 건너뛰어야 할 것이 아니라, 부딪힘이며 변화를 향한 불가피한 노력으로 읽어내어야 비로소 문제적 현실을 극복할 수 있다. 혁신을 역설하여 목적지에 달성했다고 믿을 때가 혁신으로부터 가장 멀리 떨어져 있을 때이다. 일체의 혁신적 이상주의에 대한 반성과 성찰, 긴장과 어려움을 피해가기보다 해결해야 할 딜레마로서 접근할 때, 비로소 혁신의 모순이란 존재하지 않을 것이었다.

2. 유토피아의 몽상과 극단의 디스토피아

혁신의 담론이 성행할 때는 불확정으로 가득한 혼돈을 은폐하면서 모든 현상을 익명의 신화처럼 기호화하려 들 때이다. 언뜻 새 시대를 향한 자유로운 열정이라는 태도를 표방하고 나선 혁신의 담론이란 일체의 변혁을 향한 새로운 물음의 제기로서 가치로울 수 있겠다. 다양함과 새로움의 충격을 받아들이는 용기와 소통 체계의 변혁을 모색해보자는 것이다. 특히 정치·문화의 개혁적 담론으로서 '새로운' 유토피아를 주창하는데, 과연 문학에 있어 유토피아란 존재하는 것인가?

물론, 합목적성에 바탕을 두고 계몽과 위안으로서 문학이 갖는 이상향이란 시대를 관류하여 있어 왔던 것이 사실이다. 아울러 이데올로기에 편승하거나, 아니면 스스로의 선택에 의하거나 간에 삶의 메시지로서 문학이 존재해 왔고 '지금도 그렇다.'라고 할 수 있다. 그릇된 세계를 적시하고 바로 잡기 위한 시대적 성찰, 심지어 인간으로서 자신의 거짓과 맞섬으로써 진실을 찾아 나선 지적 모험이란 문학이 갖는 치열함이기도 하다.

그럼에도 불구하고 문학은 유토피아를 약속하지는 못한다. 실현 가능한 세계를 보일 수는 있으나, 그 자체가 완결된 코드로서 유토피아일 수는 없는 것이 문학이다. 문학은 늘 불완전한 코드를 타고 흐르는 이루지 못한 세계에 대한 동경으로 가득하다.

따라서 진정한 의미로서 문학적 전망이란 존재할 수 없다. 전망이라는 것이 가시적으로 드러나는 제도의 변혁과 정제된 법칙성에서 있을 수 있겠으나, 불가시적인 인간의 내면세계란 끝없는 미망 그 자체여서, 오히려 전망이 미혹함을 더욱 불러일으킬 따름이다. 우리가 지나온 20세기란 무엇인가? 그리고 진행형으로서 21세기 초, 산업사회로의 급격한 전이와 더불어 메커니즘의 생산자이며 소외자인 인간이 맞닥뜨린 위기감은 그나마 비판적 주체로서의 반향을 거치면서 문학의 다양화와 심화를 불러 일으켰다. 세계의 종말이 감지될수록 모순된 현실을 적시하려는 문학적 충동은 부정을 딛고 일어서 생성을 향한 문학적 여명으로서 그 역할을 다하려고 노력해 왔다. 늘 그랬듯이 주체와 세계의 이원론, 혹은 일원론의 방법적 틀을 관류하면서 때로는 충돌하고 대립하고 지양하는 한편, 종합하는 의지를 보였다. 진리는 가치로움에 대한 신념에서 비롯되었고, 진리를 수행할 수 없는 모순적 인간에 의해 허구가 되는 딜레마 속에 존재해 왔다.

허구적인 순환론을 끼고 도는 20세기 서구의 철학적 충격은 역시 로고스 중심주의의 해체를 꼽아야 할 것이다. 데카르트의 명제, '나는 생각한다, 고로 나는 존재한다.'가 유럽 근대의식의 정초가 되었다면, 20세기는 그러한 사고에 대한 환멸을 먹고 자란 사생아와 같다. 동양에서 수천 년 전부터 이야기 한 '나를 죽여야, 나를 본다.'는 말을, 그들은 주체의 지리멸렬한 무의식적 충동, 상실, 공허, 붕괴라는 말들로 떠들썩하게 이야기했다. 아울러 황폐화된 역사 앞에 선 인간의 진정성 부재, 휴머니즘의 종말, 이성의 죽음, 자아의 죽음. 덩달아 끼어 든 문학의 죽음. 오르데가 이 가세트가 말하는바 "자멸적인 제스처 덕분에 예술은 예술로서 존속되는 것이요, 예술의 자기 부정은 기적적으로 예술의 보존과 승리를 가져왔던"(『예술의 비인간화』) 것이다.

어쩌면 20세기 문학은 과학적 문명으로 대표되는 메커니즘의 저항으로 시작하였다가, 오히려 메커니즘의 희생물로 쏟아져 나온, 황폐화된 인간을 뜯어먹고 살아남은 하이에나와 같은 존재이다. 심지어 자기 자신까지 희생적 제물로 바쳐 성스러움과 속됨의 언저리를 배회하는 모습, 이른바 20세기 문학은 가학과 피학이 하나의 몸 안에서 이루어지는 와해와 분열로 암각되어 있는 듯하다.

21세기가 20세기와 다를 것이라는 점은 20세기말에 보여 준 표징으로 이미 드러나 있다. 지나간 20세기가 보편적 가치의 종언을 선언한 카오스적 혼돈 속에 디오니소스적 갈망과 환멸이 교차하면서 진정한 '무엇'의 정체성을 밝히고자 하는 몸부림에 있었다고 하면, 다가올 21세기는 '무엇'이라는 본질보다 '어떻게'라는 수단과 수행이 선행하는 제반 프로그램의 네트워크 속에 구성되어지는 처지로 전락할 위험이 있다고 하는 것이다. 가뜩이나 20세기의 혼돈 속에 미아와 같이 내던져진 존재들이 의미를 구성해 보기도 전에, 수행적 프로그램에 종속되거나 스스로를 내맡기는 진공의 상태에서 부유하게 될 것이라는 점이다.

기계 톱니바퀴 사이에 낀 20세기 인간이 이제는 모든 것을 투과하면서도 보이지 않는 거미줄과 같은 光케이블에 엉킨 21세기 존재로 치환되었다고 하겠다. 차이가 있다면 20세기 인간은 그나마 실재로서의 모습을 보이고 있는데 비해, 21세기 인간은 실재와 환상이 분별되지 않는 미니멀리즘과 하이퍼리얼리티 사이를 오가면서 더욱 파편화 되고 있다는 점이다. 전달 매체 역시 평면적인 문자의 틀을 벗어나 다성성을 기초로 하고 있는 복합매체로, 무의식적 기저를 흔들어 인간의 욕망까지 잠식하는 사이버스페이스로 나아가고 있다는 것이다.

그것은 진리가 확실성 속에 내재하고 있는 것이 아니라, 현상적 충돌 혹은 상호 조응 속에 끊임없이 변형하는 코드에 잠재되어 있다는 인식에 바탕을 두고 있다. 다층적 기호들의 조합과 일탈이라는 극단 속에 '무엇'은 생략되고 '어떻게'만이 존재하는 세계로 치닫고 있다. 난마와 같은 혼돈의 세계, 자기 부정의 고통과 자기 정체성의 허구에 허청거리고 있는 인간 앞에 '무엇'을 찾기도 어려운데, 허상의 기호로 채워진 사이버 공간마저 가로놓여져 있는 이중고에 처해진 상황이다.

한편으로, 문학이 궁극적으로 삶의 문제와 생존의 조건에 대한 반성과 성찰에서 크게 벗어나지 못한다고 전제할 때, 우리를 둘러싼 21세기 상황은

20세기와 다를 바 없다. 자본에서 기계가 진화함에 따라 경험했던 인력 구조 조정과 최소한의 생존을 감내하기 위한 저임금 구조와 고용의 불평등은 이제 자동화 스마트 시스템 구축과 더불어 수많은 근로자들이 단순 계약직 혹은 일용직으로 떠도는 열악한 상황을 맞이하게 된 것과 다르지 않다. 첨단의 유토피아와 극단의 디스토피아가 공존하는 21세기 초는 20세기 상황의 확대와 심화일 뿐이다.

3. 해체주의 시의 바벨탑을 경계함

지나온 20세기 끝에서 우리는 문학의 죽음, 시의 죽음을 떠들썩하게 이야기했다. 문학의 죽음이란 권위적인 주체로서 저자의 죽음이며, 시의 죽음이란 의미와 규칙으로서 엄정한 말의 죽음이라는 인식에서 비롯된다. 선험적이고 초월적인 존재로서 저자는 텍스트의 흔적이며, 더 나아가 글을 쓰는 순간 자신의 존재는 없고 차이만 남아 흩어져 있는 것. "말의 규칙에 따라 만들어진 무한한 발화들은 예이츠가 표현한 대로, 그저 유령과 같은 패러다임 위를 떠돌고 있는 거품일 뿐"(앨빈 커넌, 『문학의 죽음』)이라는 것.

언어가 거품과 허상이라면 발화하는 인간, 혹은 발화로 이루어지는 삶의 실체라는 것 역시 소멸되는 자리에, 말의 해체를 통한 인간의 해체가 성립된다. 우리가 인위적으로 만들어 왔고, 그것을 통해 신념화했던 세계와 삶이 허상이라는 인식을 전제할 경우, 언어 해체 전략으로서 말놀이 시는 진정한 실체를 향한 탐색이라는 의의를 부여받게 된다. 더욱이 판단, 명령, 금제와 권위라는 말의 한 쪽 편에 도사리고 있는 속임수, 도피, 거짓의 말들 사이에 진정한 커뮤니케이션이 상실되었다고 가정할 때, 우리의 의식을 이루었던 모든 규범과 신화는 이미 우리들로부터 떠나 있는 것이다.

해체주의 시를 쓰는 이들은 우리가 살고 있는 시대 자체를 해체시대라고 명명한다. 일체의 지배 이데올로기에 대한 해체, 교정의 의도로서 풍자가 개입하면 그것은 전략으로서, 권위적 말에 대한 도전이며 지적 교란이 된다. 전략이라는 말이 자칫 새로운 이념을 창출한다는 자가당착적 모순에 빠질 것을 우려할 경우에는 '내가 말한 것이 내가 말한 것이 아니며, 누가 말하든 무슨 상관이야'라는 차연으로 빠져나간다. 이러한 가운데 해체주의 시적 방법의 원천을 이루는 대체적인 것은 말소리에 의한 말뜻의 무화이다. 말소리의 부딪침 속에 흥얼거리는 시체(時體) 표현과 회화체 언어로서의 특성, 센스에 대한 넌센스의 희롱 등.

실체로 표상되는 공간을 해체하고 시간을 무화시킴으로써 존재 자체도 이미 부재되어 있다. 자크 라캉의 명제인 '나는 나 아닌 곳에서 생각한다.'라는 것에서조차 떨어져 나가 기호로 떠도는 비어있음의 세계. 그렇다고 무라는 것은 결코 아니다. 들락거리기는 하나, 내 것이라고 규정지은 적도 없고, 규정할 필요도 없는, 그러나 나의 것이기도 하는 세계에 그들은 살고 있다.

해체주의 시가 우리에게 기여한 바가 있다면 간악한 사기꾼(주로 권력자와 지식인 쪽에 많은)의 위선, 진정성의 부재 혹은 모순된 세계에 대한 깨어있는 의식으로서 자기 각성이었다. 한편으로 주체는 쓰여진 텍스트에 의해, 텍스트는 주체를 강박하는 이중적 고리를 해체함으로써 파편화되고 추상화되는 인간의 표층에 다가 설 수 있었다는 점이다.

문제로 제기하고 싶은 부분은 해체주의로 의장한 사이비 시인이다. 전략을 빙자한 실험정신을 앞세우거나, 의미 없는 지껄임이 세상의 허무주의와 조우한 것처럼 표백하거나, 자기 해체와 자기기만이 일종의 자위적 행위로만 그칠 때, 그들은 이미 해체주의 시인이 아닐 뿐 아니라, 시의 본령마저 흔들어버리는 존재일 뿐이다. 더욱이 말소리에 의한 말뜻의 무화라는 데에서 비롯된 역설이 기계론적 작위성으로 일관할 때, 처음에는 많은 이들에게 경직된 관념을 깨뜨리는 데에서 오는 참신한 충격을 주지만, 조금 지나면 그것마저 별 것 아닌 장난으로 여기게 되어 본래의 주제적 패턴마저 잃어버리게 할 경우이다.

무엇보다도 해체주의 시는 이제 스스로를 구축하는 제반 이론으로부터 자유로워야 하겠다. 포스트모더니즘과 더불어 운위되는 패러디, 패스티쉬, 메타언어적 담론 등 양식적 특징을 갖고 스스로를 옹호하는 입장을 내세우기에 앞서, 독자들이 어떻게 변화하고 있는지에 대해 주의를 기울여야 할 것이다. 점차적으로 시의 독자들은 세상에 떠도는 말들 중에 무엇이 참말이고 무엇이 거짓말인지 잘 알고 있다. 성스러움과 속됨이 어떤 것인지에 대해서도 알고 있다. 그럼에도 불구하고 제반 성스러움에 대한 일체의 부정으로만 일관한다면 해체주의 시는 21세기의 바벨탑이 될 것이라는 점을 경계해야 한다.

4. 정신을 앞세우지 말아야 정신주의 시가 살아남음

정신주의시란 구체적이기는 하나 광범위한 비학술적 용어인 '마음'의 기저를 포착하는 행위에서 비롯된 듯하다. 이러저러한 마음이 일정한 지향성을 띠게 되고 결을 이룰 때, 그에 대한 해석학적 접근이 따르면서 학적 체계로서 정신주의시라는 명칭이 붙여진 것이다.

사실 서정의 본령이 "모든 존재하는 것은 오히려 정취 속에서는 대상이 아니라 상태라는 내면화"(E.슈타이거 『시학의 근본 개념』)에 있다고 보면 반성과 성찰로서 내향적 지향성이 정신과 자연스럽게 접맥되는 것은 마땅한 일이다. 정적인 체험에서 나와 정적으로 체험되어진 자기의 심혼을 일깨우는 자아. 이미 있었던 것이 마음에 살아 있는 한 영원한 현재가 된다는 순환론적 시간관. 마음으로 시간과 공간이 생기生起한다는 유심적 사유와 합리의 제 한계를 뛰어 넘는 무차별의 모호성 혹은 모순의 합을 이루는 일원론적 구조. 르네 월렉의 경우, 충만된 현재, 즉 한 순간의 성취 속에 특징지우려는 이같은 태도를 극심한 비합리주의라고 폄하하고 있지만 시는 심리적 사건이 아니며, 마음의 상태 그 자체라는 점에서 극복된다.

김준오 교수는 「현대시와 선사상」에서 주관적이고 내성적 장르로서 시에 선사상이 넘나들면서 정신주의 시를 가능하게 했다고 말하고 있다. 그가 파악한 현대시의 선시화는 궁극적으로 자신의 존재를 바로잡기 위한 올곧은 정신이 내재한 것들이다.

일원론적 세계관과 유마의 중관사상에 기초한 만해의 시는 선의 역사화로, 샤머니즘과 고대 설화적 세계를 습합하면서 펼치는 동양적 달관과 선의 일상화로 미당의 시가, 무위자연의 노장 사상을 본질로 하고 있는 지훈의 시, 스스로가 무명無名이며, 언어로 포착할 수 없는 상태로서의 춘수의 시, 재가在家로서의 선과 평상심을 잃지 않는 박희진의 시, 세속적 삶에서의 사회적 자아를 반성하는 황동규의 시, 하화중생下化衆生의 인간주의라는 김지하의 연작시 「애린」, 풍자와 세계 수락의 태도를 보이는 가운데 선사들의 화두를 패러디한 황지우의 시, 태허太虛와 정관靜觀을 바탕으로 한 조정권의 시. 마치 선가의 직관적 세계를 스스로의 내면의 세계와 견주어 삶을 성찰하는 태도로 한결같다. 귀로 듣지 말고 마음으로 들어라. 마음으로 듣지 말고 정신으로 들어라. 고통과 슬픔, 괴로움은 미망이며 허상일 뿐이니, 마음이 마음을 지어 마음의 눈시울을 스스로 막지 말고, 마음을 비워 절제하는 가운데 사물의 정신과 원리의 묘가 이루는 세계를 체관하라.

이 정도가 되면 정신주의 시는 세계와 자아에 대한 명징한 인식을 바탕으로 한, 형이상학인 동시에 진리 그 자체가 된다. 게다가 선적 경지를 앞세우고 나서면 나와 너의 일체의 경계가 없고, 영혼이 육체이며 육체가 영혼이며, 삶과 죽음의 경계란 애초에 없어 사는 것이 죽는 것이요, 죽는 것이 사는 것이라는 등식으로 일관하는 이른바 부재와 존재의 일원론적 세계관으로 치닫게 되는 것이 일반적인 경향으로 자리 잡았다.

진리를 찾아가는 도정에서 만나는 일원론적 사유란 경계를 이미 허물어 버린 상태여서 무한한 가능성을 창출하게 마련이다. 아울러 삶의 번뇌란 채운 것에 대한 집착에서 비롯되는 만큼, 자신과 관련한 모든 것으로부터 스스로를 버림으로써 비로소 고도의 정신주의 세계에 들게 된다. 이러한 도정을 따라 가는 일군의 시인들이 펼치는 시적 세계란 마치 입니입수入泥入水와 비견된다. 타락한 세상에 뛰어들어 그 속에서 세계의 진리를 밝히는 것이거나, 두려움과 치졸함으로 허청거리는 자신과 맞닥뜨려 펼치는 자아 성찰이거나, 자기 유폐 혹은 유정의 세계를 넘나들면서 스스로와 싸우는 치열함이 시의 도처에 각인된다. 새 살이 돋기 위해서 상처가 필요하고, 희열이 있기 위해서 아픔을 감내해야만 하는 역설이 시의 근간을 이룬다.

시인마다 시적 자장과 텃치, 혹은 정신의 지향성이 다르더라도 궁극적으로 도달하는 세계는 하나이다. 순연한 감성으로 다스리는 화합의 세계이다. 슬픔이 기쁨에게, 기쁨이 슬픔에게 말 건네는 행복한 만남. 이때 제기하는 질문이란 '시인에게 있어 행복한 자아와 시대란 과연 존재할까?'라는 것이다. 존재의 결여를 극복하고 세계의 모순과 화합하여 초월하는 진리의 세계에 드는 것은 가능한 일인가? 가능하지는 못하더라도, 사르트르가 요약하여 말한 바와 같이 상황에 대해 참되고 명료한 인식을 지니고, 상황이 내포하고 있는 위험과 책임을 받아들이는 진정성을 지니는 것만으로도 우리는 시인을 위대하다고 여긴다. 그렇다고 역설의 세계로 다스리는 변증법적 통합의 세계에서 자신이 품은 생각이 진리라고 믿고, 그곳에 안주하는 태도가 무조건적으로 지양되어야 한다는 말은 아니다. 진리란 늘 초월적인 도그마 속에 제반 모순을 거세한 것처럼 여겨지는 까닭에 그 세계는 절대적이기까지 하다. 시인 자신이 절대의 세계, 그 자체가 될 수 있다면 그는 이미 시인이 아니라, 세상의 이치를 깨달은 철인이다.

그러나 정신주의 시인들은 고도의 정신 지향과 그것을 따라잡지 못하는 자신과의 거리가 갖는 괴리감이 시적 소원함으로 이어진다는 것을 잘 알고 있다. 그들은 겸허를 미덕으로 여기고, 모자라는 자신을 드러내는 것이 오히려 무명의 세계에 살고 있는 독자들과 함께 어울리는 길임을 잘 알고 있다. 체험의 공유에 접근하는 길, 혹은 정신주의 시인들이 취하는 일반적인 경향은 '작은 것들의 세계', '사소한 것으로 여겨지지만 의미가 있는 세계'에 대한 탐색이다. 그것이 안전한 시적 방법이 되는 까닭은 애써 짓는 작위성이 자칫 진리를 앞세운 훤소한 발언이 되기 때문이다.

정신주의 시인들에 있어 정신을 표방하고 앞세우는 것은 이미 정신주의 시인이 아니거나, 사이비 정신주의 시인일 경우이다. 더욱이 초월적 진리와 자신과의 엄청난 괴리를 무릅쓰고 세상의 진리를 깨우친 사람처럼 스스로를 내세운다면 그는 자기기만의 늪에서 오히려 잠식되고 말 것이다. "발뒤축을 들고 발끝으로 서는 사람은 오래 서 있을 수 없다. 두 다리를 벌려 큰 걸음을 걷는 사람은 먼 길을 갈 수 없다."(노자,「도덕경」24장) 노자와 장자를 앞세우고, 유가의 이야기를 한다고 해서, 노자와 장자, 그리고 유가의 일원이 되는 것은 아니며, 더욱이 자신이 진정한 자기조차 되지 못하면서 세상에 대해 진리를 설파하겠다고 나서는 사이비 정신주의 시인들이 있다. 그 틈에 한 몫 거드는 것이 대학 교수들의(다 그런 것은 아니지만 상당한 사람들이) 이른바 강단 비평이다. 어중이떠중이 시인들의 작품들에 대해 세계 인식에 도달한 것처럼, 무언가가 있는 것처럼 포장하기에는 시적 정신을 이야기하는 것만큼 유용한 것이 드물기 때문이다. 적당히 추켜 세워주고 자신의 해설 혹은 비평적 교양에도 손상이 가지 않는 범위에서 농단 당하는 시적 정신. 정신없는 시란 존재할 수 없는 까닭에 광범위하게 펼쳐서 말해지는 '시의 정신'은 진정한 의미로서 '시의 정신'으로 올곧게 자리 잡아야 한다.

정신주의 시가 서정의 회복과 시적 깊이와 확대를 모색하기 위해 일관된 노력을 펼쳐 왔음은 틀림없다. 그러나 스스로 경계해야 할 것은 정신을 앞세우는 가운데 정신이 없는 사이비 정신주의 시이다. 억지로 쥐어짜는 슬픔, 위장된 순응주의와 적당히 포장된 고뇌의 숲을 헤치고, 진정한 성찰과 반성으로 거듭나는 진지한 노력을 보이는 진솔한 시인이 정신주의 시인으로서 필요한 존재이다. 독자는 고도의 정신주의를 표방한 철인과 같은 시인을 원하지 않는다. 느낌은 있으나, 말할 수 없어 응어리를 지닌 사람들에게 '내가 갖는 모자람이 당신의 결핍과 같다'며 다가설 수 있는 시인을 원한다. 보이지는 않지만 거기에 있다고 믿는 신념의 세계로 손잡고 가는 시인을 바라고 있다. 정신주의 시가 빛을 발하는 자리도 바로 그 곳에 있다.

5. 시의 소리와 상상력, 지금 어디에 있는가?

현대문학에서 '포스트'와 '탈', 그리고 '종말'과 '위기'를 빼면 무엇이 남을까? 근대성의 극복, 제반 담론의 억압으로부터 탈출과 무화. 시적 메시지 혹은 시적 착란과 조작이 앞서거나 뒤서거니 하는 가운데, 마치 '포스트'와 '탈'이 아니면 현대성으로부터 멀어지는 것처럼 여기는 근대성의 콤플렉스가 되살아나면서 많은 시인들이 주목할 만한 시를 발표하였다. 전위성과 진보성은 새로운 패러다임 구축이라는 차원에서 긍정적으로 접근되었고, 상대성에 바탕을 둔 다원화는 다양한 시적 시도와 실험 정신을 펼치는 이론적인 바탕으로 그 기능을 다했다.

　전복과 일탈을 근간으로 시적 기법과 터치가 많은 독자들에게 새로움으로 다가섰다. 시적 메시지가 텍스트에 드러나지 않는 듯하지만, 실은 해독할 수 있는 시적장치도 동시에 마련하는 일련의 시들이 쏟아져 나오면서 시적 전략이라는 말도 거침없이 쓸 수 있게 되었다. 이른바 대항 담론으로서 기능성이 부각된 것인데, 이에 따라 징후의 분석과 해체라는 시적 사유가 앞서게 되었다. 그러한 시적 현상이 우리 시사에서 낯 설은 것은 아니다. '기법이 절망을 낳고, 절망이 기법을 낳는다.'는 이상李箱의 에피그램과 같이, 시에 있어 새로운 기법이란 늘 참신한 지성을 끼고 상호 보완적 형태로 나타났던 것을 보아왔기 때문이었다.

　문제는 그들이 펼치는 시들이 터치만 새로울 뿐, 전망이 한결같을 경우이다. 그들의 이런 저런 시들이 모여 하나의 문화 패턴을 이룰지는 모르나, 엇비슷한 메시지를 끼고 도는 복제된 발언의 양상을 띠고 있다면, 이미 주물된 관념 덩어리에 불과하다는 것이다. 귀착되는 관념은 하나인데 각기 다른 시를 써야 한다는 강박은 더욱더 도착되고 뒤틀린 체험을 제시함으로써 알레고리화 하는 수밖에 없었다. 자연히 시적 메시지가 앞서게 되고, 독자들은 온갖 지혜를 발휘하여 텍스트에 참여하고 해독의 통로를 따라가기만 하면 될 뿐이었다.

　느낌으로서 공감하는 시보다 이성으로 참여하는 시. 심지어 텍스트를 이루는 시인 자신이 텍스트가 되는 메타시에 이르면, 이제 시란 시인의 불확정성까지 추스리면서 보아야 하는 것이 되고 말았다. 다층적이며 복합적인 텍스트라는 것은 조립과 프로그램을 중심으로 하고 있는 디지털 체계에서 이야기되고 있는 부분이다. 시쪽으로 바꾸어 말하면 텍스트 구성의 한 부분이며, 동시에 텍스트에 지배당하는 존재로서 기능할 뿐이라는 것이다.

　독자 스스로 만들어 나가는 세계가 부재하는 까닭은 어디에 있는가? 텍스트가 답변을 내리거나 강박하는 것이 없이 그냥 존재하는 열린 자유의 세계로 나아가는 상상력의 통로가 차단되었기 때문이다. 텍스트에서 굳이 말하지 않지만 독자의 비어있는 세계로 미루어 무언가가 거기에 있다고 믿는 영혼으로서 존재 인식이 배제되어 있는 까닭이다.

가시적인 세계가 허상이라고 느껴지고, 별 것 아닌 존재가 별 것이라고 느껴지는 독자 내부에서 우러나오는 상상력. 시의 표상 속에 시인 내부의 현실성이 독자 자신의 리얼리티로서 생성되는 힘은 상상력이 갖는 위대함이기도 하다. 눈에 보이지 않지만 '존재하는 미지의 거기'가 있다는 믿음만으로도 넉넉한 세계, 더욱이 '거기'에 깃드는 것은 곧 '존재하는 미지의 거기'에 충일하는 것이 되는 상상. "시는 본질적으로 '-이다'를 말하는 것이 아니라, '-가 될 수 있다'를 말한다. 시의 왕국은 존재의 왕국이 아니라, 아리스토텔레스적인 '불가능한 그럴듯함'의 왕국"(옥타비오 파스 『활과 리라』)인 것이다. 세계의 모습을 애써 규정짓거나 바라보거나 하는 일 없이, 비어있는 자신의 자리에 세계의 모습이 깃들거나, 보여지거나, 혹은 빈 상태로 있거나 하는 자유로운 상상력을 독자에게 펼쳐 보이는 '시의 왕국'을 다시 세워야 한다.

한편으로 제기하는 것이 시의 소리가 사라진 것은 아니지만, 메시지가 앞서는 까닭에 상당 부분 시의 소리가 부재하고 있다는 점이다. 눈으로 보고 머리로 생각하는 시는 많아도, 소리를 내어 읽고 가슴으로 느끼는 시가 없어지고 있다. 시의 소리란 감정의 호흡과 율동의 개별성인 육체의 운동성이 합일된 것이기도 하지만, 무엇보다도 소리가 혼을 환기하는 양식임을 간과해서는 안 된다. 소리는 불가시적인 혼의 충동이며, 가시적으로 붙박지 않음으로써 자유로운 환영의 세계로 이끄는 마력을 지닌 것이다.

따라서 소리와 영혼의 전일성이 시간적인 기氣의 사이클 '흐름과 머무름'에 모여지는 것을 단순한 운율적 패턴으로 가볍게 여길 것이 아니다. 빠르기와 느리기는 외부의 정황과 만날 때이며, 높고 낮음은 감정적 톤으로, 반복과 변주는 안정과 불안정의 심리 상태로, 이어짐과 끊어짐은 화자의 몸짓과 같으며, 수평의 소리와 수직의 소리는 상승과 하강의 감정적 곡선이기도 하다. "시는 주장이 아니다. 시는 내부의 핵심에서 끊이지 않는 가락을 다 내는 노래이다"(전봉건, 「아포리즘」)라는 말을 시로서 실현하려 애썼던 시인의 이야기를 예사롭게 지나쳐서는 안 된다. 기氣의 분배로서 행 바꿈이, 억양의 변화를 가져오며 멜로디를 형성하게 되는 일련의 과정은 단순한 시적 기법이 아니라, 정감과 환상이 동시성 속에 교차하고 병존하는 가운데 여는 무한한 시적 세계에 함께 하는 뜻깊은 일이 된다.

단 한편의 시라도 독자에게 다가갈 수 있다면, 그러한 가능성은 메시지를 통해서라기보다 낭송을 통해 다가설 수 있었던 것이라는 사실을 시인들은 쉽게 잊어버리고 말았다. 시의 소리를 되찾아 가는 길은 시의 본령을 회복하는 길이며, 가상현실과 복제 프로그램에 종속되는 21세기 인간들에게, 간신히 남아있는 독자들에게 정감 하나라도 줄 수 있는 뜻깊은 일이 될 것이다.

6. 시는 끝까지 자기 자신을 반성하지 않는다.

거듭 언급하건대, 시에 있어 유토피아는 존재하지 않는다. 유토피아를 앞세운 혁명적 이상주의는 지식인에게 있어 천의 얼굴과 같다. 지적인 겸양 혹은 관용이 없는 지식인에게 있어 대척점에 놓여있는 상대방에게 설복 당하느니 차라리 총알로 논의에 답하는 편이 맞다고 생각한다. 그들이 바라보는 세상은 온통 과도기이고 따라서 합목적성에 따른 폭력 역시 스스로의 유토피아를 위한 하나의 도정에 불과할 뿐이다. 유토피아는 매혹적이지만 세상을 향한 폭력의 출발점이며 궁극적으로 자기파멸적인 것이다.

　게다가 정치인들의 경우 대중을 향해 외치는 유토피아야말로 더욱 기만적이고 가학적이라는 것은 이미 잘 알고 있는 일이다. 그들은 앞선 이가 이룩한 정치적 업적을 결코 인정하지 않는다. 모든 것이 잘못되어 있다는 것이다. 급기야 앞선 이를 매도하고 그를 죽음으로 몰아냄으로써 자신을 살려내는 이른바 썩은 시체를 뜯어먹는 하이에나와 다를 바 없다. 그런 사람일수록 우리가 살고 있는 세상의 "참상을 줄이고 불공정을 줄이고 악을 제거하는 데에 앞장서는 것"(K.포퍼, 『추측과 논박』)이 아니라 추상적인 선의 외침이거나 보랏빛 청사진만으로 가득하다. 몽상적 유토피아 혹은 지나친 혁명적 이상주의가 나라를 병들게 한다.

　무지의 근원은 우리에게 있고, 그래서 고통 받는 역사를 치른 자유민주주의 역사는 너무도 붉디붉었다. "진리와 거짓으로 하여금 서로 대결하게 하라. 자유롭고 공개적인 대결에서 진리가 불리해진 것을 본 자가 누구인가?"(존 밀턴, 『아레오파지티카』) 역설적으로 문학이 존재하는 지평이기도 하다. 왜냐하면 "세계의 파멸은 정치 제도에서가 아니라, 영혼의 비열함 속에서 나타날 것"(보들레르)이기 때문이다.

　한편으로 제기되어야 할 문제는 이른바 문학적 패권주의이다. 패권이란 늘 특정한 사람이 중심이 되는 것이며 그만의 잣대로 모든 것을 재단 평가하여 궁극적으로 교조적인 이데올로기를 고착화하는 것을 말한다. 이러한 경우일수록 스스로를 합리화시키는 방편이 혁명적 로맨티시즘이다. 그에게 있어 자신의 이상에 반하는 모든 이는 문단 쓰레기이고 거척되어야 할 대상일 뿐이다. 그러나 종국에 가서는 공소한 이상과 허구적 유토피아만 쓰레기 더미를 이룰 뿐이라는 것을 세상에 알 만한 사람들은 다 안다.

　더욱이 문학은 그 자체가 이상일 수 없고 이상이 되어서도 안 된다. 문학은 인간의 썩은 절망과 그 절망이 만들어 낸 허구 때문에 절망하는 늪지에 있는 것이다. 빠져 나오려고 몸부림칠수록 더욱 빠져드는 절망과, 한편으로 늪지에 빠져들지도 못하는 절망 사이에 있는 것이다. 그렇다고 해서 문학적 폐쇄을 말하는 것은 아니다. 진정한 자유란 존재하는 것이 아니라 생성되는 것이며, 문학의 원심력이란 자체 내의 각성, 비판적 성찰 속에 이행되는 논의의 과정을 거쳐 궁극적으로 새로운 지향성을 향한 창조적 밑거름을 끊임없이 불어 넣는 데에 있는 것이다.

문학이, 시가 존재하는 까닭은 무엇인가. 실재하는 모든 것은 허상이며 죽음이다. 존재하는 것은 오로지 심혼心魂이며 정신이다. 이른바 영원성의 차원을 일컫는데, 이는 초역사성과 무관하지 않다. 과거에 있었던 정신과 영혼의 치열성은 오늘날 우리 삶의 각질이 되고 있으며, 먼 훗날에도 늘 우리가 살았던 자리에 남아 있을 실존적 자리에 끝나거나 소멸되는 것이란 없다. 시인의 정신은 자기 신념의 차원을 넘어서 역사의 흐름과 잇닿은 거멀못으로서 수많은 인간들의 행동에 영향을 미치는 심리의 작용이나 원리가 되는 이른바 기제의 성격을 띠게 된다. 이는 문학의 가치로움과 위의가 안팎으로 발현되는 지점이기도 하다. 살아 있되, 당장이라도 죽을 것 같은 상태로 살았던 삶의 치열성. 문학적 위대함으로 승화된 시인, 그리고 그들의 시가 종이꽃처럼 언제까지라도 우리에게 스며들기를 바란다.

'자살하겠다.'면서 '자살하지 않는' 묵시론의 시, '자아분열'에 괴로워하면서도 '분열하면 진짜 분열될 것'을 두려워하는 시, 시의 죽음을 말하면서 결코 죽은 적이 없는, 죽이면서 오히려 사는 시. 탈脫하면서 중심에 들고, 중심에 들면서 탈脫을 탓하는 시. 우리 앞에 제기되는 숱한 문제는 과연 이러한 역설이 독자들의 세계에 예나 이제나 줄기차게 자리 잡을 수 있을까라는 것이다.

불행인지 다행인지, 앞서 말한 바와 같이, 21세기는 20세기의 확대와 심화라는 점에서 역설과 변증법적 통합이라는 궤도를 타고 흐르는 무한대의 혼돈, 그 자체일 듯싶다. 만약(문학으로서는 끔찍한 일이지만) 세상이 참으로 인간을 위하고, 인간이 세상을 위하는 조화로운 날이 온다면, 오히려 그것이 시의 죽음을 가져오는 날이 되지 않을까 한다.

유토피아에 대한 몽상과 극단적인 디스토피아 사이에 서 있는 때가 오히려 생생한 모습으로 시가 살아 있을 때이다. 얼마나 모순된 모습인가? 행복한 꿈꾸기와 처절한 절망 사이. 얼마나 인간적인 모습인가? 시는 인간과 닮아 있을 때가 가장 가치롭다는 말이 새삼스럽지 와 닿지 않는가?

디카시에 관한 관견管見

1. 들어가며

　　김종회·이상옥 책임편집, 디카시연구소 엮음 『디카시의 매혹』(서정시학, 2017)시집이 출간되었다. 이 시집은 "이제껏 디카시의 가능성을 믿고 좋은 작품을 창작해 준 유수한 시인들의 작품과 디카시의 최 일선에서 창작으로 또 그 장르의 창달과 진작을 위해 헌신하고 있는 시인들의 작품 중에서 엄선"(「머리말」)한 것을 엮은 것으로, 78명의 시인, 각 1편, 총 78편의 디카시를 담아내었다.
　　"디카시는 2004년부터 경남 고성을 중심으로 일어난 디지털 시대의 새로운 문예운동"으로서 "디카시를 새로운 시대의 시 아이콘으로", "디지털 미디어 시대에 걸맞은 짧고 감동적인 새로운 장르로 자리 잡을 수 있도록", "새로운 문학 장르 개척의 에포크가 될 시집을 상재"(「머리말」)한다고 하였다. 이른바 '새로운'이라는 수사를 앞세워 거듭 역설하는 가운데, 신기원을 이루어야 한다는 의욕이 만만치 않았다.
　　이글은 디카시에서 말하고 있는 장르적 특성과 원론에 의거, 디카시집에 수록된 작품을 가늠하였다. 이때 기존의 원론에 대한 필자의 견해를 덧대었으며, 디카시의 지향점과 실제 구현된 작품과의 간극을 헤아려 보았다. 결론부터 앞세우면 기존 디카시의 장르적 특성과 원론이 시인의 창조적 행위의 틀이 되어서는 안 된다는 생각이다. 원론의 틀은 시인의 자유로운 상상력에 의해 변형 혼합 해체될 수 있으며, 장르의 생성과 소멸은 향유 계층인 독자들의 몫인 까닭이다.

2. 디카시의 장르적 특성과 원론

국립국어원 '우리말샘'에서 규정한 '디카시(dica-poem)'란 "디지털카메라로 자연이나 사물에서 시적 형상을 포착하여 찍은 영상과 함께 문자로 표현한 시. 실시간으로 소통하는 디지털 시대의 새로운 문학 장르로, 언어 예술이라는 기존 시의 범주를 확장하여 영상과 문자를 하나의 텍스트로 결합한 멀티 언어 예술이다."

기존의 포토포엠(photopoem)이 "시가 먼저 씌어지고 그와 어울리는 사진 영상을 병치하는 방식"[1]이라고 한다면, 디카시는 "보다 진화된 양식으로서 시적 형상을 띤 현실(사물), 사진의 예술성보다는 시적 형상의 현장감 넘치는 생생한 리얼리티, 이른바 극현장성에 초점을 맞추어"(11~20쪽) 구현한 것이다. 같은 책에서 "디카시를 처음 주창한"(63쪽) 이상옥은 "시의 갈래가 정형시, 자유시, 산문시 등이 있다면, 디카시는 하나의 갈래로 디지털 시대를 대변하는 한 자리를 차지"(65쪽)하고 있다고 하였다. 그가 말하는 디카시의 장

---

1) 이상옥, 『앙코르 디카시』 국학자료원. 2010. (36쪽)/ 이하 인용은 같은 책으로서 쪽수를 밝혀 적음

르적 특성과 원론을 간추리면 다음과 같다.

1> 자연이나 사물, 사건에 깃들인 시의 형상(극순간적 감동의 형상)을 날시(raw poem)[2]라고 명명, 날시를 디지털카메라로 찍는 것이 시창작의 단초(19쪽), 시인의 상상력이 아닌, 자연이나 사물의 상상력, 즉 신의 상상력으로 시적 형상이 구축되어진, 아직 문자언어의 옷을 입지 않은(52쪽)것.

2> 디지털카메라로 포착한 날시는 여전히 침묵하는 언어인데, 시인이 그 침묵의 언어를 듣고 옮겨 놓으면 디카시는 완결되는 것이다.(19쪽) 날시가 디카로 포착되어 액정 모니터에서 영상화되고 이것이 컴퓨터로 전송되어 실현되고, 다시 문자 재현을 거쳐 보다 온전하게 '영상+문자'로써 형상화되면서 '날'이라는 말이 떨어져나가고 하나의 완전한 시작품(디카詩)으로 드러나는 것이다.(64쪽)

3> 디카시에서 시를 쓰는 주체는 사물(현실)이 된다. 사물(현실)이 주체고 시인은 오히려 객체다. 이것이 디카시의 본질적 국면이고 이상이다.(37쪽)

4> 언술방식은 얼마든지 자유로울 수 있다. (특정인의) 삶을 진술하는 방식은 물론, 시적 형상에 화자가 개입하는 것, 그 자체도 시적 형상의 강렬성을 드러내는 장치로 볼 수 있기 때문이다.(74쪽) 서술시형의 디카시도 가능하다(92쪽)

5> 디카시에서 시인은 사물의 말을 전하는 에이전트이지만, 에이전트로서의 시인의 화법이 직접화법만 있는 것이 아니라 간접화법도 얼마든지 가능하다.(139쪽)

---

2) 날시에 대한 이상옥의 부연적 설명을 열거하면 다음과 같다. "시인이 영감으로 포착한 현실 자체(그렇다고 모든 현실이 날시가 되는 것은 아니다), 언어 너머의 현실 자체가 이미 시, 날시다"(16쪽) "날시는 언어라는 옷을 입지 않고 있기 때문에 벌거벗은 존재이다. 아직 육체를 입지 않은 정신과 같기에 '날'이라는 말을 달고 있다."(64쪽) 디카시의 날시는 시인의 의지와 상관없이 이미 존재하고 있는 것을 의미한다. 즉 자연이나 사물에서 어떤 경우 신의 상상력으로 빚은 시적 형상을 포착할 때 그것이 날시가 된다.(127쪽) 이를테면 "지리산 중산리로 향했다, 나로 하여금 현실을 넘어 신화의 공간을 달리는 것 같았다. 주변의 풍경들이 나로 하여금 현실감각을 잃어버리게 한 것이다. 내가 명명한 '언어 너머의 시(날시)'속을 달리는 기분이었다.(45쪽)"와 같이 감지되는 세계이다.

6> 원래 디카시는 자연이나 사물에서 포착한 시적 형상(날시)을 문자로 그대로 옮겨온다는 것이기 때문에 시인의 상상력이 개입할 틈이 거의 없다. 그럼에도 불구하고 문자 재현하는 과정에서 표현방식은 시인의 개성에 따라 얼마든지 주관적으로 변용될 수가 있다.(165쪽)

이상옥이 말하는 '날시'는 ① 문자언어로 변환되기 이전, 이른바 디지털카메라의 피사체被寫體 ② 시인의 상상력으로 꾸며내는 인위적인 행위가 개입되지 않은 가운데, 사물 혹은 현실 그 자체를 ③ 창조적인 일의 계기가 되는 기발한 착상이나 자극을 받은 시인의 영감이라기보다, 자연이나 사물의 상상력 – 이를 두고 '신의 상상력'이라 한다. —으로 포착한 시적 형상인데, 이러한 행위의 총체적인 의식 공간이 "현실 감각을 잃어버릴 정도로 현실을 넘어 신화의 공간"에 깃드는 것으로 보았다.

'날시'의 원리는 언뜻 마쓰오 바쇼松尾芭蕉의 하이쿠 한 편 – "마른 가지에/앉아있는 까마귀/가을의 저녁" – 을 떠올리게 한다. 이를테면 시적 화자가 사라지고 물물物物이 자재自在하는 자리에서, 봄의 화기和氣를 받아 싹을 틔우는 젖은 나무가 아니라, 이 시의 나무는 이미 말랐다. 장대한 큰 나무 둥치도 아닌 여린 "가지"이다. 게다가 하늘을 향해 날아오르는 새가 아니라 정적靜的 상태에 일개 점과 같이 "앉아 있는" 까마귀이다. 말하자면 음기 속에 깃드는 "가을"이며, 한 나절의 끝을 향해가는 "저녁"이다.

'까마귀가 바라보는 가을'이라는 물물의 본상本相이 화자의 심정心情에 와 닿았을 뿐, 낱낱의 이미지를 애써 그려내고자 하는 작위성과 상상력이 없다. 낱낱의 부분이 지니는 본상本相 그 자체가 유기적인 전체를 이루었는데, 굳이 화자를 가늠하자면 그 역시 부분으로서 하나의 점과 같은 까마귀가 되었을 뿐이다. 괴테의 말처럼 "어떤 대상을 묘사하기 위해 사용하는 이미지가 대상을 질식시키는 것이 아니라, 반대로 그 대상을 가볍게 투명하게 만들어준 것"3)이다. "참으로 시적 감흥이란 언어와도 절연"4)되는 순간이기도 하다.

그럼에도 불구하고 이상옥이 말하는 '신의 상상력'이라는 명제를 해명할 길이 없다. 왜냐하면 앞서 일례로 든 마쓰오 바쇼의 경우는 신의 상상력이 아니라, 장자의 '물물物物'을 두고 소강절邵康節이 말한 "이물관물以物觀物 - 물物의 입장에서 물物을 본다"의 개념에 가깝기 때문이다. 다만 이상옥이 자신의 창작 디카시「물풀」에 관해 "나는 물풀을 '우주의 부호'이거나 '계시의 말씀'으로 읽"었으며, "예사로운 물풀에게서도 때로 영성을 포착할 수 있다."라는 한편, "디카시의 궁극적인 지향점은 자연이나 사물에서 시적 형상으로 깃든 신성(계시성)을 포착하는 것"(100쪽)이라는 점에 미루어 영적인 계시성에 근간을 두고 있다고 여겨진다. 디카시에서 말하는 '신의 상상력'에 대해 홍용희는 "표면적인 시각적 감각의 재현이 아니라, 근원의 현묘함을 감지하는 구득기원俱得基元의 미의식의 추구로 해석된다."5)고 보았다. 동양 수묵 미학이 지향하는 이른바 독득현문獨得玄門하여, 구득기원俱得基元하며, 마음에 따라 화필이 운용되는 심수필운心隨筆運의 경지에 달하는 길에 '신의 상상력'이 깃들어 있다는 것인 바와 같다.

디카시 구극의 지향점일 수는 있으나, 미디어디지털 세대의 다채널 소통을 장르의 기원으로 삼고 있는 디카시라는 점에서 괴리가 크다. 왜냐하면 "장르란 제시 형식이다. 제시형식은 문학이 독자(청중 또는 관객)에게 어떻게 향유되는가의 문제다. 그래서 제시형식은 독자에 대한 시인의 태도로 정의되기도"6)하기 때문이다. "한국인 넷 중 1명이 DM족이라는 새로운 환경에서 멀티언어를 매체로 하는 새로운 양식으로 등장한 것이 디카시"(12쪽)라는 점에서 시인의 태도가 '신의 상상력'을 독자들과 교감하고 소통한다는 것은

---

3) 막스 피카르트, 최승자 역『침묵의 세계』까치. 1985. (144쪽)
4) 조지훈,『조지훈전집』제4권, 일지사. 1973. (145쪽)
5)「홍용희, 네오휴머니즘의 생태시학과 디카시의 가능성」,『디카시-함안사화집』(114쪽)
6) 김준오,『문학사와 장르』문학과지성사. 2000년. (15쪽)

이상적 원론으로 인한 부회(附會)라는 점을 지울 수 없다.

이밖에 '날시'에 관한 의문점은 여전히 남는다. 이상옥의 디카시 원론에 따르면 침묵하는 언어, 디지털카메라로 포착한 '날시'를 두고 시를 쓰는 사람은 사물(현실)이 전하는 말을 "극순간적으로 그 음성을 듣고 받아 쓴"(17쪽)다. 극순간이란 무엇인가? "소재를 넘어선 시적 형상인 날시를 (극)순간 (일반서정시의 순간성을 넘어선다는 상징적 개념으로 극순간이라는 말을 쓸 수 있다) 포착하여 그것이 날아가기 전에 다시 문자로 재현하여 완성하는 것"(91쪽)이라고 하는 '극순간'이다. "즉흥으로 찍지만 보는 사람이 디카시를 오래 들여다보게 만들면서 시선을 고착시켜야 하는, 즉 즉흥성이면서 내포성을 가져야 한다는 것이다. 결국 극순간성과 메타포가 조화를 이루어야 디카시로써 정체성을 확보할 수 있다."(128-129쪽)는 것이다.

디지털 카메라로 포착한 '날시', 예컨대 "극순간적 감동의 형상"을 머금은 피사체의 존재란 롤랑 바르트가 말하는 푼크툼'(punctum)과 같다. 통상적인 사람들이 피사체를 보고 공통적인 느낌을 지닐 수 있는 스투디움(studium)과 달리, 시인에게 유독 의미 있게 다가오는 사진의 요소인 푼크툼(punctum)이 마치 말을 전하는 것과 같아, 그것을 디카시로 받아 적는 것으로 이해할 수 있겠다.

이상옥이 피사체의 극순간성과 메타포를 강조한 것과 달리, 롤랑 바르트는 "사진에서 대상의 존재는(과거의 어떤 순간에) 결코 은유적이 아니다. 그리고 살아 있는 것들에 있어서도 시체를 사진 찍을 때 외에는, 그것의 생명 역시 은유적인 것이 아니다."7)라고 하였다.

시를 쓰는 사람이 피사체로서 사물(현실)이 전하는 말을 극순간적으로 그 음성을 듣고 받아쓴다는 것, 이는 롤랑 바르트가 말하는 바, "사진 찍히는 사람이나 사물은 과녁, 대상물, 일종의 작은 모사(模寫), 대상에 의해 사출(寫出)

---

7) 롤랑 바르트, 조광희 역 『카메라 루시다』 열화당. 3판 1991. 81쪽/이하 롤랑 바르트 인용은 같은 책으로서 쪽수를 밝혀 적음

된 환영&影이며 나는 그것을 사진의 유령이라고 부르고 싶다."(16쪽)와 같이 이해할 수 있겠다. 이에 대해 롤랑 바르트는 "아무리 좋게 말한다고 해도 피사체가 이야기한다는 것, 피사체가 막연하게 우리로 하여금 생각하도록 유도하는 것뿐이다."(42쪽)라고 하였다. 피사체로서 대상인 사물(현실)이 비록 시인의 마음을 찌르는 것이라 하더라도 "아무리 순간적이라고 하여도 푼크툼은 다소간 잠재적으로 확장의 힘을 가진다. 이 힘은 흔히 환유적換喩的이다."(48쪽) 마치 롤랑 바르트가 돌아가신 어머니의 다섯 살 적, 온실에서 찍은 사진을 꺼내보고 가슴을 찌르는 듯 푼크툼의 감정을 불러일으키는 것 역시, 환유의 환영이다. 이에 대해 그는 "나는 이제 '세부'와는 다른 푼크툼(또 다른 '상처자국')이 존재함을 알고 있다. 이미 형태는 없지만 강도를 지닌 이 새로운 푼크툼, 그것이 바로 '시간'이며, 노에마(그것은 -존재-했음)의 애절한 강조법, 순수한 표상이다."라고 한다.

"사진은 우리에게 보여주는 것이 무엇인지를 말하지 않는다."(100쪽) 따라서 피사체의 힘은 환유적인 표상의 세계에서 비롯되는 것이며, 이는 디카시 역시 상상력의 주체가 시인일 수밖에 없다는 것으로 귀결된다.

그럼에도 불구하고 이상옥은 "디카시에서 시를 쓰는 주체는 사물(현실)이 된다. 사물(현실)이 주체고 시인은 오히려 객체다. 이것이 디카시의 본질적 국면이고 이상이다."(37쪽) 시인이 '날시, "그 침묵의 언어를 듣고 옮겨놓"(19쪽)는데, 따라서 "디카시의 시인은 포에트인 창작이나 창조자, 즉 메이커(maker)라는 개념과 사뭇 다른 존재"로서 "'날시'를 시인은 디카로 찍고 문자 재현하여 독자에게 전달해주는 대리인인 것이다."(151쪽) 라고 하였다. 이에 문덕수도 "시인은 창조적 주체라기보다는 에이전트(agent)의 개념으로 접근"하고 있다고 보았다. 에이전트 개념으로서 시인이란 무엇인가? 디카시에 포착된 장면(사물 혹은 현실)이 불러일으키는 것을 알아차려 인식하기보다, 장면(사물 혹은 현실)이 시인에게 건네는 듯 비의적인 말을 듣고 문자로 전하는 역할인가? 만약 포착된 영상, 사물 혹은 현실에 대한 시인의 대립적 의식이 있을 경우라도 주체가 사물과 현실을 그대로 모사 전달하는 것이 가능한가?

포착된 디카 피사체에 영향을 받은 대상으로서 객체인 시인의 주관적 감각이 자유로워야 주어진 장면의 사물 혹은 현실도 자유롭게 인식할 수 있는 것이 아닌가. 만약 객체로서 시인이 디카 장면에 포착된 사물 혹은 현실의 대리인으로서 그 이상의 감수성을 발휘하지 않으면 감동으로서 예술성은 어디에서 찾을 것인가. 가뜩이나 피사체 한 컷에 사물과 현실을 담아내는 체험의 세계가 자칫 과단순화로 치달을 위험을 안고 있을 터에, 나름대로의 시각적 임팩트(impact)와 매혹을 앞세운다고 하더라도 시인의 예술적 감성이 틈입할 여지가 있어야 하겠다.

한편으로 디카시의 언술 방식은 의외로 자유롭다. 삶의 진술, 서술시형과 더불어 시적 형상에 화자가 개입되는 직접화법은 물론 간접화법도 가능하다고 하였다. 디카 피사체에 포착된 사물 혹은 현실의 재현(mimesis) 뿐 아니라, 서술자의 굴절된 눈까지 아우르고 있다. 다만 일부 디카시에서 지나친 주석적 시점으로까지 나아가 디카 피사체 천연의 사물(현실)과 아랑곳없이 작위적인 태도로 사랑, 인생, 삶, 죽음 등의 추상적 언어로 가치매김 하는 것은 디카시의 본령을 벗어난 것으로 보인다.

3. 『디카시의 매혹』을 보고, 읽은 관견管見

총 78편의 디카시, '새로운' 신기원을 접하는 설렘으로 가슴 벅차게 보았다. 심지어 78인 시인들의 작품을 망연하게 읽어서는 안 된다는 스스로의 다짐 아래, 하이데거의 『예술작품의 근원』[8]을 다시 꺼내어 통독함으로써, 청신한 마음가짐을 다잡았다.

하이데거가 고흐의 구두 그림을 두고 펼쳤던 "구두라는 도구의 밖으로 드러난 내부의 어두운 틈"(99쪽)을 응시함으로써 "구두라는 존재자가 자신의 존재의 비은폐성 가운데로 나타난 것" 이는 디카시가 지향하는 '날시' – 사물 혹은 현실, 그 침묵의 언어를 극순간적으로 듣고 받아쓰는 – 포착의 힘 이야말로 하이데거가 말하는 "예술의 본질은 존재자의 진리의 작품 가운데로의 자기 정립"(102쪽)인 까닭에 더욱 그러하였다.

이상옥이 주장하는 디카시의 정체성이란, "언어 너머 혹은 언어 이전의 시적 형상을 전제로, 기존의 전통적 개념의 시적 대상, 소재를 넘어서는 것이다. 기존의 전통적 개념의 시는 소재를 예술적으로 변용시켜서 하나의 픽션을 창조해내는 것이라고 봤"(91쪽)기 때문에 서사성과 논리성이 배제된 한 컷의 사진으로 정서적으로 소통하는 길라잡이를 삼고 있다. 따라서 "디카시의 형상화 방법은 문자시처럼 두고두고 퇴고하는 방식과는 확연히 다른 국면이다."(92쪽) 이는 피사체에 포착된 사물(현실)이 시인의 섣부른 상상력으로 인해 명징성明澄性을 훼손하는 것을 저어하기 때문이다.

"기존의 전통적 개념의 시적 대상, 소재에 머물러 있는 것"이란 하이데거가 말하는 이른바 사물에 대한 제3의 해석으로서, "예술적 조형 작업의 토대이자, 소재가 되는 질료, 사물에게 항구성과 핵심적인 것을 주며, 동시에 감각을 호소하도록 만드는 것들"(91쪽)이다.

---

8) 오병남, 민형원 역, 경문사. 1982/ 이하 인용은 같은 책으로서 쪽수를 밝혀 적음

파도야, 참 오랜만이다
햇살과 입 맞추는 네 잔잔한 입술과
먼 양털 구름과 속삭이는 네 귓바퀴와
사랑스러운 네 발바닥도
참 오래간만에 만져보자꾸나

— 김수복, 「율포 편지」

　　포착된 피사체인 "잔잔한 파도"를 의인화하여 시적 청자로 삼았다. 파도 (사물)가 말하는 것을 화자가 들어서 전하는 것이 아니라, 화자가 파도에게 말을 건네는 가운데 파도와 햇살과 구름이 상응한다. 입술, 귓바퀴, 발바닥으로 감응하는 세계는 평화와 아름다움이라는 화자의 마음속의 풍경으로 일체화된다. 피사체의 색채와 파도의 양감이라는 질료는 잔잔한 파도소리를 환기하기에 충분하다. 이른바 형상화된 질료이다. 정한용의 시 「물의 알」역시, 연두색 잎맥에 고인 물 한 방울 — "물의 알" — 에 포착된 맑은 하늘과 더불어, 물의 질감으로서 "흙도 다시 말랑해졌는데"를 환기하고 있다. 이종수의 시 「꿈」은 껍질이 벗겨진 나무에 새겨진 산의 문양을 두고 "나무도 가슴 속에는 산을 품고 있다."고 환기한다.

　　형상화된 피사체를 환유의 끝바꿈으로 갈무리하는 것도 디카시에 일반화되어 있는데 이는 시인에게 유독 의미 있게 다가오는 사진의 요소인 푼크툼과 같다.

시린 허공에 온몸으로 흘려 쓴 근조체謹弔體

기다림에 지쳐 검게 타버린 심장 한 덩이
여직 있다

— 천융희, 「세월호 — 검은 리본」

무성하게 살아있는 나뭇잎에 두드러지게 죽은 가지의 어긋난 형상에 새 한 마리가 앉아있는 것을 포착하였다. 어긋난 가지를 두고 사람의 죽음에 대해 슬픈 마음을 나타내는 근조謹弔의 조弔에 대한 전서체의 글꼴처럼 여기는 한편, 세월호 사건을 애도하는 검은 리본으로 떠올렸다. 새 한 마리는 "검게 타 버린 심장 한 덩이"의 환유이다. 살아있는 나뭇잎이 무성한 나무에 죽은 가지, 파란 하늘에 대비된 검은색 가지의 색이 환기하는 삶과 죽음의 공존을 포착하였다. 아쉬운 점은 "시린 허공"이라고 하는 화자의 감정이 입 부분이다. 피사체 그 자체, 사출된 환영으로서 유령만 존재함으로서 삶과 죽음을 극대화하는데 걸림돌이 되었다.

이러한 꼴바꿈은 여럿 있다. 송찬호의 시 「리본」에서 동부콩의 꼬투리 형상은 "여름내 땀 흘려 만든/세월호 리본"으로 치환된다. 고영민의 시 「성냥」에서 동글동글하게 뭉쳐 핀 여럿 꽃받침의 붉은 형상은 "아리랑표 통 성냥, 비사표 덕용성냥"으로 명명된다. 김왕노의 시 「백수」에서 휑뎅그렁하여 허전한 벽에 걸린 넥타이 하나는 "고삐처럼 넥타이로 목을 묶고서/소처럼 일하러 가야될 곳이 없다."로 환기된다.

디카시집에 수록된 상당한 작품이 피사체를 은유 체계로 읽어내고 있다는 점도 유별나다. 이는 이상옥이 말하는 바, "극순간성과 메타포가 조화를 이루어야 디카시로서 정체성을 확보할 수 있다."(129쪽)는 것과 궤를 같이 한다.

20년 전, 남편을 먼저 보내고
4년 전, 뇌출혈로 쓰러진 어머니
3년 전, 아들이 앞서간 줄도 모른 채
하늘로 올라가다, 전깃줄에 걸려
오도 가도 못하는 치매

— 김정수, 「풍선」

얼키설키 뒤섞인 전선줄 같은 사연들, 남편과 아들의 죽음과 뇌출혈로 쓰러진 어머니가 난마처럼 얽혀있다. 오도 가도 못하는 풍선 꾸러미는 치매에 걸린 어머니이다. 이와 같이 조현석의 시 「단심」은 화로에 담긴 숯불이며, 조은길의 시 「어둠의 사생활」에서 명멸하는 불빛과 대비된 어둠은 "억울한 짐승"이며, 박우담의 시 「시인」에서 눈을 맞고 선 겨울나무는 "고요한 직립"을 표상하는 시인이며, 반완호의 시 「꽃잎 편지」에 여울에 떠도는 꽃잎은 "불멸의 문장"으로, 이진욱의 시 「뱀딸기」에서 붉디붉은 뱀딸기는 "붉은 말, 거짓말"이며, 양문규의 시 「애호박」은 달덩이이며, 서동균의 시 「나무」에서 자작나무는 "빈 몸으로 서 있는 아버지"이다.

이와 같이 피사체로서 사물 그 자체가 말하는 것이라기보다, 화자의 감성이 은유체계를 이루는 것에서 더 나아가, 시적 화자가 피사체인 사물에 의미를 부여하는 디카시도 눈에 많이 뜨인다. 구광렬은 시 「들꽃」에서 흐드러지게 핀 들꽃을 "가슴을 파헤치는 광기"로 보았다. 김유석은 시 「해바라기가 있는 풍경」을 두고 "만해萬海란 아마 이런 뜻"으로 읽었다. 박노정은 시

「생구」에서 "개 두 마리/집을 지키는 게 아니라/그냥 잘 논다 // 우주율이다."로 의미를 극대화하였다. 문성해는 시 「밥이 기다려요」에서 나무 밑에 모아둔 아이들의 가방을 두고 "밥이 기다려주는 노동은 신성하다."라고 하였다.

무엇보다도 피사체 너머 혹은 피사체와 아랑곳없이 시인의 상상력이 펼쳐지는 것도 유별나다.

노을을 훔친 내 눈이 囚衣를 입는다
먼 마을에서 흔들리는 불빛은
눈동자에 수인 번호를 새긴다
수런거리는 것들은 전부 노을 너머에 있고
혼자된 사람은 누구나 죄인이다
— 이병철, 「노을 형무소」

시제인 「노을 형무소」로 인해 피사체의 첨탑을 교도소의 높은 망루라고 여겨서는 안 된다. 노을의 밝은 빛으로 말미암아 도시는 실루엣 샷으로 처리되었다. 시적화자에게 있어 도시는 거대한 감옥이며 제 스스로는 수인이다. 싸르트르에게 있어 즉자는 시간성을 제 것으로 소유할 수 없으나, 대자는 스스로를 시간화하며 존재하듯이 저녁노을의 실루엣 샷(silhouette shot)이 환기하는 거대한 어둠의 방벽, 이른바 감옥이 되었고, 자신의 존재는 수인으로 전락하였다. 도시의 "불빛은 눈동자에 수인번호를 새긴다." "노을 너머" 밝은 곳에 "수런거리는 것들"이 있다고 여겨지지만, 타자와 함께하지 못하는 고립된 존재란 이미 죄인이다. 이상옥의 시 「폭우」에서 시제詩題와는 달리 차창 밖 맑게 갠 북경 하늘의 피사체를 두고 "지난 밤 혁명이 일어났던 게야/북경 하늘에 이데올로기 한 점 없다."라고 하는 것도 시간화된 대자로서 시적 화자가 "지난 밤" 폭우와 같이 몰아치던 중국 이데올로기 과거의 역사성이 의식공간에 현존하면서 상상력이 펼쳐진 것이다.

이상옥이 말하는 '날시'의 원론이라고 여겨지는, 이른바 사물 혹은 현실, 그 침묵의 언어를 극순간적으로 듣고 받아쓰는 포착의 힘을 염두에 두어 보고 읽은 것에 다음과 같은 시가 있다.

더 이상 갈 수 없는 길 끝에서
생각이 깊어진다
무슨 말로 나를 변명해야 하나

― 김일태, 「낙심」

칡넝쿨인 듯, 덩굴식물의 줄기와 이파리가 하늘을 향해 길을 내었다가 고개를 숙였다. 마치 하늘이 길인 양, 제법 길게 뻗었지만 이내 길이 아니었다고 낙심한 찰나의 피사체가 화자에게 말을 건넸다. 화자는 식물의 말을 받아 적었는데, 이는 물物의 본상本相이 화자의 심정에 닿은 것일 뿐, 이미지로 갈무리하거나 하는 작위성이 없다. 피사체와 그가 전하는 말이 일체화됨으로써 굳이 추상화된 의미를 붙이지 않더라도 감통하는 세계이다.

이은봉의 시 「영산홍 꽃무더기」는 붉은 색으로 가득 흐드러진 영산홍이 하는 말 "누가 나를, 내 속창아리를/여기 이렇게, 뻘겋게, 시뻘겋게/마구 토해놓았나, 함부로 뒤집어 엎어버린 채"를 받아 적었다. 마음 혹은 속생각을 낮잡아 이르는 속창아리, 때로는 사리를 분별하는 힘인 철이 피사체 가득

철철 넘쳐흘러 어찌할 수 없어 걷잡을 길 없는 마음보를 한껏 드러내었다. 이서린의 시 「환생」은 "검어지는 하늘 건너/내게로 오는 당신"이 노오란 알전구 두 개의 피사체에 꽂혔다. 이는 극순간의 감동의 형상을 머금은 푼크툼이다. 눈에 보이지 않은 혼이 노오란 알전구 두 개에 깃드는 순간, "당신의 따뜻한 배에 귀를 대면/산다는 건 살아지는 거/문득 환해지는 순간 같은 거"로서 죽음과 삶이 행복한 동행을 이룬다. 이시향의 시 「피다」가 포착한 피사체의 현장은 공장 마당에 이파리 하나 없는 나무 둥치에 핀 목련 두 송이다. 손가락 형상을 띤 목련이 하는 말 "일하다 손가락이/잘려나갔다고/꿈이 사라지는 것이 아니듯/나를 자른다고/봄꽃 못 피우겠는가!"를 문자가 받아 적었다. 사물이 하는 말을 문자가 받아 적는 것, 시적 화자는 사라지고 사물이 문자에게, 문자가 사물에게 서로 주고받는 세계. 디카시의 본령이다.

4. 글을 맺으며

"포토포엠과 다른 새로운 장르로서 디카시"라는 범주가 특성과 원론이라는 '틀'을 전제로 한다면 앞서 살펴본 바, 다양한 시인의 디카시 상상력을 해명한다는 것은 불가능하다. 김준오는 "장르 연구에 있어서 독단적 도식화나 고정된 개념의 틀에 얽매이는 것을 거부하고 다원적이고 융통성 있는 태도를 견지"(폴 헤르나디, 김준오 역, 『장르론』, 역자서문)해야 한다고 하였다. 창작이란 문학 장르의 경계 너머에 있는 것, 더 나아가 경계와 비경계마저 무화하거나 초월한 자리에 있는 것이기 때문에 더욱 그러하다.

오늘날 디카시는 미디어디지털 세대 뿐 아니라 많은 이들로부터 사랑받을 수 있는 매혹적인 자리에 있다. 게다가 디지털카메라가 포착한 물물이 환기하는 생명성에 대한 경외감, 현실의 리얼리티를 근간으로 하는 휴머니즘의 시각은 디카시가 지닌 탁월한 덕목이다. 더 나아가 교육 현장에서 이를 활용하여 다양한 교수 학습과정을 구안할 수 있는 무한대의 가능성을 지니고 있다.

디카시를 무형식의 장르에 놓아볼 때, 비로소 글이기도 하고 사진이기도 하며, 한편으로 글도 사진도 아닌 제3의 발화체로서 자유로운 자리, 그리하여 수많은 사람들이 부담 없이 즐기는 예술로서 확산될 수 있다고 믿는다. 다만 피사체를 지나치게 왜곡하는 것, 포토샵을 통해 형태와 질감, 빛과 색채를 인위적으로 비틀어 시인이 의도하는 합목적성으로 의장擬裝하는 행위는 디카시의 본질을 흐리는 것으로서 지양되어야 마땅하다.

극서정劇抒情과 시적 상상력

1. 시적이라는 말

새삼스럽게 '시적詩的'이라는 말을 떠올린다. 박이문은 '과학적 인식'과 '시적 서술'을 의식과 대상의 차원에서 구분하여 설명하고 있다. 의식의 차원에서 볼 때, 과학적 인식이 이성의 활동이며 분석적 기능인데 반해, 시적 서술은 감성의 반응이며 융화적 태도를 지니고 있는 것이다. 아울러 대상의 차원에서 볼 때, 과학적 인식이 보편적 관점이며 추상적 의미인데 반해, 시적 서술은 개별적 관점이며 구체적 존재이다.[9]

이러한 관점에 미루어 볼 때, '시적'이라는 말은 대상을 구체적으로 바라보는 개별화된 관점을 바탕으로 감성의 반응을 일으키며 융화하려는 의식이 되는 것이다. '시적'이라는 말이 '상상력'이라는 말과 이어질 수 있는 까닭이 여기에 있다. 상상력은 본질적으로 각각의 사람마다 다른 기억과 심상, 그리고 각기 다른 감성적 반응 속에 이루어지는 것이며, 궁극적으로 통합을 지향하는 '무엇'이기 때문이다.

---

9) 박이문, 『시와 과학』(일조각, 중판, 1984) 40쪽.

시인 혹은 시적화자가 직접 경험하고 지각한 것은 물론, 선체험의 직관이 상상력으로 갈무리되고 이를 접한 독자가 "나 역시 그런 것을 느낀 적이 있어"라고 할 때, 시란 본질적으로 구체성의 미학으로서 생생력을 얻는 것이다. 황동규 시인이 역설하듯 "문학은 시든 소설이든 구체적이어야 하고 구체성을 갖고 한판 승부를 벌이는 것이며 추상적으로 나가게 되면 시의 힘이 없을 뿐 아니라 사회과학이거나 철학이다."(김달진문학관 주최, 시인과 독자와의 만남 - 황동규 편에서 시인의 말)

『부산시인』지, 2010년 여름호 신작 시편을 읽으면서 추상적 시편과 구절이 상당하다는 것에 놀라움을 감출 수 없다. 예컨대 "우울한 영혼이 먼 지평에 와닿고/일렁이는 버드나무 가지 사이로/우수는 바람에 날리는데/영혼은 어제보다 더욱 침몰한다"(민병일, 「시온의 노래」 부분)의 경우, 독자는 왜 시적 화자의 영혼이 우울하며, 우수가 바람에 날리듯 하여 붙박지 못하는 존재가 되는지 까닭을 모른다.

"바람을 보듬은 겨울/겨울을 보듬은 눈발 속에/지워지지 않는/질긴 추억이 시리다"(박황자, 「세월」 부분) 역시 "질긴 추억"을 안고 사는 시적 자아의 정체성을 구체적으로 알 길이 없다. 추억이라고 말하는 것에 미루어 볼 때, 과거에 대한 기억인 것은 틀림없다. 과거에 보고 듣고 느꼈던 것, 혹은 사물의 이미지를 다시 떠올린다는 점에서 기억과 상상은 같은 것으로 여겨진다. 그러나 과거를 그대로 떠올리는 것과는 달리, 과거의 이것저것에 대한 배제와 선택, 그리고 현재의 이러저러한 것과 결합하여 변용되거나, 새로운 이미지를 만들게 되면, 그것은 상상이 되는 것이다. 상상에 창조적 역량이 강화되는 순간, 시적 상상력이 된다.

"이맘때쯤/뒤란에는 시간의 흔적들이/죽순처럼 돋아났다"(정재선, 「감꽃 지던 날」 부분)의 경우, "시간의 흔적"이라는 것이 "꿈을 잉태한 어머니는/사철 배가 불러있어/보릿고개에도/만석꾼처럼 웃음이 넉넉했다"는 마음의 풍요로움에 대한 기억으로 갈무리 되고 있다. 이처럼 기억과 추억의 반추에 머무르는 까닭은 무엇인가? 이는 서정성의 근간인 동화, 이른바 시간의 공간화에 따른 내면성을 간과하기 때문이다. 시인의 영혼은 유동적 요소인 정조를 타고 흐른다. 그리고 내면으로 향하는 회감(erinnerung)의 작용에 의해 과거, 현재, 미래를 그 시혼의 고유의 본성으로 동화시킨다.10) 시인 자신의 주관적 감동을 상태성으로 표출하여, 정적(情的)인 체험에서 나와서, 정적으로 체험되어진, 이른바 심혼(心魂)을 일깨우는 자아, "나의 영혼이여 ― 거기에 아직 웅크리고 있으며, 아직도 내 삶의 각질이 되고 있으며, 먼 훗날에도 나는 늘 그 곳에 있어라." 라는 명제가 성립되는 것이다. 시의 본령인 서정은 이미 있었던 것이 대상이 아니라, 상태로 남아 영원 속에 존재하는 것이다.

2. 극서정의 시적 장력

극서정(劇抒情)11)은 언뜻 자아의 배제와 일탈이라는 시적 장치로 말미암아 종래 동화와 교융으로서 서정의 개념에 어긋난 듯하지만, 내면적 자아는 변화하고 궁극적으로 대상과의 극적인 친화를 이룬다는 점에서 여전히 서정 그 자체이다. '나'라는 시적 자아가 소외되거나 낯설게 느껴지지만 이전 혹은 최초의 자아와 다른 인간으로 거듭나는 것. 차이의 변화, 인간의 변화,

---

10) E. 슈타이거, 이유영, 오현일 역, 『시학의 근본개념』(삼중당. 1978) 94~96쪽
11) 황동규의 극서정시에 대해 최동호는 "극서정시의 두드러진 특색은 일상사의 진술, 일상적 소재를 시적 문맥에 도입, 여기에 변주를 가하기 위해 대화체가 도입되는데, 대화는 시속 화자들의 행동이나 심리묘사, 그리고 장면 전환을 위해 효과적으로 사용된다."라고 말한다. 아울러 "일상의 범속함이 주는 공허감을 어떻게 극복하여 극서정시로 구체화시키느냐 하는 것이 앞으로 그에게 부과된 시적 과제"라 하였다. 최동호, 「사람과 사람 사이에서 숨 쉬는 시들」 하응백 엮음, 『황동규 깊이 읽기』(문학과지성사. 1998). 157~158쪽

시적 자아의 변화. 그리하여 이 세상의 모든 사물, 혹은 살아있는 현상을 두고 갖게 되는 인간과 생명에 관한 인식 변화가 시인의 세계관을 넓고 깊게 만드는 동력과 자장이 된다.

다음 시는 극서정의 뜻을 되새기며 앞으로 더욱 정진할 여지를 남겨두고 있어 아쉬움이 컸다.

아이구! 참,
어서 와, 어서 와

지루한 장마동안 나는
산사의 컴컴한 골방에서 뒹굴며
우주의 배꼽을 만지려고
그의 밑구멍을 팠지
부처님이 풀다 남겨놓은
얽힌 실뭉치를 풀려고 수많은 실오라기를 잡아 당겼지
항하사의 모래만큼 많은 항하사의 모래를 세었지
그러나 그들은 모두 멀리멀리 달아났지

오늘 아침 이렇게 내 방에 놀러 온
맑은 햇빛

아, 그 배꼽

지금 내 손바닥 위에서 춤추고 있는
이 해맑은 햇빛인지 몰라

가지마! 제발~.

— 강준철, 「갈증」 전문

이 시의 근간인 '배꼽'이란 무엇인가? 의학적으로 배꼽이란 탯줄이 떨어지면서 배의 한가운데에 생긴 자리를 가리킨다. 생물학적으로 열매의 꽃받침이 붙었던 자리이다. 말하자면 생명성의 근원이다. 화자는 생명성의 원천인 "밑구멍"을 파고들었다. 생명성의 근원은 "얽힌 실뭉치"와 같은 수많은 인연의 실오라기로 이루어져 있고, 캐어내려 잡아당기면 당길수록 인도 갠지스 강의 모래인 항하사恒河沙를 헤아리는 것만큼 난마처럼 얽혀 있다. '배꼽'에 빗대어, 이른바 알레고리를 시에 끌어왔다.

설령 인연의 한 가닥 줄을 헤아렸다고 해도, 그것을 깨닫는 순간 "멀리멀리" 달아난다. 달아났던 것이 "오늘 아침 이렇게 내 방에 놀러"왔다. "맑은 햇빛, 아 그 배꼽" 이른바 상징성과 조우하는 순간이다. 내 인연의 억겁에 한번쯤 만났을 법한 그 햇빛. 시적 화자는 햇빛을 향해 소리친다. "가지마! 제발~."

맑은 햇빛 한 자락을 보았다고 해서 시적 자아가 달라진 것이 무엇인가? "지금 내 손바닥 위에서 춤추고 있는" 이른바 햇빛과 놀고 있다고 해서 '내'가 '햇빛'이고, '햇빛'이 '나' 이어서 이 세상의 모든 경계와 구분을 넘은 자리에 자아의 존재가 있는가? 만물은 유전변화流轉變化하는데 햇빛을 가지 말라고 묶어둔다고 해서 회자정리會者定離의 인연을 거스를 수 있는가? 햇빛은 원래부터 거기 있었는데(自在), 우리가 미처 보지 못한 본상本相에 대한 통찰이 아쉽다. '배꼽'의 알레고리가 현장성의 구체적 이야기와 만나지 못하고, '햇빛'의 상징성이 이미지의 직관과 만나지 못하는 데에서 비롯된 것이다.12)

만물 산천초목 인류가 본성을 지니면서 유전무상하다고 전제할 때, 변하지 않는 것과 변하는 것 사이의 순간을 포착하는 길은 움직이는 것을 통해 움직이지 않는 것을, 들리지 않는 것을 통해 들리는 것을, 보이지 않는 것을 통해 보는 것을 체득할 때 비로소 가능하다.

<1>

  점점 야위어가는 시간이

  눈물을 닦아준다

  한끼의 식사에 예의를 갖추고

  스스로 걷는 한걸음 걸음 축복이라며

  속삭이듯 아련한 황금빛 추억이 가물거린다

  배선실 공동냉장고 숨막히는 공간

  화려한 미각은 어디로 갔는지

  입맛이 되려고 간신히 버티고 섰지만

  자꾸만 빠져나가는 기운을 움켜쥔다

  링거수액 방울방울 어둠 더듬어 길을 내려고

  낡은 기억을 깨우기 위해 부산한데

  수선하는 장면마다 걸려 넘어져

  점점 아득해지는 마음의 길

  간신히 이어지는 거친 숨결 사이로 언뜻 보이고

          — 김명옥, 「간병일기」 전문

<2>

  흑반黑斑 잔뜩 끼어 죽어가는 난 잎 어루만지며

---

12) 황동규가 지향하는 극서정의 세계란 알레고리의 현장성과 상징의 직관(이미지)과 영원성이 합쳐지는 데에 있다. 하응백 엮음, 위의 책, 27쪽 참조.

베란다 밖을 살핀다.
저녁비가 눈으로 바뀌고 있다.
주차장에 누군가 차 미등을 켜논 채 들어갔나.
오른쪽 등 껍질이 깨졌는지
두 등 색이 다르다.
안경을 한 번 벗었다 다시 낀다.
눈발이 한 번 가렸다가
다시 빨갛고 허연 등을 켜놓는다.
난 잎을 어루만지며 주인이 나오기 전에
배터리 닳지 말라고 속삭인다.
다시 만날 때까지는
온기를 잃지 말라고
다시 만날 때까지는
눈 감지 말라고
치운 세상에 간신히 켜논 불씨를
아주 끄지 말라고
이 세상에 함께 살아 있는 그 무엇의.

난이 점차 뜨거워진다.

— 황동규, 「퇴원 날 저녁」 전문

<1>의 시에서 "점점 야위어가는 시간이/눈물을 닦아 준다"는 것으로 미루어 꽤 오랜 기간 투병을 하고 있는 사람과 이를 애틋하게 바라보는 사람이 교차 제시되었다. "한끼의 식사에 예의를 갖추는" 까닭은 매순간마다 산다는 것에 대한 경건한 삶의 자세에서 비롯된다. 간병인의 주된 공간인 병

원 배선실 "공동냉장고가 숨 막히는 공간"인 것처럼, 투병하는 환자 역시 "간신히 이어지는 거친 숨결"로 명맥을 잇고 있다.

<2>의 시는 진주종성 중이염을 앓아 수술을 하고 이틀 지나 얼굴이 찌그러지는 후유증을 겪은 시인이 퇴원한 날 저녁, "흑반 잔뜩 끼어 죽어가는 난 잎 어루만지며" 쓴 시이다. 흑반 잔뜩 끼어 죽어가는 난과 미등을 켜놓아서 이내 방전될 배터리와 어느새 검버섯이 피어 가까스로 생명을 이어나가는 시적 화자가 동일시되는 순간, 그는 "난 잎을 어루만지며 주인이 나오기 전에/배터리 닳지 말라고 속삭인다." 흑반 낀 난을 어루만지는 검버섯의 사람이 배터리를 향해 건네는 간구 끝에 "난은 점차 뜨거워진다."

식물과 사람과 광물질 모두가 생명성이라는 원환적 세계관 속에 뜨거운 열망으로 수렴되고 있다. 식물과 사람과 광물질이 처한 상황은 낱낱으로 고립된 것이 아니라 유기적 세계관 속에 서로가 서로에게 생명을 불어 넣는 상생의 기운으로 혼연일체를 이루고 있다. 세상의 일체 사물이 때와 곳에 따른 감성의 반응 속에 융화되는 자리에 극서정이 있다.

<1>의 시가 투병 환자와 간병인의 공감을 주된 정조를 하는 반면, <2>의 시가 일체 사물이 처한 극적 정황을 융화로 이끌어내는 이른바 시적 장력을 눈여겨보아야 하겠다.

3. 존재의 그루터기로서 시적 상상력

공상(fancy)은 상상력(imagination)과 다르다. "공상은 연상의 과정인 것이며, 상상은 창조의 과정인 것이다." 말하자면 공상은 "연상의 법칙으로부터 미리 준비한 모든 자료를 받아들이는 것뿐이다."[13] 이른바 과거와의 근접, 또는 유사, 대비에 의한 연상 작용으로서 과거의 행동, 감각, 사고, 정서를 보다 쉽게 상기하게 되는 것이다.

> 열차의 굉음이 마당 깊숙이 파고들었다 고집스런 햇살이 한 발 뒤로 물러났다 호스 끝을 눌러 물을 쏘아대자 마당은 흙내를 풍기며 더욱 입김을 뿜어냈다 허덕이던 꽃들이 젖은 몸을 흔들고 돌담은 낯을 붉혔다 잠자리채로 허공을 낚아채자 놀란 구름이 저만치 달아났다 나는 발개진 얼굴을 가슴에 파묻었다 잠자리가 앉았던 빨래줄 위로 무지개가 걸렸다 무화과나무는 제 몸빛 닮은 푸른 열매 몇 알을 당겨 품었다.
>
> ― 서경원, 「하현달」 부분

이것은 연상의 통제 인자인 기억과 감각에 따른다. "열차의 굉음"이라는 소리音가 "마당 깊숙이 파고들"은 이내, 정적이 스며들었고非音, 고요함으로 인해(청각) 햇살이 한 발 물러섰다.(시각) "호스 끝을 눌러 물을 쏘아대자(시각) 마당은 흙내를 풍기며(후각) 더욱 입김을 뿜어냈다.(시각)" "허덕이던 꽃들이(감정이입) 젖은 몸을 흔들고 돌담은 낯을 붉혔다."(감정이입, 시각) "잠자리채로 허공을 낚아채자"(시각) "놀란 구름이 저만치 달아났다."(감정이입, 시각) "나는 발개진 얼굴을 가슴에 파묻었다."(시각) "잠자리가 앉았던 빨래줄 위로 무지개가 걸렸다."(시각) "무화과나무는 제 몸빛 닮은 푸른 열매 몇 알을 당겨 품었다"(시각, 운동감각)

감각의 반응 양상과 감정이 계기적인 연상 체계를 이루면서 형성되어 있다. 이와 같이 유사한 지각과 기억의 연상체계와는 달리, 상상력은 "대립되는 것들 혹은 조화되지 않는 것들 사이의 균형이나 조화, 그리고 동일함과

---

13) R. L. Brett, 심명호 역, 『공상과 상상력』(서울대출판부. 3쇄. 1982) 42~75쪽 참조.

상이함 사이의, 관념과 심상 사이의 개별적인 것과 보편적인 것 사이의, 신기롭고 신선한 감각과 낡고 친숙한 사물 사이의, 비일상적인 질서 사이의, 항상 깨어있는 판단력 및 견고한 냉정과 심오하고 격렬한 열정 및 감정 사이의 조화나 균형에 의해서만 성취될 수 있는 것이다."14) 공상과 상상력의 차이점은 다음의 작품을 대비해봄으로써 접근할 수 있다.

<가>

1.
향료를 뿌린 듯 곱 - 단한 노을 우에
전신주 하나하나 기울어지고

먼 - 高架線 우에 밤이 켜진다

2.
구름은
보랏빛 색지 우에
마구 칠한 한 다발 장미

목장의 깃발도 능금나무도
부을면 꺼질 듯이 외로운 들길

— 김광균, 「뎃상」 전문

<나>

---
14) 위의 책 72쪽.

한송이의 국화꽃을 피우기 위해
　　봄부터 소쩍새는
　　그렇게 울었나보다

　　한송이의 국화꽃을 피우기 위해
　　천둥은 먹구름 속에서
　　또 그렇게 울었나보다

　　그립고 아쉬움에 가슴 조이던
　　머언 먼 젊음의 뒤안길에서
　　인제는 돌아와 거울 앞에 선
　　내 누님같이 생긴 꽃이여

　　노오란 네 꽃잎이 피려고
　　간밤엔 무서리가 저리 내리고
　　내게는 잠도 오지 않았나 보다.

　　　　　　　　　　　　— 서정주, 「국화 옆에서」 전문

　위 시 〈가〉는 완벽할 정도로 유사한 사물들의 연상 체계 속에 이루어져 있다. 저녁 무렵 해가 지고 있다. 붉은 노을이 하늘에 가득하다. 노을이 하늘에 가득한 것은 "뿌린 듯"이라는 표현과 더불어, 화자가 있는 곳으로부터 노을이 지는 전신주와 고가선이 제법 먼 곳에 있으며 그것을 화자가 전체적으로 조망하는 것으로 보아 더욱 그렇다. 어둠이 내릴 때마다 전신주는 어둠 속에 묻히는 데, 그것은 하나하나 서서히 기울어지는 형상으로 있다. 노을에 지는 구름(시각)은 보랏빛 색지(시각)에 마구 칠한 한 다발 장미(시각)이다. 향료(후각을 머금은)를 뿌린 듯한 장미(후각을 머금은)는 뭉게구름을 뒤로하고 펼쳐지는 노을의 모습 외에 다른 것이 아니다. 오로지 유사한 감각과 감각 속에 「노을에 지는 구름 = 장미」라는 연상 체계만 설정되어 있을 뿐이다.

이에 비해 <나>의 시는 "내 누님같이 생긴 꽃"이라는 진술 속에 "누님 = 국화"가 결합되어 있다. 누님은 사람이고 국화는 사물이다. 이러한 상이함을 뛰어넘어 무차별의 세계 속에 이들을 결합시키는 시적 긴장이 가능해지는 까닭은 무엇인가? 한 송이의 국화꽃이 피기까지 소쩍새가 울고, 천둥은 먹구름 속에 또 그렇게 울고, 간 밤엔 무서리가 저리도 내렸다. 마찬가지로 인제는 돌아와 자아성찰과 관조를 상징하는 거울 앞에 선 나의 누님은 봄과 같이 젊은 날, 울고, 먹구름이 드리운 캄캄한 절망에서 천둥처럼 불안한 울음을 울었다. 아울러 무서리로 상징되는 시련과 고난의 시절을 보냈다. 돌이켜보면 그립고 아쉬움에 가슴 조이던 나날이었지만 인제는 스스로를 성찰하며 원숙한 삶을 이루고 있다. 국화와 나의 누님이란 개별화된 속성을 띤 것이지만 시련을 넘어 승화된 아름다움을 이룬다는 점에서 보편적인 체험이 되며, 공유하는 체험으로 상기되는 것이다. 이는 또한 '시련과 고난을 넘어 이루는 삶의 완성'이라는 관념적 속성과 '국화'라고 하는 감각적 속성이 만나는 자리이기도 하다. '나의 누님'과 '국화'가 하나가 되는 자리, 코올리지가 말하는 이른바 "마술적인 통합력에 의해서 수행되는"15)것이 시적 상상력이다.

상상력이 문학적 가치를 띠고 창조적 역량을 발휘한다는 것은 단순히 감각과 감각의 유사성에 의한 연상 체계가 아닌, 위와 같은 지성과 정서의 복합체에서 비롯되기 때문이다. 상상력이 지니고 있는 가치에 대해 N.프라이는 공상적인 것과 구분하여 다음과 같이 말하고 있다.

---

15) 위의 책, 44쪽.

우리가 읽고 쓰고 말할 만큼 언어를 잘 다룰 수 있게 되면, 상상력이 우리를 위해 해야 할 첫 번째 일은 환영 – 사회는 이 환영을 갖고 우리를 위협한다 – 으로 떨어지는 것으로부터 우리를 보호하기 위해 싸우는 것이다. 환영 그 자체도 사회적 상상력에 의해 만들어지나, 그것은 거꾸로 된 상상력의 한 형식이다. 그것이 만들어내는 것은 공상적인 것인데, 일찍이 말했듯이 그것은 상상적인 것과 다르다.16)

시의 상상력은 본질적으로 무시간적이며 영원한 현재 그 자체이다. 기억과 감각의 계기적인 연상 체계라기보다 실재하는 기억에 대한 반란이며 부정이다. 우리가 감각이라고 느낀 것은 전부 헛것이며 설령 그것이 전부였다고 믿더라도 분석과 차이성을 두고 자의적으로 진술할 뿐이다. 시의 상상력은 눈에 보이지 않으나(텅 빈 부재와 비실재의 세계), 거기에 있다고 여기는(상상력 속에서 존재하는) 이른바 혼과도 같은 존재이다.

당신이 돌멩이 하나를 만지작거리며 보고 느꼈다고 하지만 그것은 돌멩이일 뿐이다. 돌멩이를 두고 돌멩이가 아니라는 순간 당신은 돌멩이에 담긴 혼을 보고 들을 수 있다. 당신이 미처 보지 못했지만 이미 많은 사람이 보았을 터이고, 그래서 시란 늘 자기 합리화를 뛰어넘는 무차별의 세계 속에 수많은 사람과 사물이 공존하는 존재의 그루터기이다.

---

16) N.프라이, 이상우 역, 『문학의 구조와 상상력』(집문당. 1987) 105쪽

지리산 시의 정신사

1. 시의 성소聖所로서 지리산

지리산은 아득하다. 동쪽이면 동쪽, 서쪽이면 서쪽, 시원도 없이 흐르는 봉우리와 계곡 앞에 우리의 뼈와 살은 한 줌의 바람보다도 못하다는 것을 느끼게 하는 산이 지리산이다. 지리산 주능선상의 화개재, 명선봉, 벽소령, 덕평봉 들에서 발원한 물줄기가 모여 흘러 섬진강까지 이르는 계곡과 내와 마을을 일컬어 화개동천花開洞天이라 한다. "가야산 바위에 신발 벗어놓고 흔적도 없이 사라졌다던 그 <최치원>가 화개동천의 구름과 서리를 불러 글씨를 썼다."(이성부, 「화개동천에서 최치원을 보다」) 최치원의 다음 시는 본 주제를 여는 화두가 된다.

      入山詩   산속에 들어가며

    僧乎莫道靑山好   중아, 청산이 좋다 말하지 말라
    山好何事更出山   산이 좋으면 무엇 하러 나오느냐

| 試看他日吾踪跡 | 두고 보라, 훗날 나의 자취를 |
| 一入靑山更不還 | 한번 청산에 들면 다시는 나오지 않으리 |

　위의 시를 눈여겨보는 까닭은 지리산을 오가거나 다녀와서 마치 자신이 지리산의 정기를 다 받은 것처럼 허장성세 하는 이들의 허상을 되짚어 보기 위함에 있다. 어지러운 발자국을 남겨놓았다고 해서 지리산이 스스로의 몸을 내어 준 것이 아니며, 지리산 길을 통달했다고 해서 지리산의 길이 열린 것도 아니다. 우리들의 마음이 지리산의 정령과 잇닿아 함께 할 때, 비로소 우리는 지리산의 자락 하나를 손에 쥐었다고 생각하지만 속물로서 살아가는 우리들이 잡은 것은 물색物色일 뿐이다.

　마찬가지로 시인들이 지리산의 초목과 산꽃과 다북쑥과 안개와 바람을 이야기한다고 해도 그것은 마치 산나무꾼이 지리산을 자주 드나드는 것에 미치지 못하고, 지리산을 끼고 도는 고통의 현대사를 이야기한다고 해도 지리산 낭떠러지 등藤 넌출 드리운 사연에도 미치지 못하는 것이다. 그럼에도 불구하고 시인들은 지리산 작품을 쓰고 싶어 하고 민족의 영산인 지리산을 빛내는 영원불멸의 작품이 많은 이의 가슴에 아로새겨지기를 원한다. 그들은 과연 지리산을 향한 시적 지향을 구현하고자 마음속의 지리산에 들어가 지리산의 길을 잊어, 나갈 길을 몰라 오히려 마음 편한 삶을 살고 있는가?

　이글은 광복 이후 현대시사에 있어 지리산에 대해 남다른 열정을 가지고 많은 시를 쓴 정규화, 오봉옥, 이시영의 시적 지향점을 정신사적 관점에서 살펴보았다.

2. 지리산은 원혼, 지상의 삶은 고적함 — 정규화

정규화는 최근 발간된 몇 시집을 빼고는 『농민의 아들』(실천문학사.1984), 『스스로 떠나는 길』(청사.1986), 『지리산 수첩』(눈.1989), 『지리산과 인공신장실과 시』(경남.1996), 『다시 부르는 그리운 노래』(경남.1998) 등에서 지리산을 대상화한 시를 수록하였다. 그의 시의 원형이자 삶의 각질은 지리산 그 자체임을 스스로 새겨 오롯이 썼다고 하겠다. 이를 두고 김정환은 "어머니 → 고향 → 빼앗김 → 역사의식 → 설움과 분노와 사랑의 상호 변증법적 상승 → 무기로서의 사랑 → 분단극복 미래지향 공동체에 대한 열망으로 이어지는 경험의 정서화 혹은 경험의 무기화 작업의 단계로 바야흐로 들어서는 것"(「상경한 지리산」, 시집 『농민의 아들』 발문)으로 극찬하고 있다.

그의 고향은 "하동군 청암면 위태리 상촌부락"(「농민의 아들4」, 「위태리」)이다. 그의 아버지는 "보도연맹을 자수차 갔다가"(「다시 고향에서.1」) 죽었다.

> 아버지가 쫓기고 쫓기는 틈에
> 뇌물로 가산을 탕진하고
> 마지막에 집채까지 불순분자의 집이라고
> 밤중에 불질러져 버렸다
> 집이 타는 그 밤, 그 칠흑같은 어둠 속에
> 갓난 나를 업고 갈티재를 넘으며
> 어머니는, 통곡을 했다
> 이 갓난 놈이 커서는 전장 같은 것은 몰라야 된다면서
>
> —「다시 고향에서.1」 부분

애절함과 절망의 가족사를 끼고 도는 지리산의 비극적 역사성은 그의 고향 하동에서 "죽은 사람을 일컬어 연마청에 콩 팔러 갔다"는 이야기에 빗대어 "늦은 모꾼의 노래,/마을 가득 퍼지고 저승으로/콩 팔러 간 아버지/오늘 밤은 오시려나/답답한 하늘천 따지야 하늘천 따지야"(「아버지」)라는 처연함으로 다가선다. 비극은 과거 어린 시절에 끝났고 고향은 역사적 질곡을 넘어서 평온하지만, 그에게 있어 지리산이라는 존재는 스스로 자신의 세계관을 열어 보이는 터전으로 자리 잡는다. 적어도 그의 삶을 끼고 도는 제반 정황이 척박할수록 지리산은 여전히 시련과 고난의 역사를 끼고 도는 그의 현존재 그 자체이다.

> 대잎보다 푸르고 솔잎보다 연한 섬진강 맑은 물에 굽이굽이
> 서러운 발 담그고 섰는 산이, 왜 나를 닮았는지 모를 일이다.
> 산갈대 우거진 묵정밭 지나 뒷산에 즐비하게 뒹구는 탄피와
> 비오는 밤 헛것이 어지럽게 뛰어 다니는 해골 옆에 살찐 다북
> 쑥이 자라고 있었다.
>
> ―「지리산 수첩·1」 부분

지리산은 그에게 있어 단순한 '산'으로서 대상화가 아니라, 이른바 '정적情的인 체험에서 나와 정적으로 체험되어진 자기의 심혼을 일깨우는 자아'가 된다. "서러운 발을 담그고 섰는 산"은 이전에도 있었고, 지금도 그렇게 있으며, 앞으로도 있을 것이다. 따라서 그가 보고 있는 지리산은 지금 현재의 지리산이라기보다 '이미 있었던 것'이 오늘도 심적 상태로 남아 비극성 그 자체로 살아있는 것이다. 그렇기 때문에 비오는 밤이면 여전히 "헛것이 어지럽게 뛰어 다니는" 원혼의 산 그 자체로 남아있다.

참치라도 뜯을까 해서
찾아간 산비탈마다 뒹굴던 해골
더러 흙에 묻어주다가도
무슨 흠이 될까봐서
서둘러 산을 내려와야 했다

네 대신 저렇게 뒹굴 수만 있다면
오죽이나 좋을까
무심한 귀신까마귀는
설레설레 날아만 가고
지상에는 내 혼자 남았다.

—「지리산 수첩10」부분

산을 내려와 지상에서 혼자 남아있다는 것을 느끼는 것은 그가 살고 있는 세상이 '세계 안에서의 집'이 되지 못하고 있다는 것이다. 말하자면 그는 세상에 나아가 살고 있지만 마치 드난살이와 같고, 삶은 늘 고적함으로 쓸쓸할 뿐이다. 세상으로 나아감이 오히려 스스로를 유폐시키는 길이며, 스스로의 존재 가치조차도 익명성으로 떠돌게 할뿐이라는 의식은 일련의 지리산 작품을 떠나 그의 작품 전반을 지배적으로 이끌고 있는 원형이라는 점은 정규화 시를 읽는 중요한 독법이 된다.

산이 되어보지 않은 사람이
산보다 앞서서
산의 뜻을 짐작할 수 있으랴

사람 사는 얘기로

가슴 맺히면

골짜기로 기어들어가도

하늘을 제압하고픈 날이면

등성이를 추슬렀다

한 번 웃으면

청학이 와서 놀았고

한 번 성을 내면

산비탈마다 즐비하게 해골이 뒹굴었다

저기서 수천 년 푸르렀지만

때에 절거나 훼절을 하지 않은 산이

하늘을 받친다고

모두 기둥이 아닌 것을

불혹에 처음 묻나니,

마음을 씻자면 저 산을

내려와야 하는가 올라가야 하는가

이제 지리산이 대답할 차례다

─「지리산가·1 ─ 서시」 전문

    지리산은 주검으로 가득한 산이지만 그의 마음속에는 수많은 영령들이 마치 수목이 되어 층계를 이루고 안온하게 지어진 집과 같다. "수천 년 푸르렀"으며, "때에 절거나 훼절을 하지 않은 산"에서 지리산 그 자체로 살고

자 하나, "하늘을 받친다고 모두 기둥이 아닌 것을" 깨우쳐, 지상으로 나아간 삶. 한편으로 혼탁한 지상으로 내려와 살고 있으나, 마음을 씻자면 다시 저 산으로 회귀해야 할 터, 뚜렷하게 붙박지 못하는 삶에 대한 끝없는 회의. 오히려 그의 지상에서의 삶은 현세에서의 절망으로 가득하였다. 불혹의 나이에 자문하였으나, 끝내 이도 저도 아닌 곳에서 병마와 싸우며 마치 이방인처럼 유랑하다가 영면에 들었다.

3. 반외세, 민족의 해방구로서 지리산 — 오봉옥

오봉옥의 시집 『지리산 갈대꽃』(창작과비평사, 1988)에 있어 지리산은 죽창부대 반란군이 갈대꽃이 되어 흐드러진 공간이다. 지리산은 "젊은 울아비들 불러가선 영영 보내지 않는"(「반란군 뫼똥」) 곳이며, "어느 날인가 부락 주민들 모두가 갱변으로 끌려갔대요 그리곤 이미 파놓은 구덩이에 젊은네들 처넣더니 빨갱이 마을이라고 마구 총질을 했다지요."(「한나절 공화국」)라는 비극적 공간이다.

> 늙은 애비 헛간에서 죽었더란다
> 두 섬 쌀마지기 숨겼다고 쪽발이놈이 죽였더란다
> 고운 아내 골방에서 죽었더란다
> 벌건 대낮에 강간하고 양키놈이 죽였더란다
> 어이어이 못 산 애비 떠메고 들어갔나
> 어이어이 못 산 아내 묻으러 들어갔나
> 꽃아 지리산 꽃아

무엇을 목놓아 부르다가 쓰러진 꽃아

바람만 훅 불어도 금시 일어나

백발머리 흩날리며 마을로 치달려오는

뉘는 널더러 빨갱이꽃이라 부르지만

정작 너는 슬픈 꽃

두고 온 자식이나마 만나야겠다고

왼종일 서두르는 지리산꽃

—「지리산 갈대꽃」 전문

 이 시에서 지리산갈대꽃은 '너'라고 하는 이인칭의 현상적 청자의 역할을 한다. 화자는 "늙은 애비 헛간에서 죽었더란다 ... 고운 아내 골방에서 죽었더란다"는 식의 보고적 서술방식과 "두 섬 쌀마지기 숨겼다고 쪽발이 놈이 죽였더란다 ... 벌건 대낮에 강간하고 양키놈이 죽였더란다"는 식의 주석적 서술 상황 아래 숨겨져 있다. 역사적 상황에 함께 하지 못한 실제 시인인 탓에 그가 현상적 청자로서의 '너'를 만날 수 있는 것은 죽어도 죽지 않는다고 생각하는 지리산 갈대꽃과 조우할 때이다. 지리산 갈대꽃은 죽어서도 자라며 나이를 먹어 백발머리를 흩날리며 그가 살던 마을로 치달려 온다.
 문제의 초점은 일제강점기와 한국전쟁기를 거치면서 억울한 죽음을 당한 지리산 갈대꽃 같은 이들을 빨갱이꽃이라고 부른다는 데에 있다. 말하자면 외세의 폭압에 스러진 이들은 시인의 역사의식에서 볼 때, '빨갱이'라는 이념의 희생자이다. 이른바 1980년대 제3세계문학론에서 한창 제기되었던 반파쇼 반외세문학의 전형인 셈이다. 따라서 한국전쟁기 빨갱이꽃의 역사는 외세의 폭압이 잔존하는 한, 여전히 "여기/만산의 자식들 그렇게만 피어서 가네"(「빨치산가」)와 같이 승화되어 거듭나는 것이다.
 그야말로 시집 『지리산 갈대꽃』은 전편에 걸쳐 지리산이라는 곳이 구한 말과 일제강점기와 한국전쟁기를 관류하며 흐르는 반외세의 발원지이며 근거지라는 관점에서 시종일관하고 있다. "갑오년 상투틀은 우리 할배/죽창 세워 나가선 영영 오지 않고"(「감꽃」) "죽창부대 삼식이 아재, 반란군 뫼똥"(「아재」)이 자리잡은 곳이며, "열여섯 순이 반란군 첩자라며 대밭으로 끌려 간"(「말없는 역사」) 곳이다.

> 오늘도 술 늦은 울아버진
> 어쩌다 미치지 못해 구시렁구시렁
> 니네 큰아버진 빨갱이였시야
> 배가 고파서 뒈진 빨갱이였시야 하시지만
> 말도 마라.
>
> ― 「큰아버지」 부분

오봉옥에게 있어 지리산은 큰아버지가 빨갱이로 죽은 곳이기도 하지만 그에게 있어 큰아버지 혹은 큰바위얼굴과 같다. 역사적 사회적 상황 아래 오봉옥의 개체적 실존은 늘 그들과 맞닿아 있는 이른바 현상적 존재이다. 이는 선악의 피안彼岸을 넘어서 '강자'와 '약자' 사이에 가로놓여져 있는 빗장을 민족 해방의 역사성으로 수렴하고자 하는 그의 뜻이며 시의 길이다.

이에 대해 김사인은 오봉옥이 "민중민족 해방 투쟁의 한 정점을 이루는 무장 투쟁 사실을 취재"하고 있으며, "그러한 작업이 시발되고 있음을 알리는 신호탄"으로 자리매김하고 있다. 그러나 한편으로 "구체적 형상화에 미치지 못하는 관념성의 직접적인 토로, 적극적 전망이 불투명 한 채로 스며있는 비애와 연민과 분노, 혈연적 상상력에 입각한 접근이 지니는 사태 인식의 전체성 제한, 계급 문제에 대한 인식의 소루함"을 지적하고 있다. (김사인, 「입산 활동의 문학적 형상화」, 『지리산 갈대꽃』 발문) 사실, 김사인의 일련의 지적은 비판적 리얼리즘의 창작 태도를 넘어서 무산계급의 투쟁사를 전면으로 부각할 때, 추구하는 혁명적 로맨티시즘 이론에 근거한 것이다.

오봉옥의 경우, 지리산이 민족의 해방구인 것은 틀림이 없다. 문제는 민족의 해방구에 맞선 자신의 현실 인식과 태도인데, 추체험으로서 과거는 있을 수 있으나, "당대의 현실이 매개되지 않는 기계적이고 도식적인 추상적 현실 상황 아래, 미래에의 지향을 보일 때, 일어날 수 있는 전망의 과장"을 이야기 한 루카치의 말은 그의 시에 있어 오랫동안의 화두가 될 것이다.

4. 피의 역사, 상처와 구원으로서 지리산 - 이시영

이시영의 시는 목소리가 크지 않아서 아름답다. 역사적 시대적 상황을 앞세워 휘소한 발언으로 독자를 쥐치지 않아서 편안하다. 더욱이 지리산에 묻힌 영령들의 백골을 통해 역사를 형해화 하기보다, 지리산 자락에 들어가 지리산이 되어버린 이들의 곤고한 삶을 이야기하는 잔잔한 이야기가 시적 울림의 반향을 더욱 극대화하고 있다.

>나는 아직 그 더벅머리 이름을 모른다
>밤이 깊으면 여우처럼 몰래
>누나 방으로 숨어들던 산 사내
>봉창으로 다가와 노루발과 다래를 건네주며
>씽긋 웃던 큰 밤 만질라치면
>어느새 뒷담을 타고 사라지던 사내
>벙뎀이 감시초에서 총알이 날고

뒷산에 수색대의 관솔불이 일렁여도
검은 손은 어김없이 찾아와 칡뿌리를 내밀었다
기슭을 타고 온 놀란 짐승을 안고
끓는 밤 숨죽이던 누나가
보따리를 싸 산으로 도망간 건 그날 밤
노린내 나는 피를 흘리며 사내는
대창에 찔려 뒷담에 걸려 있었다
지서에서 돌아 온 아버지가 대밭에 숨고
집이 불타도 누나는 오지 않았다
이웃 동네에 내려온 만삭의 처녀가
밤을 도와 싱싱한 사내애를 낳고 갔다는 소문이 퍼졌을 뿐

―「지리산」 전문

지리산은 빨치산의 입장에서는 공화국인 동시에 해방구이기도 하지만, 다른 편에서는 지리산에 들어가 지리산공비가 되어버린 그들을 쓸어버려야 할, 다시 말해 지리산은 청산해버려야 할 이념의 공간이 된다. 익명의 지리산 사내는 화자의 음각화된 기억을 따라 어둠을 타고 흐르는 것처럼 오간다. 급기야 그 사내가 죽고 누나는 보따리를 싸고 산으로 들어간다. 지서에서 돌아온 아버지는 대숲에 숨고, 집은 불탔다. 그 사내는 죽었지만 누나는 그 사내를 닮은 싱싱한 사내를 낳았다. 어둠에서 만나 사랑하고 어둠에서 낳은 자식이다. 어둠의 자식이 훗날 우리의 역사를 이어나갈 것이며 오늘의 상실이 내일의 구원과 맞닿아 있을 것임을 암시한다.

자의든 타의든 지리산 자락 사람들은 총알과 피가 난무하는 세계에서 형제와 자매와 친구가 이데올로기에 부침하는 무리로서 존재하는 삶을 살았다. 죽음으로 얼룩진 어둠의 역사를 마치 불가사의한 일을 목도한 소년 화

자를 빌어, 그날의 지리산 역사성에 대해 마치 그 까닭을 모르는 듯한 무지의 탈을 쓰고 말하고 있다. "무지는 순결이다."(키에르케고르, 『불안의 개념』) 그래서 이 작품 저변에 흐르는 잔잔한 슬픔은 더욱 깊이를 더해주고 있다.

  누룩 같은 만월이 토담벽을 파고들면
  붉은 얼굴의 할아버지는 칡뿌리를 한 발대
  가득 지고 왔다
  송기를 벗기는 손톱은 즐겁고
  즐거워라 이마에 닿는 할아버지 허리에선
  송진이 흐르고
  바람처럼 푸르게 내 살 속을 흐른다
  저녁 풀무에서 달아오른 별들,
  노란 벌이 윙윙거리면
  마을 밖 사죽골에 삿갓을 쓰고
  숨어사는 어매가
  몰매 맞아 죽은 귀신보다 더 무서웠다
  삼베치마로 얼굴을 싼 누나가
  송기밥을 이고
  봉당으로 내려서면
  사립문 밖 새끼줄 밖에서는
  끝내 잠들지 못한
  맨대가리의 장정들이 컹컹 짖었다
  부엉이 울음소리가 쭈그리고 앉은
  산길에는 썩은 덕석에 내다버린 아이들과 선지피가 자욱했다
  어둠 속에 숨죽인 갈대덤불을 헤치고

> 늙은 달이 하나 떠올랐다.
>
> ―「만월」 전문

    음력 보름날 밤 둥근달이 떠올라 지리산 굽이굽이를 환하게 밝히는 날, 할아버지는 소나무의 속껍질을 벗겨 쌀가루와 함께 섞어 송기밥을 짓는다. 어둠이 이슥할 무렵 누나는 산사람에게 줄 송기밥을 이고 날랐을 터이었다. 이들을 감시하는 장정들이 어둠 속에 컹컹 짓는 불안한 밤, 부엉이 울음소리마저 쭈그리고 앉은 산길에 아이들의 피가 연기처럼 자욱하다. 어둠을 골라 걷는 숲 기슭의 밤안개에도 피가 묻어 있기 때문이다. 갈대숲마저 숨죽인 때, 발을 헛디딜까 하여 늙은 달이 넉넉하게 누나가 길을 열어주고 있다. 사랑과 열정에 달뜬 젊은 달이 아니라, 그늘지고 어두운 시대와 역사의 불안과 초조를 덮어주는 달이다.

    이시영의 시에는 지리산 피의 역사, 그 상처가 곳곳에 배어있다. 문제는 그러한 상처가 과거에 끝난 것이 아니라, 오늘에도 이어지는 폭력으로 사람들을 짓누르고 있다는 것이다.

> 형님은 누에
> 서울에서 돌아와
> 흙벽을 파고
> 잠들지 않았다
> 담쟁이 풀 뒤에
> 말못할 낙인의 주먹들이 두드리고 있었다
> 둥둥둥 과부들이 달리고 있었다
> 그림자들이 비늘을 털고
> 일어선 소학교 마당에

> 대창에 찔려
> 은어새끼 네 아들이 구르고 있었다
> 속곳을 벗고
> 망아지를 낳고 참았던
> 서방을 낳고 참았던 과부들은
> 두 개가 된 형의 목을 뜯고 있었다.
>
> ―「부역」 부분

형이 서울에서 돌아온 까닭은 서울에서 붙박을 수 없었기 때문이다. 원죄와도 같은 아버지 부역의 낙인은 오늘날 주먹이 되어 형을 마구 두드리고 있다. 이른바 연좌제緣坐制, 당대의 연대책임을 지고 처벌받는 것이 대를 이어 승계되는 것. 형이 누에처럼 살지만 누에처럼 잠들지 못하는 것은 지난날 소학교 마당에 대창에 찔려 죽은 피의 역사, 망령의 역사가 형의 목을 물어뜯고 있기 때문이다. 그렇게 된 데에는 이유가 없는 것은 아니다. 이 시 뒷부분에 언술되어 있는 바와 같이 주재소에서 끌려나온 아버지의 원통한 삶, "산으로 살어서 간 네 애비야/멍멍히 독사가 된 네 애비야"가 있기 때문이다. 가해자와 피해자의 구분도 없이 고통이 원환의 고리를 타고 연면히 흐르는 공간, 지리산이 있다.

5. 물물 자유자재, 지리산 시의 새로운 출발점

위의 글에서 정규화, 오봉옥, 이시영의 지리산 시편을 살펴보았다. 이성부의 시집 『지리산』을 논급에서 뺀 것은 이 글의 얼개와 논의 방향에서 크게 벗어나 있기 때문이다.

이제 지리산은 더 이상 역사 속에 고통 받는 산으로 남겨두어서는 안 된다. 아울러 지리산의 역사성을 통해 알레고리화 하여 화석화하는 시를 써서도 안 될 일이다. 즉 이데올로기의 산으로서 지리산이 아니라, 제반 물물物物이 자유자재自由自在하여 지리산의 "흙은 그 살이고 물은 그 피이며, 비와 이슬은 그 눈물과 땀이고, 바람과 불은 그 혼백이며 기운"(홍대용, 「의산문답」, 『담헌서』 내집 권 4. 32장)인 그 자체와 함께 하는 산으로부터 다시 출발해야 한다.

> 노승老僧 30년 전, 참선하기 이전에는 山은 靑山이요, 물은 綠水이었다. 그러던 것이 그 뒤 어진 스님을 만나 깨침에 들어서고 보니, 山은 山이 아니요, 물도 물이 아니더니, 마침내 진실로 깨치고 보니, 이제는 산이 의연코 그 산이요 물도 의연코 그 물이더라. 그대들이여 이 세가지 견해가 서로 같은 것이냐 서로 다른 것이냐? 만일 이것을 터득한 사람이 있다면 그는 이 노승과 같은 경지에 있음을 내 허용하리라 (靑原禪師, 상당설법, 『景德傳燈錄』)

산을 두고 청이며, 물을 두고 녹이라고 함은 전부 주관적 판단과 선입견을 앞세운 위爲이다. 애써 뜻매김의 미망을 넘어서 보니 만물이 내 마음이 짓는 대로 형상을 좇는다는 것을 알은 것이 두 번 째의 경지이다. 그러나 그것마저 부질없는 것은 '나'라고 하는 것부터가 애시당초 제 뜻과 길도 없는 것이며, 산과 물 그 자체가 머금고 있는 것本體은 마치 허공이 한 번도 변함이 없이 그 자체로 있었던 것과 같다. 이른바 진리의 세계이다. 지리산은 진리를 머금고 있는 산이다. 그래서 지리산은 그 자체가 거룩한 성소聖所이다. 그 성소에서 지리산이 되어버린 시인을 만나고 싶다.

1950년 정지용과 정진업[17]

― 새 발굴 정지용 육필 원고 "詩集『얼굴』을 보며" 해제

1. 정지용 원고의 발굴 경위

시인 정진업(1916~1983)의 장남 정홍근 씨가 경남 마산에 위치한 도서출판 '불휘'에 찾아와『정진업 시전집』을 발간해 줄 것을 의뢰하였다. 1983년 영

[17) 월초 정진업月艸 鄭鎭業은 1916년 4월 19일, 경남 김해시 진영읍 여래리 743번지에서 태어났다. 1930년 김해보통학교, 1934년 마산상업학교를 졸업하였다. 1939년 5월,『文章』지에 단편소설「카츄사에게」가 추천되어 등단하였다. 1940년 평양숭실전문학교 문과를 잠시 다니다가 통영협성학원에서 연극을 가르쳤다.
광복 후, 희곡 창작과 연극 연출 및 출연에 매진하다가, 1947년『경남교육』지 편집장으로 일했다. 1948년『부산일보』초대 문화부장으로 일하며, 지역문단의 활성화에 큰 공을 들였다. 같은 해 8월 첫 시집『풍장』을 내었다. 1950년 두 번째 발간 예정이었던 시집『얼굴』의 서문을 정지용으로부터 받았으나, 6.25 전쟁과 이념 등의 문제로 내지 못했다. 같은 해 8월, 좌익계 문화단체 인사로 몰려 6개월 투옥되는 한편, 부산일보에서 해임되었다.
1953년 두번째 시집『김해평야』, 1971년『정진업작품집·1(시집)』,『정진업작품집·2(산문집)』, 1976년 네 번째 시집『不死의 舞』, 1981년 다섯 번째 시집『아무리 세월이 어려 위도』을 내었고, 1983년 허버트 리드『시와 아나키즘』을 번역 출간하였다.
정진업의 작품은 광복기, 민족의식의 치열성으로 돋보이고, 1950년대 궁핍한 현실 인식과 통분과 자괴감으로 가득하며, 1960년대 초, 빈곤의 삼제를 향한 직정적 역사의식이 첨예화되며, 1970년대 삶의 진정성을 향한 실존의식을 거쳐, 후기 자아성찰과 통합에의 의지로 갈무리할 수 있다. 1983년 3월 28일, 향년 68세로 별세하였다. 1990년 그의 시비「갈대」가 마산에 건립되었다.

면에 들기 전까지 정진업은 5권의 시집과 1권의 산문집과 1권의 번역서를 내었다. 유족의 요청사항은 앞서 낸 바가 있는 시집 5권에 대한 통합본을 만들어 달라는 것이었다. 이에 대해 도서출판 '불휘'의 대표인 우무석 시인이 본인에게 시전집 발간에 따른 검토를 요청하였다. 일단 유족들이 보관하고 있는 정진업 관련 자료를 일람하기로 하였다. 그 결과, 5권의 시집에 실린 작품은 정진업 전체 작품에 견주어 볼 때, 빙산의 일각과도 같았다. 심지어 앞선 시집에 게재한 작품을 개작하거나, 재수록 하는 형태를 취하고 있는 것도 많아서, 전체 작품과 대비해 볼 때, 상당한 부분이 누락되어 있는 형편에 있었다. 더욱이 여러 매체를 통해 발표했던 것이거나 새로이 쓴 것을 시집으로 내고자 했으나, 미간행으로 그쳐 묶음철을 해 둔 원고 뭉치만 세 권에 달했다. 즉 『하오의 논리』(1957), 『하수도의 태양』(1961) 『차원의 생명』 (1965)이 그것이다. 이밖에 다양한 매체를 통해 발표한 작품 혹은 원고들이 방대할 정도로 방기되어 있었다.

　본인의 게으름으로 하여 『정진업 시전집』 발간은 실로 지지부진하였다. 그러한 가운데, 선뜻 이해하지 못할 글 하나가 정진업 시인의 1960년대 신문 스크랩에 끼워져 있었다. 수필이라고 하여 게재된 「남해의 예술가들」이라는 글이었는데, 발표한 이가 '지용志容'으로 되어 있었다. 지용志容이 누구인가? 제 이름을 못 쓰고 지용志容 혹은 정○용鄭○容으로 떠돌던 정지용鄭芝溶이 아닌가? 더욱이 게재된 글에 "나는 애초에 물이 없는 충북 비산비야의 촌읍에서 나서 유소년기를 애절하게 보냈다."라는 구절로 미루어 충북 옥천군 옥천면 하계리에서 태어난 정지용이 틀림없었다. 이 글만 하여도 앞서 언급이 된 바 없는 정지용의 새로운 자료로서 가치를 띠고 있었다. 아울러 1960년대 초, 발표 지면의 출처만 밝히면 될 일이었다.

　다시 『정진업 시전집』 발간을 위해 처음부터 전반적인 작업을 하겠다는 생각으로 자료들을 챙겨 나갔다. 종래 눈여겨보지도 않았던 그의 주례사 원고까지도 하나씩 챙겨 읽어 나갔다. 그런데 그 주례사 원고 뭉치에 "詩集 『얼굴』을 보며"라는 정지용의 육필 원고가 끼워져 있었던 것이다. 그리고 그 원고는 앞서 스크랩에서 발견한 「남해의 예술가들」에서 상당 부분의 뒷글이 잘려나간 것들을 모두 담고 있는 이른바 전문으로서, 원고 말미에 '四二八三 五月 南海過次 지용'이 뚜렷하게 명기되어 있었다.

2. 원고가 쓰여진 배경18)

2.1 광복기 정지용과 이주홍과 정진업

왜 정진업은 이 귀중한 원고의 전문을 밝히지 못하고 엉거주춤하게 토막 원고로 게재하거나, 게다가 수많은 이들의 주례사로 가득한 뭉치글에 숨기듯이 감추어 놓고 작고하였는가? 1982년 많은 문인들이 정지용 저작들에 대한 복간 운동을 벌이던 시절에도 세상에 내어놓지 못하고 숨겨 두었다가 1983년 3월 28일 영면에 들어, 결국 반쪽짜리 원고로 망실할 뻔하였다. 이러한 의문의 답은 원고 내용의 이면에 숨겨진 것을 읽어내는 과정에서 어렵지 않게 알 수 있었다.

널리 알고 있는 바와 같이, 광복기 정지용은 1945년 12월 16일 창립된

---

18) 원고가 쓰여진 배경을 남다르게 보는 까닭을 각 항에 대한 설명으로 대신한다. 제1항을 둔 것은 광복기 정지용과 이주홍과 정진업이 지녔던 계급문학적 태도를 전제로 했을 때, 새 발굴 원고 텍스트 자체에 대한 온전한 이해에 접근할 수 있다고 생각했기 때문이다. 원고가 작성된 1950년에 이들은 외형적으로는 전향 성명과 우익문단 구축에 대한 선무 공작에 앞장 선 형태로, 변신을 성공적으로 수행하고 있을 뿐만 아니라, 매체 지면에 발표하는 글 역시, 발굴된 원고의 내용과 성향이 사뭇 다르기 때문이다. 제2항은 정지용이 정진업에게 원고를 작성하여 주게 된 데에 따른 외적 배경을 탐색하여 본 것이다. 이 부분은 제1항과 달리, 원고 작성과 관련한 인간적 교분을 정리한 것이다.

'조선문학가동맹' 중앙집행위원회에 아동문학부 위원장인 동시에 시부 위원으로서 이름을 올린다. 그가 계급주의 좌파 문학에 이념적 지향성을 함께 한 것인지, 혹은 어쩔 수 없는 시대적 조류에 편승한 것인지에 관한 문제19)는 이 글의 3절에서 논급함으로써 기존의 논의에 덧대기로 한다.

한편, 이주홍은 조선문화건설중앙협의회와 조선프로예술동맹이 통합되기 이전 동맹 쪽 핵심 인물로서, 조선프로레타리아 예술연맹 결성식에 참석하여, 미술 부문 상임위원과 중앙위원을 맡고(1945.9.), 조선프로레타리아 미술동맹 결성식에 참석하여 중앙집행위원과 중앙협의원을 망라한 동맹위원장직을 맡는(1945.9.15) 한편, 조선프로레타리아 문학동맹 결성식에서는 중앙집행위원과 아동문학 분과위원을 맡는다.(1945.9.17)20) 말하자면 미술과 아동문학 부문에서 대표성을 인정받고 있는 셈이다. 게다가 당대 이주홍의 활동은 전 예술 분야에 걸쳐 왕성하게 전개되었다. 프로예맹의 기관지『예술운동』과 조선문학가동맹 기관지『문학』과『별나라』의 표지 장정과 컷은 물론이고, 조선프로레타리아음악동맹 작곡부장이었던 김순남의 곡에는 이주홍의「독립의 아침」이라는 작사가 따랐고,『신건설』지 제2호에「동학군」이라는

---

19) 정지용의 조선문학가동맹 가입에 대한 해석과 평가는 엇갈려 있다. 이를테면 권영민의 경우, "그 스스로 절창의 시인이기를 거부하고 정치 현실에 뛰어들기 위한 자기 변신"을 꾀한 것으로 보고 있는 것.『해방직후의 민족문학 운동연구』(서울대출판부, 1986) 162쪽. 이와는 달리, 김윤식의 경우, "고전문학부 위원장에 이병기, 시분과 위원장에 김기림이 되었음에 비추어 볼 때, 시의 제1인자를 자처하던 정지용으로서는 이 단체의 큰 애착이나 신뢰성을 가졌다고 보기는 어렵다. 1946년을 전후한 정지용의 처지는 그러한 현실의 정치적 감각에 아주 무관심할 수는 없었다 해도 다분히 초월적인 처지에 있었다고 볼 수 있다."라고 평가하며, 정지용의 카톨릭과 그의 신관神觀, 그의 글「산문」속에 담긴 시니시즘을 해석의 척도로 내세우고 있는 것이다.『해방 공간 문단의 내면 풍경』(민음사, 1996) 150쪽. 관련 논문으로 김윤식,「카톨릭시즘과 미의식 : 정지용의 경우」,『한국근대문학사상사』(한길사, 1984) 405~406쪽 참조. 같은 견해로 김용직 역시, 정지용이 "8·15 이후, 거의 시를 쓰지 않았으며, 다른 양식에 속하는 글을 통해서도 적극적으로 문맹文盟측의 이데올로기를 옹호한 바 없다."라고 하며, 이데올로기 편향 문학에 대해 '지령적 문학론指令的 文學論', '낙제落第'라고 폄하한 정지용의「한개의 반박」(조선일보,1938.8.26)을 들어 보이고 있다.
20) 조선프로레타리아예술연맹 기관지,『예술운동』창간호(1945.12) 123~127쪽 참조

희곡을, 『별나라』해방 속간호와 『새동무』지에 각각 「어린 병사의 노래」가사와 「광고판」이라는 동요를 게재하는가 하면, 『해방기념시집-햇불』(1946.4)에는 시 「청년」과 「벽」을, 『문학』지 제2호(1946.11)에는 「거문고」라는 소설을, 『우리문학』지 제3호에는 「오구여담烏口餘談」이라는 수필을 발표하는 등, 전 분야와 장르에 걸쳐 상당한 활약상을 보였다고 하겠다.

정진업은 1939년 이태준으로부터 「카츄사에게」라는 소설을 추천받는다.21) 그러나 이광래의 사사 아래, 소인극素人劇 단체 「극예사劇藝舍」와 신파직업新派職業 극단 「황금좌黃金座」등 연극 단체 활동을 하면서 전국과 만주 등지를 떠돌다가 영양실조 끝에 늑막염이 발병되어 마산 자택으로 돌아온 지, 몇 달 만에 광복을 맞이한다. 광복이 된 후, 그가 가장 먼저 한 일은 해방극을 하는 것이었다. 극본에서부터 주연, 연출에 이르기까지 「강씨일가姜氏一家」를 상연하고, 일본 귀환 동포 문제를 다룬 시극 형태의 「강남으로 가자」와 사극 「부사府使와 초부樵夫」공연에 몰두한다.

한편, 『문예』지에 「하루」(1946.8), 「인민의 발」(1946.5) 「燕에게」(1947.1)를 발표하면서 시작 활동을 전개하는 가운데, 『경남교육』지의 촉탁 편집부장 일을 맡게 되면서 부산지역 문인들과의 교유가 더욱 본격화된다. 『대중신문』지에 「어느 소년의 말」(1947.5), 「일식」(1947.7.9)이 발표하면서, '민족 빈곤의 삼제芟除'와 좌익 문화공작대 선무 활동에 대한 각별한 관심을 표명하기에 이른다. 1948년 8월, 제1시집 『풍장』을 김정한의 머리말과 김용호의 해설을 겸한 단평과 함께 '시문학사'에서 낸다.22)

---

21) 심사평에서 이태준은 이야기의 템포가 느릿하고, 사건이 치밀하게 전개되지 않는 점을 지적하는 가운데, "반은 감상문이다. 그러나 창백한 현대 인테리의 생활과 고백이 진실하다. 한 가지 통일된 실재가 나타난다. 이 작자는 앞으로 구상고構想苦의 혈로血路를 뚫고 나가야 할 것이다."라고 하였다.『문장』(1939.5) 121쪽. 200자 50매 원고의 군더더기를 떼어내어 30매 정도로 발표시킨다. 그러나 '생활과 고백'으로서 문학적 성향을 적절하게 지적한 이것은 향후, 정진업 문학의 근간을 이룬다.
22) 시집 『풍장』 발간에 실질적 작업이라고 할 수 있는 인쇄를 도맡아 준 곳은 부산 '대동출판인쇄주식회사'이다. 정진업이 『경남교육』지 편집국장을 맡고 있으면서, 경남도학

이미 이주홍은 1947년 9월부터 동래공립중학교 교사로 일하기 위해 부산에 내려와 있었다. 이때, 학생 연극 활동에 상당한 관심과 열정을 보이던 이주홍과, 해방극에 들떠 활동하던 정진업과, 문단의 절친한 친구이기도 하며, 이후 1962년 마산극협을 조직하기까지 경남 연극의 중흥을 위해 함께 했던 김수돈과의 만남은 필연적이었을 것이다.

2.2 1950년 정지용과 이주홍과 정진업, 그리고 유치환의 만남

　1949년 11월 4일 정지용은 자수 형식으로 출두하여 보련가맹 기자회견을 갖는다.[23] 아울러 시인 김상훈과 더불어 전향 강연, 곧 반공시국 강연을 하러 각지를 순회한다. 1950년 5월 정지용은 경남 부산지역 선무 활동의 성격을 띠고 남해안의 여러 지역, 부산과 마산과 통영과 진주 지역을 다니기 위한 첫걸음으로 부산에 오게 된다.

　이주홍은 1949년 9월 국립부산수산대학교로 자리를 옮긴 터였다. 이는 그가 광복기 계급주의 문학 활동을 접고 이른바 전향을 성공적으로 수행하여, 국가가 공인할 정도에 이르렀다는 반증과도 같다. 겉으로 드러내는 전향적 행동 표명이 자신의 진정성과 배치되건 아니건 간에 적어도 그는 변신이 생존의 논리라는 것을 인식하였음에 틀림없다.

　무국에서 주간으로 발행되는 신문을 이곳에 맡긴 것이 시집 발간의 후의를 얻는 기회가 되었다. 정진업, 「나의 문단 올챙이 시절과 오늘의 마산문단」, 『마산문학』(1980) 120쪽. 한편으로 발행처를 '시문학사'로 두었던 것은 1948년 4월, 김용호가 '시문학사' 주간에 취임한 것과 무관하지 않다. 마산이 고향인 김용호와는 1940년대, 문단 선후배로서 교유를 해오던 터였다.

23) 이 자리에서 정지용은 "해방 후, 나도 모르게 내가 아동문학위원장에 추대되었다. 그 후 어느 잡지에 내가 야간도주하여 월북했다고 실린 적도 있으나 모두 거짓이다. 그리고 이번 시경찰국 사찰과장의 말인즉 신변은 보장할 터이니 이 기회에 국민보도연맹에 가입하는 것이 좋겠다하여 가입한 것이다"라고 가입 경위를 설명하고 있다.(동아일보 1949년 11월 5일) 정영진, 『통한의 실종문인』(문이당, 1989) 36쪽에서 재인용.

변신은 정진업에게 있어서도 마찬가지이다. 정진업 역시 그 무렵 부산일보 문화부장직을 맡아 이른바 부산 경남 지역 문화계에 상당한 영향력을 발휘할 수 있는 자리에 올라섰다. "向坡, 樂山, 章玄, 何步, 皇山, 逸影, 靑馬, 살매 등과 문단 교류를 하고 있던"24) 이러한 즈음에 정지용이 부산에 왔다.

> 싱싱한 전복 병어 도미 민어회는 먹은 다음 날 제 시각에 돌아오니 과연 입맛이 다셔지는 것이었다. 취하고 보니 다리가 휘청거리는 것이 무슨 큰 죄랴. 쓰윽 닿고 보니 영도 향파 댁이 아니고 어딜가 보냐!25)

정지용은 부산에 머물면서 향파 이주홍의 집에 줄곧 기거한 것으로 보인다. 통영으로 길을 나서기 전, "영도 향파댁 남창 유리가 검은 새벽부터 흔들린다."(「남해오월점철 8」)라는 것으로 보아 더욱 그렇다. 정지용이 이주홍의 집에서 장기간 기숙할 수 있었던 데에는 그들의 교분이 만만치 않음을 뜻한다. 이러한 데에는 일제 강점기하 아동문학 활동은 물론, 광복기 계급주의 문학 활동 시절, 아동문학분과위원장으로서 정지용과 같은 분야에 상당히 몸담고 있던 이주홍과의 오랜 만남이 바탕이 되었을 듯싶다.

"이번 여행 중에 부산서 통영서 마산서 진주 등지에서 많은 청년의 시인 화가 또는 음악가를 만나 보았다."(「시집 '얼굴'을 보며」)라고 술회하듯이 정지용은 부산 지역의 예술인들과 어울려 많은 자리를 갖는다. 여기에 정진업도 같이 했을 것이다. 이때, 정지용의 입장에서 부산 지역 문인으로서 이주홍과 정진업과의 어울림도 의미가 있었겠지만, 더욱 눈여겨보아야 할 부분이 있다. 정지용이 "시인 청마 두준 두 벗의 안내로"(「남해오월점철 10」)라고 표현할 만큼, 정지용과 유치환의 사이가 각별하다는 것이다. 다섯 살이나 아래

---

24) 정진업(1980) 앞글, 121쪽.
25) 정지용, 「남해오월점철 3」, 『정지용 전집 2』(민음사. 개정판1쇄, 2003) 171쪽

인 유치환에게 '벗'이라고 일컫는 정지용의 말과 함께 유치환의 다음 글을 보면 그들의 도타운 정을 더욱 확연히 알 수 있다.

> 사실 나는 해방 이전에는 문단적 교우나 교섭이라고는 거의 없었다. 한때 미염米鹽을 벌이하던 화신和信 관계로 조벽암趙碧岩과 접촉하던 외에는, 간간이 서울 가면 주배를 나눈 이로서 소운素雲, 지용芝溶, 이상李箱 제씨가 기억에 남아있을 뿐, 따라서 현재 내가 가진 문단의 선배 동배의 교분은 거개가 해방후 비로소 맺어진 것이다.26)

비교적 담담한 위의 술회는 김소운의 주선으로 화가 구본웅이 경영하던 청색지사青色紙社에서 유치환의 제1시집 『청마시초』를 내었다는 것이라든지, 1936년 이상이 동경으로 가기 위해 잠시 유치환의 부산 초량 집에 머물렀다든지 등으로 미루어 볼 때, 각별한 정을 나누었음을 알게 한다.

따라서 정지용의 통영 걸음은 옛 벗을 그의 고향에서 찾는 소회 속에 남달랐을 것이다. 「남해오월점철」 이은 글에서 부산이 5편, 통영이 6편, 진주가 5편이었던 것은 통영 쪽의 이야기가 일본과 맞선 충무공의 정신을 현양하는 것, 다분히 정책성 발언인 "신흥민국의 해군 근거지 진해 군항", "맥아더라인"을 언급하는 등이 있다고 하더라도 유별남을 알 수 있다.

유치환과 정지용의 만남에서 그들이 무슨 이야기를 나누었는지는 알 수 없다. 다만 유치환이 작고한 후, 유치환을 추모하는 글이 『시인들』지에 '청마 특집'으로 게재될 때 유치환의 동래고보 1년 후배이며, 청마에 이어 한국문협 부산지부장을 맡을 정도로 문학적 교분이 남다른 김정한과, 정진업이 함께 하고 있는데 정진업의 추모글이 예사롭지 않다는 것이다.

---

26) 유치환, 「『청마시초』무렵」, 허만하, 「詩人의 圓環」, 『심상』(1978.12)에서 재인용.

내 죽을 때, 귀또리 하나도 울지 말아 달라고 노래했던 지용 선생의 시가 생각날 정도로 혼사는 또 몰라도 본인이 가고 없는 장사 때... (중략) ... 일정 때의 통영, 지금의 충무시지만 청마, (옛날부터 형님으로 불러 나왔지만 이 글을 쓰는 동안 명칭을 약하겠다) 하보, 그리고 나 세 사람이 만나면 늘 주점에 가서 오통잔이라고 하는 지금의 왕대포를 기울이며 울분을 토하고, 익살을 부리고, 또 나는 그 때 연극을 하고 있을 때라 비분강개파가 되어 곧잘 울기도 했었다. .... (중략) ... 처녀 시집 「청마시초」를 낸지 얼마 되지 않았을 때이었다. ... (중략) ... 나는 청마의 일족이 되는 옛날 참사를 지내셨다는 어른이 관리하는 향교 재단인 협성학원에서 교원 노릇을 하고 있었는데 그때 교장으로 있던 김모씨가 동경으로 유학을 가버리자 그 후임으로 청마가 들어오게 되어서 하보와 셋은 날이 날마다 막걸리 세례 속에 살았었다. ... (중략)... 내가 시로 전향한 건 통영 시절에 청마와 하보에게서 받은 영향이 컸으리라고 본다. 27)

위의 글에서 정진업은 같은 통영 출신이면서 유치환과 더불어 『생리』 동인이었으며, 청마의 영결식장에서 조시를 낭독한 장하보(본명:應斗 – 1940년 『문장』지 4월 호에 가람 이병기로부터 시조 추천 받음)와 통영협성상업학교의 그와 유치환이 1년여에 걸쳐 절친한 교분을 나눈 것을 말하고 있다. 그런데 유치환을 추모하는 글 첫머리에 정지용의 시가 생각나는 까닭은 무엇일까? 죽음과 관련한 수많은 글들 중에 유독 정지용의 글이 떠올려지고, 청마를 추모하는 자리에서 자신이 시로 전향한 것을 더욱 새롭게 떠올리는 까닭은 무엇일까?

정지용이 정진업에게 준 "시집 「얼굴」을 보며"라는 글은 그가 남해 일원을 다닌 이후, 서울로 올라가기 전에 준 글이다. 1939년 『문장』지에 「카츄샤에게」라는 소설을 통해 문단에 얼굴을 내밀었으나, 그의 말대로 시로 전향하고 싶어 했고, 시집 『풍장』까지 내었던 터에, 정평 있는 『문장』지를 통해

---

27) 정진업, 「만주로 갔던 청마」, 『시인들』 1, 2집 합병호(1973) 25~28쪽

수많은 시인들을 배출했던 정지용으로부터 자신이 엮어내고자 하는 시집에 평문 형식의 발문을 얻는다는 것은 정진업 시의 삶에 있어 일대 전기와도 같은 것이었을 터이다.

따라서 정진업은 자신의 원고 뭉치에 대한 평가를 정지용에게 앙청하였을 것이다. 이때, 정지용이 정진업에 관한 글을 씀에 있어, 자신이 썩 내키지 않았더라면 써 주지 않았을 것이다. 적어도 쓸 만한 것이 있었을 것이며, 더욱이 원고의 내용들이 자신이 보고 듣고 느낀 경남의 예술가에 대한 총평과도 같은 것이어서, 자신이 생각한 것과 정진업의 시를 견주어 말하기에 크게 어긋남이 없었기에 작성하였을 것이다. 한편으로, 진주의 다방 한 구석에서 "한목 닷새치 원고를 쓰는"(「남해오월점철」 16」)일정 속에 원고를 써 준 것은 향파 이주홍과 청마 유치환과의 교분들이 정지용으로 하여금 정진업 시집에 관한 평문 형식의 발문을 쓰는 데에 상당 부분 기여했다고 하겠다.

3. "시집 『얼굴』을 보며"에 관한 해제

정지용의 육필 원고 "시집 『얼굴』을 보며"는 종서형 400자 원고지 11매 반으로 쓰여졌다. "이번 여행 중에 부산서 통영서 마산서 진주 등지에서 많은 청년의 시인 화가 또는 음악가를 만나 보았다"라는 글로 보아, 「남해오월점철南海五月點綴」 집필 무렵에 작성되었다. 정지용의 현존하는 마지막 육필 원고이다.

이 글을 크게 둘로 나누어 볼 때, 하나는 남해일원을 순회하면서 보고 듣고 느낀 것과 더불어 남해 예술가들의 예술적 태도와 현실을 자신의 생각과 견주어 말하고 있는 것이며, 다른 하나는 정진업의 시집 『얼굴』에 대한 평문 형식의 발문 성격을 갖춘 것이다. 그러나 이 글은 자신이 보고 듣고 느낀 경남 예술에 대한 총체적 관점과 방향성을 밝히는 동시에, 이루지 못할 안타까움 속에 있는 한 전형으로서 정진업에 관한 평가를 넘나드는 점에서, 본질적으로는 하나의 글이 된다.

그는 "산이면 금강산이요 물이면 다도해지 이 이상에 더 아름다운 자연미의 쌍벽이 지구 위에 다시 있을 수 없다고 생각한다." 아울러 여행 중에 만났던 경남의 예술가들이 "소질이 우수하고 의욕이 왕성한 것"을 느낀다. 이러한 것을 그는 "남해일대의 위대한 자연미와 그의 영향"이라고 돌린다. 그러나 한편으로 "향토미에 탐닉하지 못함", "남해의 자연미를 찾아보지 못하는 것은 그들의 생활이 남해의 자연에서 유리 이탈된 것이요, 자연은 버려지고 생활은 상실된 것"이라고 말하며 또 다른 일면을 본다. 그는 "자연적 환경에 인간의 생활이 주체가 되어 능동적으로 환경을 경륜하고 움직이고 운영하여야만 환경 자체도 황막한 버려진 자연을 면할 것이요, 인간이 축적逐謫 유형流刑의 고역을 면하는 것이다."라고 생각한다. 말하자면 남해의 예술가들이 아름다운 자연을 예술적 승화로 더욱 살려나가고 구가하는 한편, 그를 통한 생명성을 더욱 얻어나가야 한다는 것이다. 그런데 "남해 연안에 불쌍한 시인을, 화가를 많이 만나" 본 결과, 사실은 "대부분이 실직자였고 몇몇 최저급의 월급 생활자를 보았을 뿐"일 정도로 그들의 삶이 척박한 지경에 있음을 깊이 인식한다. 그들은 아름다운 풍광과 자연에 탐닉하거나 무한한 애정을 담아내기에 앞서 "인조 아담의 슬픈 죄과 보속을 독담해야 할 형편에 있다"고 안타까워한다.

당면한 현실과 가난의 질곡으로부터 벗어나야 하는 생활의 문제가 그들에게 족쇄처럼 채워져 있다는 것을 글의 이음매로 두면서 정진업 시에 대한 논의를 전개한다. 다음은 논의의 첫머리에 들고 있는 시이다.

....

방매가

억울히 죽은 아비의 원한스런 꿈자리가

사납다 하면서 낡은 대문에다 창호지로

이렇게 써 붙이게 한 홀어머니였다

어디로 가야 하는 것이냐

식구라는 게 홀어미에 그나마

어미를 생이별한 아들놈 근이 이들은 고작

눈물이 많아서 탈이다.

― 「눈물이 많아서 탈이다」 부분

정지용은 이 시에 대해 "이래서야 남해적 자연미로서니 남해적 시인이 될 수 있겠는가?"라고 말한다. 시적 화자의 아비는 억울하게 죽었고, 아들놈 근(정홍근 : 정진업의 장남)의 어머니는 가정을 돌보지 않은 채 방랑벽에 떠도이 생활을 일삼는 남편을 견디다 못해 가출하여 버리고, 사람이 붙박지 못하는 삶 속에 화자의 홀어머니는 방매가를 붙인다.

정지용이 평문에서 상당 부분 따와서 논급하는 시가 정진업의 「김해 사람들에게」이다. "8.15 해방 직후의 시다"라고 언급하면서 그는 "남해 시인은 흥분하기 쉬웠다"라고 전제를 둔다. 사실 이 시는 『경남교육』지에 실린 것인데, 발표 당시의 원제는 「鄕人會에 바치는 노래」이다. 1948년 발간된 시집 『풍장』에 수록되지 않았으며,28) 1953년 발간된 『김해평야』에서도 누락된

---

28) 시집 『풍장』에 수록할 수 없었던 것은 시집을 내는 데 상당한 도움을 준 '김해향우회' 사람들에게 시의 내용들이 문제가 되어 피해를 입게 될 우려 때문이었을 것이라고 생

채로 남겨진 시이다.

　정지용은 이 시에서 비교적 평이한 시의 구절들을 따서 평문에 담고 있는데, 따 온 구절 외에 발표시의 뒷부분을 보면 "그 바람이 실어오는/인민의 아우성 소리를 듣고/핏발선 눈알을 부라리며/우리는 대체 뭣을 생각해야 하는 것일까? // … (중략) …. 모조리 나라를 닦는 터전 앞에/한 개 조약돌이나마 들고 나서자/자유와 권세의 평등을 위하여/정의의 조약돌을 던지자 // 고향을 지켜/겨레를 사랑하여/내일의 승리의 노래/우리 모두/피나게/피나게/불러보자"이다.

　정지용은 이 원문을 모두 읽었을 것이다. 이것을 두고 "남북한 십사도 삼천리에 찌르르한 애국 정열에서 분립된 것이 아니다"라고 평가한다. 정지용이 말하는 애국 정열은 무엇인가? "인민의 아우성 소리", "핏발 선 눈알", "조약돌이나마 들고나서", "자유와 권세의 평등을 위하여", "피나게 피나게 불러보는" 이른바 계급투쟁이 아닌가?

　정진업의 경우 이와 같은 성향의 시들을 발표하여 왔다. 전형적 일례로, 시집 『풍장』에는 실리지 않았지만 ― 1948년 8월 30일, 시집이 발간될 시점에는 이미 대한민국 정부 수립이 되어 있는 상황에서 실을 수도 없었을 것이다 ― 1947년 7월 9일 『대중신문』지에 발표한 다음 작품을 들 수 있다.

　　　모든 예술은
　　　예술가의 것이 아니다.
　　　예술가 그 자체의 것도 아니다.
　　　아니 그 누구의 것도 아니라

───────────────

각된다. 실제로 『풍장』이 발간되고 난 후, 시집에 실린 내용이 과격하다는 이유로 예술과장이란 정부의 고관으로부터 '김해향우회' 간부들이 호되게 당한다. 정진업 「나의 시작편력」, 『시문학』(1972) 56쪽 참조.

오로지 인민의 것이요

인민을 위하여만 있는 것이요

인민을 위하여 만들어지는 것

그러면

인민을 위한 씩씩한 행진 앞에

돌을 던지는 놈은 대체 누구뇨?

거룩한 축하의 제단 위에

값싼 고기덩이를 스스로 바치기로

원하는 놈이 누구뇨?

망막이 접치고 애줄곳 달리다가

나무 덩굴에 제 다리를 짓찧어 죽는

꽤 사나운 짐승

사나운 짐승의 포효가

여기 무대에까지 울려오는가

역사에 반역하는 자

응당 하늘의 誅가 있으리니

우리는 잠자코 우리의 길만 걸어가자.

정의는 오직 단 하나

진리는 불멸, 오

시인의 노래는

인민의 감격과 더불어 영원한 것인데

노래 못하는 시인이여

노고지리도 철이 와 우느니

우리의 슬픔을랑

꽃씨처럼 뿌리며

인민의 대오 속으로 깊이 들어가자.

이 긴 대열을 끌고 나가자.

이제 걷어지는 일식도

분초를 다투고 있지 않느뇨.

—「日蝕 – 共委祝賀藝術祭에서 吳章煥, 兪鎭五 씨에게」 전문

이 시는 오장환과 유진오에 대한 헌시 형태로 쓴 것이다. 그 연유는 남로당 산하 단체인 조선문화단체총연맹의 문화공작단 파견 운동이라는 이른바 좌익 선무 활동에서 비롯된다. 제1대의 공작지대는 경남일원이었는데, 이때 대장은 유현, 부대장은 문예봉과 오장환이었으며, 기록 및 연락은 유진오가 담당하여 전원이 50명을 넘었다. 그들이 7월 6일 재차 부산공연의 둘째 날 공연을 부산극장에서 할 때, 우익 테러단이 다이너마이트를 던져 두 명이 죽고 5명이 중경상을 입는 사건이 발생하였다.29)

이러한 사건에 즈음하여 정진업은 문화공작단의 행동이 인민을 위한 것이며, 아울러 이들에게 돌을 던지는 자는 인간이 아닌 값싼 고깃덩이에 불과하다는 것과 응당 하늘의 저주가 있을 것이라고 맹렬히 질타하고 있다. 그리고 시인의 노래는 인민과 더불어 영원해야 할 것인데, 인민과 더불어 노래 못하는 자신에 대한 자책감과 아울러 그로 인한 회한과 슬픔을 걷고 그들의 대열에 동참해야 한다고 스스로를 다잡고 있다.

해방이란 진리는 노상 새로운 것이로되, 두 돌을 지난 이 땅의 해방은 이리도 진부한 것인가? …. (중략) … 아첨하고 영합함으로써 자기 생활을 도모하는 예술

---

29) 이에 대해서는 오장환, 「남조선의 문학예술」, 한국근대문학회 편, 『한국근대문학연구』, 2001년 상반기호 참조. 따온 글은 231~238쪽

인이 있는가 하면 집시족처럼 생활에서 여지餘地 가차 없이 추방을 당하면서도 꿋꿋이 자기 예술을 사수하여 싸워 나오는 양심적인 숭고한 예술가도 있다. 이 두 갈래의 조류는 일정 때나 현 군정 때를 막론하고 예술가가 먼저 현 사회자본 경제기구의 규범에서 이탈할 수 없는 한, 의연히 계속될 것이다. .... (중략) .... 저녁 거리에 굶주리고 섰으면 내가 아는 사람들은 왜 모조리 불행한 것인가? 생훈尙勳의 시 한 구절이다. 굶주리지 않아도 내가 아는 사람들의 생활에서 오는 불행을 읊어줄 수 있는 그날이여 ! 어서 오너라.30)

전위시인 김상훈의 시구절과 맞닿은 자리에 서고자 하는 정진엽의 성향을 고스란히 드러낸 「향인회鄕人會에 바치는 노래」를 정지용이 "찌르르한 애국정열"이라고 평가하고 있다. 물론 애국정열이 아닌 것은 아니다. 그러나 전향 성명을 하고 대국민 선무활동에 참여하여, 그즈음 발표한 「남해오월점철」 1에서 18까지의 글들은 "천연의 미항 대부산이 나풀리 이상으로 훌륭하고 아름답게 될 때가 언제 오기는 오는 것이다.", " 해녀들의 매출고가 팔억원에 달하고", "강 건너에 심대한 공장이 늘어야 한다. 때로 사이렌 소리가 그림처럼 임립한 굴뚝과 함께 왕성해야 한다."는 미래 지향적 청사진으로 가득하다. 오히려 그가 말하는 대부산에 귀환동포들이 들끓어 유리걸식하는 사람들이 그득하고, 해녀들의 매출고는 수산 자본가들의 것일 뿐 그들의 생계 해결은 하루가 힘겨운 것이 당대 조국 현실의 모습이 아니었겠는가?

선무활동의 글에서 보여주는 정지용의 모습과 계급적 토대 모순에 기초하여 투쟁을 역설하는 작품을 두고 상당히 긍정적으로 평가하는 내면적 거리는 어디에 있는 것인가? 오히려 1948년에 발표한 정지용의 「산문」에서 "오늘날 조선문학에 있어서 자연은 국토로 인사는 인민으로 규정된 것이다.

---

30) 정진엽, 「예술소위藝術小威 – 인생은 짧은 것이나...」 『경남교육』(1947.11.30)

... (중략) ... 시와 문학에 생활이 있고 근로가 있고 비판이 있고 투쟁과 적발이 있는 것이 그것이 옳은 예술이다. ... (중략) 정치와 문학을 절연시키려는 무모에서 순수예술이라는 것이 나온다면 무릇 정치적 영향에서 초탈한 여하한 예술이 있었던가를 제시하여 보라"것과 1950년에 정진업의 시를 두고 말하는 것과는 여하간의 거리가 없다는 것을 알 수 있다.

한편으로, 정지용은 정진업의 시 「밤차」를 두고, "시를 한 개의 공예품으로 감상하기보담은 시가 이렇게 서럽게도 진정이어서 좋지 않은가?"라고 극찬하는 가운데 "경상도적 토착 순정"이 "시의 육체적 조건으로 더 요망될 것인가 싶다"라고 한다.

사실 광복기 정진업이 좌파 계급주의 문학활동의 일원으로 활동한 바는 없다.31) 그러나 그가 당대 좌파 계급주의 문학의 지향점에 함께 하고 있었다는 것은 확연하다. 시인으로서 서정의 본령에 다다른 고도의 이미지스트이며, 시의 정신과 위의를 남다르게 강조하던 정지용이 절제 탁마가 성글고, 감정 표출이 지나치게 앞세워져 자칫 휜소한 부르짖음만으로 그칠 수 있는 정진업의 시를 시적 진정성을 들어 극찬을 아끼지 않는 어섞인 모습을 어떻게 해석해야 하는지에 관한 문제는 "시집 「얼굴」을 보며"라는 것이 연구 텍스트로서 인정되어 학계에 나올 때, 연구자들이 고민해야 할 몫이라고 하겠다.

---

31) 광복기 정진업의 시세계에 관한 소략한 고찰을 본인이 앞서 수행하여 발표한 바 있다. 이성모, 「광복기, 정진업의 시세계」, 『잠시 쉬는 등을 바람은 너무 흔들고』(불휘, 1997) 161~210쪽 참조

정지용 육필 원고

"시집 『얼굴』을 보며"

　나서 예닐곱 달 된 발가숭이 어린것이 바깥 재미를 붙이게 되면 자고 젖 먹는 시간 이외에는 바깥 세계를 좋아하기 시작한다.
　젖을 재촉하여 우는 적보다 업히어 밖에 나갈 투정이 더 많다. 우리는 이만 적의 바깥 산천초목 조수들이 우리 어린 눈에 어떻게 어떠한 인상으로 비추웠던 것인지 전연 기억할 수 없다. 우리가 이제까지 보아 익어 온 세계보다는 신기하고 놀라운 첫 세계 딴 세상이었음에 틀림없었을 것이다.
　그러렸으려니 한 것을 나는 나의 첫 손자를 안고 추측한다. 이놈이 할아비 할미를 좋아하는 것이 먼저 바깥 구경이 용이한 까닭에 있는가 싶다.
　첫눈에 소개한 것이 가까운 논과 밭이랑 하늘 까치 등이다. 정정한 송림 속으로 안고 드니 둘레 둘레 보며 저으기 불안한 표정이요 웃지도 울지도 않았다. 길옆에 핀 민들레 오랑캐꽃에 바짝 얼굴을 대어주니 전부터 아는 터이란 듯이 반기며 손으로 훔켜 잡는다. 나는 아직까지 우리 손자 아이에게 강이며 바다를 소개할 기회가 없었다. 나는 물이 없는 밭이랑 속에서 손자를 기르기에 그렇다.

　나는 이번 남해 일대 내해의 무수한 도서와 물과 구름과 하늘과 돛과 배와 생활과 풍습을 이십여 일 두고 보고 나서 산이면 금강산이요 물이면 다도해지 이 이상에 더 아름다운 자연미의 쌍벽이 지구 위에 다시 있을 수가 없다고 생각한다.

　나는 애초에 물이 없는 충북 비산비야의 촌읍에서 나서 유소년기를 애절하게 보냈다. 자라서 어른 되어 식구들을 물하고는 딴 데로만 끌고 다니며 살았다.

　남해 풍광을 접하고 나니 어린 손자 놈 첫눈에 바다 더욱이 다도해 일대의 신묘한 자연을 비추워 주고 길렀으면 한이 풀릴까 싶었다.

　이번 여행 중에 부산서 통영서 마산서 진주 등지에서 많은 청년의 시인 화가 또는 음악가를 만나 보았다. 모두 소질이 특이 우수하고 의욕이 왕성한 것을 발견하고 나는 놀랐다.

　이러한 놀라운 상황을 나는 깊이 연구한 것이 아니라, 이를 간단히 남해 일대의 위대한 자연미와 그의 영향에 돌리었다. 그들이 어찌 어찌 나서 자랐는지 나는 모른다. 그들은 부럽고도 나머지 있는 자연에서 자란 것을 안다. 그들이 나서 눈이 트이자 나의 손자보다는 더 놀라운 신기한 자연에 첫 대면하였던 것이요 안계가 애초부터 넓고 시원했던 것이리라. 눈부신 일광 먼지 없는 공기 사철 자라는 아열대권 이내의 각색 식물, 앞 바다 속에 무수한 어류 해초를 저축하고 자랐다.

　바다와 함께 사는 생활은 들과 산 생활보담 더 기민하고 기술적이어야 하는 것이다. 대도시 생활보다 개방적이고 선이 굵다. 부지런하지 않고 살 수 없다. 남해 일대의 괄괄한 사투리에 태초로부터 너울거리는 나부리波浪 소리와 생활의 마찰음을 들을 수 있다 하여 억지소리는 아닐까 한다.

　그런데 나는 이번에 또한 다른 일면을 발견했다. 그 많은 시인 화가들이 남해의 해양 도서미에 등한하다기보다도 향토미에 탐닉하지 못하는 정도가

거진 술 못 마시는 사람이 술에 취할 수 없는 상태와 유사한 것을 보았다.

환경에 너무 익어버리면 그럴 수도 있는 것이다. 그러나 환경의 자연미만으로서는 항시 새로운 생활 의욕과 예술적 창조를 기대하기 어려운 것임으로 자연적 환경에 인간의 생활이 주체가 되어 능동적으로 환경을 경륜하고 움직이고 운영하여야만 환경 자체도 황막한 버려진 자연을 면할 것이요, 인간이 축적逐適 유형流刑의 고역을 면하는 것이다. 원래 인간이 자연의 일부 노릇으로 그치기에는 초목 토석 조수보다 너무도 우수한 생명을 가졌고 능동적인 까닭에 자연은 인간 생활의 구비한 조건으로 유구히 유동하여 말지 않아야만 할 것이었다. 자연과 환경의 제왕은 반드시 생활에 열렬한 인간이 아닐 수 없는 것이요, 인간이 한 개의 귀향살이꾼으로 방황하는 동안에는 그 환경은 주체할 수 없는 권태와 우수를 제공하는 눈물 골짝이 버려진 자연에 지나지 못한다.

그러니까 남해 연안의 시인 화가의 작품에서 남해의 자연미를 찾아보지 못하는 것은 그들의 생활이 남해의 자연에서 유리 이탈된 것이요, 자연은 버려지고 생활은 상실된 것으로 보는 수밖에 없다. 생활이 없는 예술이 버려진 자연 이하로 미저러블 할 수밖에 없다. 남해 연안에 불쌍한 시인을, 화가를 많이 만났다. 소질과 천품이 졸렬한 것을 본 것이 아니었다. 타고 나기는 잘 타고났다. 사실은 대부분이 실직자이었고 몇몇 최저급의 월급 생활자를 보았을 뿐이었다. 의식주에 소극적으로 걱정이 없는 유지 신사에게 시와 미술이 천부되지 못한 것은 소위 유지 신사의 생활이 그다지 예술과 문화의 창조 모태가 될만한 「생활」이 아니었던 것인가 한다. 시인 예술가 일반은 마침내 남해 연안에 인조 아담의 슬픈 죄과 보속을 부당하게도 독담해야 할 형편에 있다.

말이 장황히 흘렀음으로 어서 시인 정진업과 그의 시집 『얼굴』로 옮기자.

....

방매가

억울히 죽은 아비의 원한스런 꿈자리가

사납다 하면서 낡은 대문에다 창호지로

이렇게 써 붙이게 한 홀어머니였다

어디로 가야 하는 것이냐

식구라는 게 홀어미에 그나마

어미를 생이별한 아들놈 근이 이들은 고작

눈물이 많아서 탈이다.

— 「눈물이 많아서 탈이다」에서

이래서야 남해적 자연미기로서니 남해적 자연 시인이 될 수 있겠는가?

………………

뻐꾸기 우는 삼월 초하루가 와도

노고지리 해를 보고 솟는

오월이 와도

우리는 노래를 잊어버린 카나리아였다.

하이네의 노래가 아니라

우리는 실연을 하여도

고향에 돌아가지 못하였다.

………………

— 「김해 사람들에게」에서

8.15 해방 직후의 시다.

> 우리 오늘 마음놓고
> 고향 하늘로 날라 가 보자
> 더부살이로 흘러간 오--랜 세월
> ……………………

— 역시 「김해 사람들에게」에서

남해 시인은 흥분하기 쉬웠다. 남방 다도해의 대자연이 그들을 애초에 성급한 시인으로 선택하기는 했다.

> ……………………
> 그러나 고향에는 웬 일인지
> 먼지 섞인 바람이
> 아직도 멎지 않아
> 우리는 눈을 뜨지 못하고
> 동구 밖 네거리에 두 다리를 끌고 섰다.
> ……………………

— 역시 「김해 사람들에게」에서

다혈질 계통의 시인은 희비가 빠르다. 향토미에 섬세하지 못할지는 몰라도 남해 시인은 경상도 사람들 특이한 성격적 향토애에 열렬하다. 이것이 남북한 십사도 삼천리에 찌르르한 애국 정열에서 분립된 것이 아니다.

……………………

지쳐 잠이 들면

어깨를 베고

다리쯤 섞어도

탓할 사람이 없다.

사투리마냥

생각도 가지가지

다른 것인데

오직 마지막 한 곳을

바라고 가는 사람들

노나 건네는

담배불처럼

우리 이왕이면

가난한 겨레의 얘기에

도란도란 꽃을 피우며

그렇게 가는 것이 어떻냐

— 「밤차」에서

 시를 한 개의 공예품으로 감상하기보담은 시가 이렇게 서럽게도 진정이어서 좋지 않은가? 시에는 완벽이라는 것이 드물다. 시에는 절정이 없다. 절정이라고 오르고 보아야 끝난 것이 아니라 다시 휘이 굽은 길이다. 내려가는 길이래야 거기서부터 다시 오르는 길의 한 고비다. 시가 이래서 한이 없어 좋은 것이다. 시가 진정이어서 좋은 것을 좋아하는 사람은 일류 시인인 듯 자기 도취하는 자는 젊은 놈이 실상 반짓발은 놈이다. 진엽의 시는 시의 이상이 아니다. 이상적 시라는 것이 성립되는 것인지 나는 아직 모른다. 진엽의 시는 그만해도 좋다. 진엽의 시는 그이 청춘과 육체적 조건과 패기와 울분과 순정만으로서도 전도 유망하다. 경상도적 토착 순정이 도리어 서구 선진 국가의 문화 세련보다도 시의 육체적 조건으로 더 요망될 것인가 싶다.

……………………
그러면 등불이여
차라리 황홀한 것을 위하여
꺼진 그대로 이 한 밤을 같이 있자.

끊이락 이으락 어둠의 유언 속에
울어 오는 빛의 우렁찬 산성産聲을 들으면서……

―「등불」에서

진엽아! 그만만에서 그치지 말고 너의 희망을 잃지 말아라. 진보하라. 누가 다음날 위대한 시인이 되는 것일지 나는 모르겠다. 네가 혼자 위대한 시인이 될 수도 없는 정황이다. 너의 시는 마침내 우리 민족 국가와 희망을 같이 하는 것이다. 시도 한 가지 건설이요 역사役事. 남해 연안의 대자연이 완전히 시에 협력하기에는 우리의 시와 손으로 분시를 다투어 민족의 농공상적 위대한 인공미로 남해 전폭이 개편 개장되어야 한다. 그때까지 고대하는 것이 아니다. 먼저 시인 정진엽! 너부터 부지런하자!

4283년 5월 남해과차南海過次 어於 부산釜山   지   용

마산 지역에서 부활해야 할, 시인 권환,
― 민족문학의 본원지로서 마산의 정체성, 혹은 통일문학을 위하여

1. 마산 지역의 침묵 속에 유폐된 권환

말이 끝나는 곳에 침묵이 있다. 그러나 조심해야 한다. 침묵한다고 해서 존재하지 않는 것이라고 여기면 참으로 어리석은 일이다. 말이 말의 꼬리를 물고 일어서는 번잡한 일들에 분노하며, 침묵하고 있는 꿈틀거림이 있다는 것을 두려워해야 한다. 시인 권환의 문학이 되살아나지 않는다고 해서, 그의 문학이 죽은 것이라고 여기는 것이 어리석은 일처럼, 혹은 그의 문학이 사람들에게 알려지지 않았다고 해서 그의 문학적 희구와 갈망, 절망과 좌절까지 싹둑 잘라버릴 수는 없는 것이다.

권환은 이미 1970년대에 부활을 예고하고 있었다. 두 가지 차원을 전제해 두고 말하자. 민족문학론에 있어 제기되었던 '성취'와 '지킴'이라는 명제, 즉 반제국주의 반외세에 기초한 우리 민족의 지킴과 더불어 분단의식을 조장하는 군부 독재에 대한 저항으로서, 이른바 통일의 성취를 지향하는 문학이 우리 문학사의 첨예한 입각점으로 대두될 때부터였다. 이후 국가 이념에 배치된 문인들에 관한 연구가 활발하게 전개되면서 권환은 늘 논의의 중심

에 있었다.

그럼에도 불구하고 아직까지 권환을 좌익 이데올로기 감옥에 유폐하는 사람들이 더러 있다. 문학적 이념은 진리 앞에 성찰의 자세를 지니고, 문학적 형식은 이념 앞에 통합의 의지를 보일 수 있어야 한다. 그래야 문학이 자유롭다. 많은 이들이 이러한 생각을 띠고 권환에게 다가섰고, 권환 문학의 정체성에 관한 연구를 활발히 전개하였다. 그런데 유독 권환 문학의 태생적 기저를 이루면서 그의 문학의 절망을 묻어버린 마산에서만큼은 침묵에 가까운 모습을 보이고 있다. 침묵한다고 해서, 그의 문학이 되살아나지 않는다고 해서, 그의 문학적 존재가 지워진다고 생각하는가?

2001년 11월, 경남에서는 경남시사랑문화인협의회와 경남민족작가회의가, 부산에서는 부산민족작가회의와 문예지『신생』을 중심으로 '시인 권환의 생가와 유택 보존을 위한 문학인대회'를 개최하였다. 그해「경남도민일보」를 중심으로 시인 권환에 대한 특집 기획기사가 연이어 게재됨으로써 세간의 반향을 불러일으켰다. 2002년 권환 전집『아름다운 평등』이 도서출판 전망에서 출간되었다.

권환에 대한 관심의 촉구는 지역문학에 관한 비판과 반성이라는 늑골에 뼈아프게 자리 잡고 있는 가운데, 마산 지역에서 안아 들이지 않으면 안 되는 당면한 과제로 2003년 3월, 성큼 다가섰다. 안동 권씨 문중의 납골당 건립 계획에 따라 권환의 유택을 없애려는 망실 위기에 직면하여, 지역 언론계의 대책 마련 촉구 기사가 연이은 가운데, 경남시사랑문화인협의회와 마산문인협회가 마산의 문화적 자산으로서 권환 유택 보존과 온전한 조성에 관한 시 차원의 대책 마련을 요청하고 나선 것이었다. 같은 해 3월 27일, 마산시장과의 면담을 통하여 유택 보존에 관한 다각적인 검토와 긍정적 지원 대책 수립을 확약 받았다. 한편으로 민족문학작가회의는 4월 24일, '탄생 100주년 문학인 기념 문학제'를 개최하면서 마산 지역 출신 문학가인 이은

상과 권환의 문학적 위상에 관한 주제발표와 토론을 전개하기도 하였다.

그 이후, 본고를 쓰고 있는 6월초 현재까지 마산시로부터 어떠한 조치 결과를 통보 받지 못하고 있다. "문학적으로 위대한 분이라면, 그렇게 남아있으면 되지, 꼭 묘지가 있어야 합니까?" 마산시 시정을 기획하는 관계자의 말씀이다. 언론에 변죽 울리는 것이 중요한 것이 아니라, 제도적인 정립이 선행되어야 한다는 그는 지극한 행정가이다. 그렇게 마산시 진전면 출신의 권환은 문화 행정의 한켠으로 밀려나 있고, 마산시 진동면 출신의 천상병을 기리는 문학제가 아무런 연고도 없는 산청군에서 열리고 있었다. "마산에는 워낙 유명한 문인들이 많아서…" 마산시장의 말씀이다. 문인들이 너무 많아서 문학의 전세방을 마련해주기에도 턱없는 이곳 마산에 작고 문인들은 더 이상 살지 못한다.

2. 시인 권환에 관한 경남시사랑문화인협의회의 평가

싸르트르에 있어 지식인의 진정성(authenticity)이란 "상황에 대해 참되고 명료한 의식을 갖는 것이며, 상황이 내포하고 있는 위험과 책임을 받아들이는 것"이다. 지식인의 사회적 책임과 양심의 문제. 즉 진리에 직면하여 회피함으로써 자신의 안위는 꾀할 수 있으나, 스스로의 양심으로부터 자유롭지 못할 것이라는 것. 반면에 진리에 참여함으로써 절망의 극점에 서게 되고 설령 정의를 실현하지 못하더라도 스스로의 양심으로부터는 자유롭게 될 것이라는 것은 사실 지식인을 늘 고통스럽게 하는 뼈아픈 명제이다.

이러한 명제는 때로 지식인을 재단하거나 응징하는 논리적 방편이 되기도 하고, 지식인의 경우 견딜 수 없는 중압감으로 다가서 자기 지시적 시선에 스스로를 가두기도 하다가, 혹은 자기기만으로 존재의 활로를 모색하여 보기도 하다가, 결국 '지식인은 지식인이다'라는 엄정한 가치 논리 앞에 절망한다. 그는 절망을 선택하고 차라리 절망하기를 바람으로 인해 절망으로부터 초월한다. "절망하라, 그러면 자유로워질 것이다."라는 명제는 문학의 치열성으로 사람들에게 다가서게 된다.

경남시사랑문화인협의회는 권환을 식민지 시대 사회적 모순을 인식하고, 농민과 노동자의 척박한 현실을 타개하기에 앞장서다가, 그가 생각하는 정의를 실현하지 못하고 좌절한 절망의 지식인, 그리고 문학의 치열성에 있어 큰 본보기가 되는 문학가로 규정한다. 규정의 근거를 그의 생애를 통하여 조감하여 보자.

권환은 경남 마산시 진전면 오서리에서 태어났다.(1903년) 아버지 권오봉은 안동 권씨 가문의 문중 서당에 사립 경행학교 (지금의 경행재)를 진전면에 세우고(1910년), 18년간 교장으로 재임하였다. 진전면 초대 면장을 지내면서 1919년 삼진의거의 희생자들을 돌보는 데 헌신하기도 하였다. 당시 삼진이라고 일컬어지는 진동면, 진전면, 진북면에는 일제 강점 전후, 구한말 낙향 유림들이 배달학교를 세우거나 하여, 민족 교육에 앞장서고 있었던 곳이다. 이후 권오봉은 백산 안희재와 함께 활동을 전개하는 등 당대의 민족주의자라고 하겠다.

시인 권환의 태생적 근거로서 진전면 이라는 곳과, 아버지 권오봉의 민족주의적 삶이 하나의 궤를 이루고 있음을 주목해야 한다. 권환은 사립 경행학교에서 한학을 수학하고 서울 휘문중학을 수료하는 한편, 일본 야마가타 고교를 거쳐(1925년), 쿄토제대 독문과를 졸업한다.(1929년) 민족주의에 근간을 둔, 이른바 정통 엘리트 사회주의자로 성장한 그는 조선프로레타리아 동경지부에 가입하였으며(1929년), 중외일보 기자와(1929년) 조선프로레타리아 예술동맹 중앙집행위원회에 선임된다.(1930년)

문학운동가로서 권환의 활동은 카프의 제2방향 전환, 즉 프로문학의 대중화에 대한 극좌파의 안티테제 실천과 예술운동의 볼세비키화를 추진하는 핵심인물로 부상되면서부터라고 하겠다. 소장파로서 카프의 주도권을 장악했다고 할 수 있는데, (1931년) 이후 1934년까지 왕성한 활동을 전개한다.

그러나 카프 제2차 검거(1934년 : 32세)와 전향 서약(1936년), 집행유예 판결 등 일련의 격동기를 거치면서 좌절과 절망의 극점에 서게 된다. 더욱이 이 시기를 전후하여 운명할 때까지 그를 괴롭혔던 폐결핵을 앓기 시작한다. 폐결핵의 증세가 악화되면서 향리에 칩거하다가 김해농장원으로 일하기도 한다. (1942년 : 40세) 시작활동에 전념하면서 첫 시집『자화상』(1943년), 두 번째 시집『윤리』(1944년)를 펴낸다. 경성제대 도서관 촉탁직원(1944년)으로 일하는 가운데 광복을 맞이한다.

광복은 그가 꿈에도 그리던「명일明日」이다. 그는 임화, 김남천, 이원조 등이 이끄는 조선문학건설본부의 인민적 신문화 건설론에 반대하여 조선프로레타리아 문학동맹을 결성하는 주체로서 뛰어든다.(1945년 : 43세). 통합결성식(1945년 12월 13일)을 치르면서 전국문학자대회 개회선언 및 '농민문학의 방향'에 관한 보고 연설을 하며, 전국문학가동맹 서기장에 임명되기도 한다.(1946년), 시집『동결』을 내기도 하나 (1946년) 1947년 시「고궁에 보내는 글」을 끝으로 문학 활동을 중단한다. 이때는 이미 1946년에 홍명희가 월북했으며, 1947년에 임화와 이태준이 월북하는 등, 남한에서의 좌파적 문학 이데올로기는 더 이상 전개될 수 없는 상황에 봉착하고 만다.

그는 마산시 완월동 오두막집에서 기거하는데(1951년) 지병인 폐결핵이 더욱 악화일로로 치닫고 있었다. "병고를 무릅쓰고 호구糊口를 위해 (마산공립중학교 독일어 강사로) 출강하던 시인 권환은 적빈赤貧의 자녀도 없이 임종"〈이석,『세한歲寒의 달』〉하고 만다. (1954년: 52세) 현재 그의 유택은 진전면사무소에서 북쪽으로 1km지점인 진전중학교 옆 야산 중턱에 자리 잡고 있다.

권환에 대한 기존 평가는 1930년대 "카프의 전 관심을 볼세비키화로, 사회주의 예술을 대 공장 노동자 빈민층에로"를 주창하여 계급성과 투쟁성을 강조한 아지프로(선동, 선전)시의 선구자. 외곬으로 계급 이데올로기에 입각한 문학의 길을 추구한 인물. 카프의 2차 검거 이후, 경향문학 활동을 유보하여 일제암흑기 탈이데올로기 문학으로서 서정의 세계로 후퇴하였다가 광복 후, 다시 적극적으로 가담하였으나 반군정 인민정권 수립이 퇴각함으로써 문학 활동을 마감한 문인으로 수렴되고 있다.

북한에서는 "인민대중의 혁명 기세를 돋구며 그들을 새로운 사회 제도를 위한 투쟁에로 궐기시키는데 이바지했다"『조선문학통사』(1959), "무산대중의 지향과 요구를 구현하여 조선프로레타리아문학에 뚜렷한 흔적을 남긴 시인의 한 사람"(류만『조선문학사.9』)으로 자리매김하고 있다.

경남시사랑문화인협의회의 권환에 대한 평가와 입장은 다음과 같다.

권환을 사회주의자로, 그의 문학을 사회주의 이데올로기 문학으로, 그의 활동을 오로지 카프 쪽과 프로집단 쪽으로 치달아 재단해서는 안 된다. 문학 이데올로기의 방향성 혹은 카프의 테제를 전제하고 상대적으로 그의 작품을 비교하거나 재단하는, 기존의 연구는 권환의 내면세계를 간과한 채, 도식적인 결론만을 복제하듯이 내었기 때문이다.

일제 강점기 폭압에 직면하여 이러지도 저러지도 못한 채, 유폐될 수밖에 없었던 그의 절망과 침묵만을 강요당하는 데에서 오는 내면의 분노, 그에 관한 토로가 그의 시의 상당 부분을 차지하고 있다는 점을 중시해야 한다. 따라서 그를 농민, 노동자 대중에 애정을 가진, 일제 강점기 제도적 한계에 직면한 식민지 지식인으로서 문학가로도 보아야 한다. 이는 권환을 끼고 도는 문학 운동성과 방향성에 관한 쟁점만을 부각한 나머지, 원심적이고도 현상적인 파악만이 있을 뿐, 권환 문학의 구심점이며 원형을 이루는 문학적 본질에 관한 논의가 상당 부분 유보된 상태여서 더욱 그렇다. 이러한 차원에서 접근할 때, 평생을 꼬장꼬장하게 한결같은 길을 걸으려 했던 그의 문학적 신념을 태생적 근거로서 마산지역의 정신사에서부터 탐색하는 일은 마땅한 일이 된다. 마산은 그의 신념 체계의 얼개를 이루는 원천이다. 아울러 그가 죽은 후, 그의 문학적 연원이 지역의 후세 문학가들에게 이어져 생성되어졌다는 점 역시 간과해서는 안 된다.

3. 마산문학, 혹은 마산정신의 정체성

일제강점기 마산이 일제에 저항하는 민족 세력을 형성하는 권역에 있었다는 것은 주지의 사실이다. 한편으로 제국주의 강권에 의해 지하세력으로 잔존할 수밖에 없었던 현실에 있었다는 것 역시 미루어 짐작할 수 있는 일이다. 광복과 더불어 민족문화의 대의를 바로 세워야 한다는 당면 과제에 직면하여, 마산문화동맹(위원장 김종신)이 조직되었다. 그러나 좌익과 우익의 이데올로기 대립 국면에서 "마산은 좌익계인 조선문화단체총연맹(文聯) 세력에 의해 완전히 장악"(안윤봉, 「마산문화운동의 흐름」(한국문인협회 마산지부 편, 『합포문학』 6집)되었다고 할 정도로, 광복기 경남 민족문화 운동의 전진 기지로서 마산이 있었다. 현상적으로 말하는 '완전 장악'의 이면에는 근현대기 마산지역의 문화사적 배경에 있어, 이른바 사회주의 노선을 앞세운 민족 세력이 거대한 조류를 이루었다는 것을 말해 주고 있다고 하겠다.

이제 현 단계에서, 더 이상 소모적인 이데올로기 논쟁에 의해, 사회주의 계열 혹은 좌파적 논리에 따른 역사를 무조건적으로 지워 버린다는 것은 바람직하지 못하다. 사회 변혁의 방향성이 대한민국 건국이념과 다르다고 해서, 비판적으로 거척하여버리는 것은 온당하지 못하다. 역설적으로 말해서 마산 문화 혹은 마산 정신이 보수성에 정체되어 있었다면, 마산 3.15의거와 10.18 부마민주항쟁 등은 일어날 수도 없었을 것이다. 이른바 태생적 근거로서 바라볼 필요가 있다. 더욱이 우리나라 민족문화 변혁 운동의 중심에 거대 인물이라고 할 수 있는 권환이 우리 마산에 있었다는 것을, 오늘날 마산은 외면해서는 안 된다.

넓은 의미에서 마산은 시조 문학을 통해 민족문학의 중흥을 이끌어 온, 이은상이라는 인물이 있었다. 그러나 그 뿐만이 전부가 아니다. 권환의 마산시 완월동 누옥에 수시로 들락거리며, 시대와 역사를 개탄하던 조선문학가동맹 아동문학부 위원을 역임했던 이주홍이 있었으며, 핍박받는 농민의 척박한 삶에 분노를 터뜨리며 자칭 '소牛'라고 외치던 마산상업학교의 김태홍이 있었으며, 이들과 친밀한 교유를 하며, 상당 부분 문학적 경향과 흐름을 함께 한 정진업이 있었으며, 마산중학교 교사로 일하면서 권환의 문학적 태도와 삶에 상당한 흠모의 정을 보내던 이석이 있다는 사실을 간과해서는 안 된다. 이들은 모두 당대 우리 민족적 현실의 황폐함에 분노하며, 때로 좌절하면서 문학적 치열성으로 활동했던 문학가들이다.

문학적 치열성이란 무엇인가? 폭압과 독재로 치닫던 위정자의 모순이 진리의 눈을 가릴 때, 왜곡된 시대 현실과 역사 앞에 방향성을 상실한 때, 일제 강점기 유이민으로 떠돌다가 광복 낙토를 꿈꾸며 새로이 정착한 사람들이 많았던 부산을 비롯한 마산 지역 사람들이 생존마저 안 되는 현실에 눈물겨워 할 때, 그들의 고통과 함께 하는 연민 혹은 상황에 대한 맞섬의 자세를 문학으로 승화시킨 것을 일컬어 우리는 문학적 치열성이라고 한다.

이는 비단 문학에 국한된 것이라고 치부해서는 안 된다. 마산의 역사를 들어보아도 마찬가지이다. 절망과 좌절, 기대 지평의 상실, 굴종의 치욕, 인간으로서 삶에 대한 자포자기, 전망의 부재라는 복합적인 의식에서 분출되어 나온 것이 마산의 3.15의거라는 것을 뚜렷이 직시하여야 한다. 후세의 호사가들이 마산의 3.15의거를 두고, '자유와 정의와 진리를 되찾기 위해'라고 하며, 지식인의 먹글로 이루어진 화려한 이론을 펼치고 있다면, 그들에게 묻고 싶다. 그날 그 현장에 누가, 어떤 사람들이, 무엇 때문에 박차고 일어섰는가? 전국에서 부정 선거가 광범위하게 이루어졌는데, 왜 유독 마산인가? 마산 3.15의거의 저변을 이루는 정신사적 흐름의 원천은 무엇인가? 이러한 쪽의 천착은 바꾸어 말하면 마산 지역의 정체성을 찾아나가는 뜻깊은 일이 된다. 이러한 물음을 사람들의 삶의 문제로 끌어안아 끝없이 제기했던 이들이 앞서 열거한 문학인들이다. 이러한 문학인들을 모두 아우르는 가운데, 한편으로 이들의 문학정신에 관한 연구를 지속적으로 추진하는 일은 마산정신의 실체를 찾아나가는 유의미한 작업으로서 가치를 지닌다. 그럼에도 불구하고 문학을 음풍농월의 여기 정도로 여기고, 역사성과는 별개의 것으로 생각하여, 따로 떼어두고 생각하자고 한다면 이는 손바닥으로 하늘을 가리는 것과 다를 바 없다.

마산은 우리나라 문학에 있어 상당한 중요한 곳이다. 이곳에 터 잡아 문학을 했던 이나, 거쳐 갔던 이나 할 것 없이, 지역문학의 오늘을 이루어냈던 가치로운 곳이다. 일개인이 빛이 나서 마산 문학의 광휘를 발하는 것은 결코 아니다. 각기 다른 이념과 방향성을 지닌 이들이 혼재되는 가운데 오히려 자극과 반응으로서 문학 세계를 풍성하게 했다는 점을 상기해야 할 것이다.

4. 시인 권환의 부활 – 제안과 전망

당면과제는 무엇보다도 권환 유택의 온전한 복원이다. 거듭 강조하거니와 권환의 유택은 안동 권씨 문중이라는 차원을 넘어서 마산 지역의 문화적 자산이다. 이에 대한 마산시 차원의 적극적인 대책 마련을 촉구한다. 허물어져 훼손된 유택을 새로이 조성하고, 표징비를 건립해야 한다.

아울러 가칭 '권환문학제전위원회'를 결성하여, 연1회 '권환문학제'를 개최하여, 권환에 관한 연구활동을 진작하고 문학 정신에 대한 논의를 활발히 전개해 나가야 한다. 그렇다고 해서, 권환 만이 마산문학의 전부라고 하는 태도는 온당하지 않다. 앞서 서술한 바와 같이 권환은 마산 민족문학의 실존적 중심에 있었던 사람이다. 그와 달리 했거나, 그와 같이 했거나 간에 민족문학을 이루어 나가는 데 상당한 기여를 한 이들을 함께 아우르는 '마산민족문학관' 건립을 제창한다.

거시적인 차원에서 일제하 좌·우익을 망라하여, 일제에 저항했던 문학인들의 작품 발굴과 보존, 광복 이후 독재라는 파쇼적 강권에 맞선 저항 작품의 발굴과 전시는 3.15의거를 비롯한 역사적 토대 아래, 마산지역 정신의 정체성을 수렴하는 뜻있는 일이 될 것이다. 아울러 해마다 '전국민족문학제'를 개최하여, 과거 민족문학 전개에 대한 세미나를 개최하는 한편, 현 단계 민족문학의 방향성 모색과 문학 실천 수행과 아울러 궁극적으로 통일문학을 지향한 토대 마련에 마산 지역이 앞장서 나가야 할 것이다. 이를 위해서 마산시는 문화 행정 및 재정적 지원단을 구성하는 한편, 가칭 '마산민족문학관 추진위원회'가 결성되어 세부 기획 및 시행안을 마련해야 할 것이다.

특히 '마산민족문학관'은 미래지향적 비전으로서 통일문학을 향한 타깃을 설정해야 한다. 일전에 필자는 "통일문학에 관한 회의주의"라는 글을 통해 다음과 같은 사항을 밝힌 바 있다. 즉 "통일문학은 '무엇을 할 것인가'가 아니라, '어떻게 할 것인가'에 대한 고민을 하는 것으로부터 시작되어야 한다."는 것이다. '어떻게'라는 질문은 늘 혼돈을 배태하고 있는 말이다. 남북문학의 이질화, 그 혼돈을 받아들일 수 있는 용기가 남한의 문학가나 북한의 문학가나 할 것 없이 통일문학에 직면하여 가져야 할 출발점이 되어야 한다. 통일은 청산해야 할 역사와 새롭게 창조해야 할 역사 사이에 자리잡고 있는 것이다. 청산에 따른 갈등, 반목, 대립은 어떻게 할 것이며, 새롭게 창조해야 할 조화, 이해, 화합의 길은 어떻게 할 것인가? 끝없는 모순의 도출, 그러한 긴장에 관한 변증법적 통합을 향한 회의주의, 그것이 진정한 통일문학으로의 자유를 보장해 줄 것이다.

우리 경남 지역만 두고 보더라도, 대한민국 국가 이념과 배치되었다는 이유만으로 청산의 대상이었던 마산 산호리 지하련, 거창 가조면 김상훈, 합천군 초계면에 박산운, 같은 지역의 손중행, 울산 신고송 등이 있다. 이들 전부를 아우르는 작업 역시 거시적인 국면에서의 '마산민족문학관' 건립의 유의미한 뜻이 될 것이다.

이렇게 볼 때 권환은 마산지역의 문인이면서 전민족적 통일문학 정립에 관한 실천 운동의 초석으로서 의미를 지니게 된다. 시련과 고난의 역사 앞에 삶의 순간마다 민족에 대한 성찰과, 다가올 역사를 가늠하고 현실에 맞대응함으로써, 선택의 결단을 내린 권환의 실존적 자리는 민족문학의 정체성 그 자체이며, 다가올 통일을 대비하여 오늘날의 문학인들이 해야 할 바를 제시하고 있다는 점에서 더욱 그렇다. 따라서 침묵과 망각의 지하에 있는 권환을 오늘날 부활해야 하겠다.

5. 권환을 오늘에 되살림

2005년 6월 4일, 마산시 진전면 오서리 일원에서 제2회 권환문학제가 열렸다. 3.15 의거기념사업회 강주성 회장, 황철곤 마산시장, 안홍준 한나라당 국회의원, 주대환 민주노동당 정책위의장 외 여러 인사가 함께 하였다. 문학계에서는 김윤식 서울대 명예교수와 임헌영 민족문제연구소장 외 여러 문인들이 문학심포지엄에 참석하여 귀한 이야기를 나누었다. 이날 함께 해주신 분들을 일일이 말하는 까닭은 이른바 계급주의 문학의 이데올로기라는 장벽을 넘어서 지식인으로서 권환을 오늘에 되살렸다는 상징적 의미에 남다른 뜻을 두기 때문이다.

시인이자 문학이론가인 권환이 우리나라 문학사에서 '깜박 잊어버린 이름'이 된 것은 계급주의 문단 활동의 주도적 인물이었다는 점이 크게 부각되어 왔기 때문이다. 말하자면 1929년 카프 동경지부에 가입한 이래, 카프 중앙집행위원회 기술부 책임자로서 2차 방향전환을 이끌어냈고, 1931년 체포 구금 불구속 송치, 1934년 '신건설사' 사건으로 검거되어 전주지방법원형사부에서 치안유지법 위반으로 징역 1년 8개월, 집행유예 3년의 선고를 받았다는 것. 광복기인 1945년 조선프로레타리아문학동맹의 중앙집행위원, 1946년 조선문학자대회에서 조선문학가동맹 제2대 서기장으로 선임되어 활동하다가 적빈과 병고에 시달린 끝에 1954년 7월 30일 지병인 폐결핵으로 사망한 그의 문학적 이력 때문이다.

사회주의 예술을 공장 노동자와 농민과 빈민층으로 집결하여 즉각적인 선전 선동의 계급성과 투쟁성을 가장 선명하게 전개한 핵심인물이 권환이었던 것은 자명한 일이다. 카프 맹원 중 유일한 교토제국대학 독문과 출신의 정통 엘리트. 그러나 새로운 나라 만들기에 직면한 광복 공간 속에 "국가의 수요에 응하는 학술 기예를 교수함"(제국대학령 제1조)이라는 제국대학의 보이지 않는 힘은 권위를 잃게 마련이고, 오히려 제국대학의 명에로 말미암아 북로당에도 남로당에도 낄 수 없는 처지에 놓이게 된 권환의 상황을 김윤식 교수는 적절히 지적하고 있다.(「이념에서 서정으로, 카프시인 권환의 삶」『문학사상』 2005.6)

한 마디로 역사와 세상이 권환이라고 하는 당대 엘리트 지식인이자 문학가를 버렸다고 하겠다. 마산중학교(現 마산고등학교) 독일어 강사로 적빈을 간신히 면하다가 완월동 누옥에서 각혈의 붉은 삶을 달리하여 푸른 역사의 어둠 속에 묻혔다. 스스로에게는 자기비판의 가혹함을, 세상의 모든 이들, 특히 농민과 빈민층에게는 모두가 잘 사는 아름다운 세상이 눈앞에 있음을 피맺히게 토로하다가 그는 죽었다.

돌이켜보면 근대 역사의 격변기에 당대 지식인으로서 처신과 마음가짐을 다잡아 올곧게 산다는 것이 얼마나 어려울 것인가. 무엇이 진리이며 어떻게 나아가는 것이 진리에 다가서기 위한 것인지 알면서도 제 뜻을 살려 나갈 수 없는 절망 속에 살았을 그를 떠올려 본다. 그는 민족 앞에 부끄러웠을 것이며, 역사 앞에 무력하여 자신의 가슴을 두드렸을 것이며, 자신의 양심으로부터 자유로울 수 없다는 것을 가장 괴로워했을 것이다.

칼칼한 지식인의 면모를 고스란히 드러내는 그의 삶과 문학은 오늘을 사는 우리들 역시 불확실한 역사의 방향과 나아감, 선택과 결단, 긍정과 부정, 양심과 책임, 이데올로기와 가치의 문제라는 모든 것으로부터 결코 자유롭지 않다는 것을 가르쳐 주고 있다. 그러한 의미에서 '권환문학제'는 인간 권환의 복권과 그의 문학의 복원이라는 단순한 차원을 넘어서 우리가 사는 이 땅에 우리를 속박하는 모든 족쇄를 풀어야 한다는 역사적 당위성을 제기하고 있다고 하겠다.

이념은 진리 앞에 고개 숙여야 하며, 폭압은 자유민주주의의 이상 아래 우리 땅에서 영원히 사라져야 한다. 이제 그를 더 이상 이데올로기의 감옥에 가두지 말고 자신의 무력함과 세상을 향한 치열함에 고통스러워했던 지식인으로 세상에 내놓아야 한다. 그의 시「뒷산」끝 구절과 같이 "깜박 잊어버린 그 이름" 권환을 부른다. 칼칼한 당신은 우리에게 말하고 있다. 자신의 유언을 집행해줄 "공명 정직한 성격과 지중한 책임관념만 믿을 뿐"(권환,「유언장」부분)이라고 한다. 권환을 기억하는 모든 이들은 역사의 공증인이다. 묵직한 도장을 우리 심장에 꾹 누른다.

백석의 「昌原道」 읽기

1. 들어가며

솔포기에 숨었다
토끼나 꿩을 놀래주고 싶은 산허리의 길은

엎데서 따스하니 손 녹히고 싶은 길이다

개 더리고 호이호이 회파람 불며
시름 놓고 가고 싶은 길이다

괴나리 봇짐 벗고 땃불 놓고 앉어
담배 한대 피우고 싶은 길이다

승냥이 줄레줄레 달고 가며
덕신덕신 이야기하고 싶은 길이다
더꺼머리총각은 정든 님 업고 오고 싶은 길이다.

―「昌原道 – 南行詩抄 1」 전문

이 시는 1936년 3월 5일부터 3월 8일까지 조선일보에 「창원도」, 「통영」, 「고성가도」, 「삼천포」라는 제목 아래 순번을 매겨 붙인 남행시초라는 곁 제목을 달아 발표한 연작시의 첫머리에 놓이는 작품이다. 이 시를 읽는 데에는 텍스트 그 자체로 읽는 경우와 텍스트 바깥 백석의 심적 정황과 무관하지 않게 읽을 수 있는 가능성이 혼재하고 있다. 따라서 이시를 텍스트 그 자체의 독법과 텍스트 바깥 백석의 심적 정황과 맞물려 읽는다.,

2. 텍스트 자체의 독법

백석이 찾았을 당시 창원은 진해, 웅천 2군과 김해 대산면, 진주 양전면, 칠원 구산면에 이르기까지 참으로 넓디넓은 벌이었다. 갈래갈래 산허리도 많았을 것이고 굽이굽이 산등성이를 넘었을 것이다. 백석 시에 있어 '길'이 갖는 의미가 남다르다는 것은 잘 알려진 일이다. 이는 마치 "원래 땅위에 길이란 것은 없었다. 걸어 다니는 사람이 많으면 그것이 곧 길이 되는 것이다."(루쉰魯迅, 「고향故郷」)와도 같다. 길을 가면서 만나는 온갖 사물과 쉬어 깃든 곳에 함께 하는 사람, 혹은 사람들의 살림살이와 풍물적 관습이 백석 초기 시의 주된 정조이다. 이는 길을 걸으며 산, 들, 강, 바다를 단순히 건너다보는 경의 세계도 아니며, 탁 트인 풍광을 노래하는 것은 더욱 아닐 뿐 아니라, 때깔 좋은 물색을 찾는 것과는 그 품격이 다른 세계이다. 그가 말하는 것은 '자연의 자연으로 살고 있는 사람'이다. 아울러 풍물적 관습을 순연히 따르고 사는 사람들에 의해 적층된 이야기 그 자체가 시가 되는 세계에 그는 살고 있었다.

작품 「창원도」를 감상해보자. 산허리의 길이 솔포기에 숨어있는데 이는 그 길이란 것이 토끼나 꿩을 놀래주고 싶어서이다. 참으로 천연스러움 그 자체가 아닐 수 없다. 이러한 천연스러움은 그 길에 엎드려 따스하게 손 녹히고 싶은 이른바 순연한 마음을 불러일으킨다. 상상해보라, 시린 마음을 가진 나그네가 가는 길이 언제나 시린 마음을 녹일 수 있는 따뜻한 길이라면 그 길은 애시당초 외로운 길이 아니다. 그래서 그 길은 "개 데리고 호이 호이 휘파람 불며 시름 놓고 가는" 상쾌한 길이다. 때로는 온갖 시름이 어깨를 짓누르는 괴나리봇짐 벗어놓고 길 어디라도 화톳불을 놓아 둥기둥기 모여 앉아 세상의 고된 이야기와 사람살이의 도타운 정도 나눌 수 있고, 담배 한 대 피우며 가슴에 찬 속앓이도 시원하게 뿜어 볼 터이다. 심지어 붉은 색을 띤 회갈색 몸빛으로 사람들을 놀라게 하고, 성질이 사납기로 소문난 승냥이마저 "줄레줄레 달고 가며 덕신덕신" 정겨운 이야기를 나누는 따뜻한 길이다. 때로는 장가 못간 "떠꺼머리 총각이 정든 님 업고 오고" 싶을 정도로 달떠 있는 정겨움과 그리움으로 가득한 길이 시「창원도」의 길이다.

일제강점기 폭압적 지배 논리 앞에 모든 것을 집체화하고 개체들의 다양성과 속성마저 삼제하던 시기에 낱낱이 지니고 있는 가치로움의 세계와 사람과 사물, 심지어 승냥이마저 순연한 마음으로 낙락하게 서로 화합하고 회통하는 모습을 찾아 순례자의 길을 걷던 백석의 시의 길은 마치 페루의 대표적인 소설가이자 인류학자인 아르게다스의 작품『깊은 강』에서 인디오의 정신세계에 내재된 신성성의 상징이자 삶과 자연의 합일로서의 정체성을 찾아가는 모습과 같다. 상하 주종의 관계가 없고, 배타와 단절의 횡적 충돌이 없으며, 편견과 획일이 없어 화평한 우리 민족 삶의 정체성을 회복하는 길에 그가 만난 것은 누구의 부림도 받지 않고 '스스로 그렇게 되어'自然而然 천지만물과 더불어, 혹은 누대에 걸쳐 내려오는 아름다운 풍속을 쫓으므로 이른바 "행하지 않는 것이 없게 되는"無不爲 천연스러움 그 자체로 살아가는 사람들을 그려내었다.

백석시의 나라, 그 나라는 마치 "작은 크기의 나라, 적은 수의 백성만이 있는 小國寡民, 아주 조그마한 이상향"(김충렬, 『동양사상산고』2, 149쪽)과도 같다. 그 나라 사람들은 "그저 마을 사람끼리 오순도순 네것 내것을 엄격히 가릴 것 없이 그야말로 두루뭉실 어수룩하게"(김충렬, 앞의 책, 150쪽)살아간다. 삶의 질박함과 순수함이 한껏 배여 있는 초기시의 이러한 모습이 후기로 넘어가면서 사람들에 대한 끝없는 연민과 처연함, 자신에 대한 울적함, 그래서 더욱 아름다운 세계로 스며드는데, 이에 대한 논구는 다음 연구자의 몫일 터이다.

3. 텍스트 바깥의 백석 심적 정황으로서 독법

이 시는 백석의 초기 기행시편이라고 할 수 있는 「통영」(『조광』, 1935.12), 「통영」(『조선일보』,1935.1.23.), 「창원도-남행시초1」(『조선일보』,1936.3.6.), 「통영-남행시초2」(『조선일보』,1936.3.6.), 「고성가도-남행시초3」(『조선일보』,1936.3.7.), 「삼천포-남행시초4」(『조선일보』,1936.3.8.)에 이르는 일련의 시들에 깃들인 백석의 남다른 통영 나들이 사연과 무관하지 않다는 점에서 텍스트 바깥 백석의 심적 정황과 맞물려 읽어야 온전한 독법에 이를 수도 있다.

시인 백석의 통영 나들이와 관련한 일들은 송준의 『시인 백석 일대기 1』(지나, 1994)와 박태일의 「백석과 신현중, 그리고 경남문학」32)의 연구 성과물과 신현중 「서울문단의 회상」(『영문』7집, 1949)을 통해 잘 알 수 있다. 아울러 1936년 2월 22일 『조선일보』지에 '사내사외 신춘 단문 리레'라는 기획으로 쓰인 백석의 서간형 수필 「편지」에서 백석이 말하고 있는 부분도 눈길을 끈다.

---

32) 『박태일, 한국 근대문학의 실증과 방법』, 소명출판. 2004.(39쪽~60쪽)

전체 글의 이야기는 "나는 이제 이 긴긴 밤을 당신께 이 노란 슬픔의 이야기나 해서 보내도 좋겠습니까."라고 하는 가운데 내가 사랑하는 이를 말하고 그이에게 "내 시골 육보름밤의 이야기"를 전하다가 이윽고 "(닭이 우나?) 아 닭이 웁니다. 나는 이만 이야기를 그치고 복밥을 기다리는 얼마 아닌 동안 신선과 고사리와 수선화와 병든 내 사람을 생각하겠습니다"로 글을 끝맺는다. 다음은 이 글에서 말하고 있는 내가 사랑하는 이에 대한 이야기이다.

"남쪽 바닷가 어떤 낡은 항구의 처녀 하나를 나는 좋아하였습니다. 머리가 까맣고 눈이 크고 코가 높고 목이 패고 키가 호리낭창 하였습니다. 그가 열 살이 못되어 젊디젊은 그 아버지는 가슴을 앓아 죽고 그는 아름다운 젊은 홀어머니와 둘이 동지섣달에도 눈이 오지 않는 따뜻한 이 낡은 항구의 크나큰 기와집에서 그늘진 풀같이 살아왔습니다. 어느 해 유월이 저물게 실비 오는 무더운 밤에 처음으로 그를 안 나는 여러 아름다운 것에 그를 견주어 보았습니다. 당신께서 좋아하시는 산새에도 해오라비에도 또 진달래에도 그리고 산호에도 …. 그러나 나는 어리석어서 아름다움이 닮은 것을 골라낼 수 없었습니다. 총명한 내 친구가 그를 비겨서 수선이라고 하였습니다. 그제는 나도 기뻐서 그를 비겨 수선이라고 하였습니다. 그러한 나의 수선이 시들어 갑니다. 그는 스물을 넘지 못하고 또 가슴의 병을 얻었습니다. 이 이야기는 이만하고, 나의 노란 슬픔이 더 떠오르지 않게 나는 당신의 보내주신 맑고 고운 수선화의 폭을 치워놓아야 하겠습니다."

위에서 말하고 있는 "남쪽 바닷가 어떤 낡은 항구의 처녀"는 통영에서 나고 자란 박경련이다. 그녀의 아버지 박성숙은 박경련의 나이 15세 때인 32세의 젊은 나이로 죽었다.(박태일, 앞의 책. 43쪽) '어느 해 유월'은 허준의 혼인 기념 축하모임에서 통영 출신 처녀인 박경련을 소개받은 1935년 6월이다. 총명한 내 친구가 그를 비겨서 '수선'이라고 함은 당시 어울리던 신현중의 「서울 문단의 회상」에서 볼 수 있듯이 아름답고 청순한 여자를 비겨 "란 蘭이라고 해 두자"(신현중의 앞의 글) 라는 친구들 간의 통칭이라고 여기면 되겠다.

　1935년 6월 통영 출신 처녀인 박경련을 처음 만난 이후, 통영으로의 첫 걸음을 하여 쓰여진 「통영」(『조광』1935.12), 1936년 1월 초순 두 번째 통영 걸음 이후 쓰여진 「통영」(『조선일보』1936.1.23), 같은 해 3월 『조선일보』지에 '남행시초 1·2·3·4'의 곁 제목 아래 「창원도」(3월 5일), 「통영」(3월 6일) 「고성가도」(3월 7일) 「삼천포」(3월 8일)가 연작시로 발표된다.

　그가 창원 길을 언제 어떠한 경로로 지나쳤는지는 분명하지 않다. 다만 통영으로 가거나 혹은 나서거나 간에 그가 지나쳤을 길이며 곳인 것만큼은 틀림없다. 그러한 즈음에 쓰인 「통영」시 3편은 박경련과의 이루지 못할 사랑으로 때로는 애틋하고 울울하며 설렘과 안타까움이 교차되는 모습으로 가득하다.

　따라서 위의 시 「창원도」에서 "시름 놓고 가고 싶은 길이다"라든지, "승냥이마저 줄레줄레 달고 가며 덕신덕신 이야기하고 싶은 길"이라는 고적한 시름의 길이기도 한 것이 창원 길이다. 특히 마지막 행 "떠꺼머리 총각은 정든 님 업고 오고 싶은 길이다"에 눈길이 가는 것도 박경련을 향한 백석의 이루지 못한 사랑의 안타까움이 떠올려진다는 점에서 텍스트 바깥 백석의 심적 정황과 맞물려 읽어야 온전한 독법에 이를 수 있다.

제2부 시의 길

'말'과 '나'를 버린, 시의 길
— 이하석, 최동호의 시

1. 들어가며

사마천司馬遷『사기史記』'이장군전李將軍傳'에 "桃李不言, 下自成蹊"(복사꽃과 오얏꽃이 말을 하지 않아도 꽃 아래에는 지나갈 길이 생긴다)라 했다. 신흠申欽『사상촌집象村集』'청창연담晴窓軟談'에 "시는 반드시 무성지성無聲之聲과 무색지색無色之色을 얻어 맑고, 밝고, 담박하고, 투명해야 한다."라 했다. 온갖 말이 꼬리에 꼬리를 물고 변설이 되어 말이 말을 잃어버린 시대. '나'를 앞세워 교만과 선입관으로 가득한 세 치 혀에 넌더리를 내는 시절에 명징성이 돋우라진 시집 두 권을 빼어들었다. 이하석의 시집『상응』은 "말을 놓아보아라, 비로소 네가 보이리라"는 화두며, 최동호의 시집『얼음얼굴』은 "나를 버리라, 비로소 네가 보이리라"는 화두이다. 진정성에 대한 겸허한 성찰은 시의 덕목이다.

2. 만물의 氣와 교융하는 길
—이하석, 『상응』(서정시학, 2011)

날이 갈수록 이하석의 시가 명징하다. 첫 시집 『투명한 속』, 두 번째 시집 『김씨의 옆얼굴』, 세 번째 시집 『우리 낯선 사람들』을 낼 즈음, 그가 말하듯 "나는 사라지고 내가 분석하는 대상만이 존재"하는 시로부터도 초월해 있다. 이제껏 그가 추구했던 "대상만이 존재"하는 인식이란 베르그송이 『형이상학 입문』에서 말한바 "대상의 내부에 파고 들어가 대상이 가지고 있는 유니크한 것, 즉 표현할 수 없는 것과 합일하는 지적 공감"이다. 이제 그는 더 이상 지적으로 공감하는 지적인 시인이 아니다.

"상대에 대한 그윽한 이해와 수줍은 접근"(이하석, 『측백나무 울타리』 시집 후기)이 그가 지향하는 시세계이다. "상대에 대한"이란 자기만의 독자적인 개념을 통해 남을 재단하거나 세상과 소통하려는 태도를 버린 것이며, "그윽한 이해와 수줍은 접근"이란 상대의 깊은 속까지 헤아리기는 하되, 섣부른 잣대로 가늠해보는 것보다 넌지시 거리를 두고 보는 태도이다. 거리란 이것과 저것이 서로 여의지도 않고 이 둘이 어떤 사실에 의거卽하지도 않는 바, 사이間의 시선을 말한다. 물물은 애당초 현상계의 양극단이라는 것이 존재하지 않고 자유자재로 소통하고 있는 것. 군소리를 덧대는 것은 오히려 세상과의 소통을 가로막는 것. 이른바 진정견眞定見은 만물이 넘나드는 가운데中에 있다.

둑 위에서 너는 검은 염소처럼 가만히 뿔 세운 채
둑 아래 서 있는 나와 내 집을 내려다본다,
둣물보다 더 아래의, 고요한 깊이 가늠하듯이.

그러면 나는 또 못물 바닥의 돌처럼 바람 기운에 어룽지며

그늘의 잎들 다 턴 채 빨간 등들 주렁주렁 매단 감나무 한 그루를
환하게 못둑 위로 올려 보낸다.

— 「상응」 전문

못둑 위의 '너'는 못둑 아래 그림자로 일렁이는 '나'이다. '너-나'가 못물보다 더 아래에 침잠하여 '못물 바닥의 돌'이 된다. '너-나-돌'은 바람기운에 어룽지는 파문으로 일렁거리는데, 물결 무늬마다 "빨간 등들 주렁주렁 매단 감나무 한 그루를" 밀어 올려 못둑 위이거나 아래이거나 구분과 경계 없이 '너-나-돌-감나무'가 하나로 붉게 어울려 낙락하다. 하이쿠에 비견하면 이 시의 계어季語는 '못물 바닥의 돌'이다. 못물 바닥의 돌이 바라보는 '너-나-감나무'이다. 이 시의 요체는 '너-나-돌-감나무'가 무엇인가 말하려는 것이 아니라, 스스로 드러날 뿐이라는 것이다. 바람이 불어 일렁이는 물무늬로 말미암아 빨갛게 익은 감이 못물을 더욱 환하게 한 것도 아니며, '감나무'로 말미암아 못물이 더욱 붉게 환해졌다는 것을 말하려 드는 것도 아니다. '너-나'는 '못물 바닥의 돌'일 뿐, 다만 바람에 일렁이는 파문과 감나무가 잠시 그 사이를 넘나들었을 뿐이다. 인식 주체로서 '나'가 사라진 자리에 '나'는 만물 여여如如 그 자체이다. 내가 바라보는 세계가 경이로운 것이 아니라, 세계 그 자체가 놀라움이다.

높은 곳의 볼일은 훤히 열어놓고 본다. 팔공산 오도암 사립문 밖 천인절벽 위에 걸쳐놓은 측간에서 푸는 게 그러하다. 양철 조각들로 동 남 북을 얼추 막았으나 서편을 청산 쪽으로 확 틔어놓아서, 거기 앉으면, 똥 누는 일도 아슬아슬한 절정에서 제 몸과 정신을 열어 제키는 일이라 여겨진다. 절벽 위에 걸터앉아 저 아래 골짜기 구름 피어오르는 것 헤아리면, 솔바람이 건넛산 능선 넘어와 내 아래를 씻는다. 금방, 더 내려보낼 게 없다. 그렇게 문득 일대사를 마친다. 멀리 내다보며

몸 추스르고, 내 것 떨어져 내려간 절벽 아래 상수리 새싹 트는 비탈 내려다본다.

―「해우解憂」 전문

　　팔공산 오도암 사립문 밖, 양철 조각으로 얼기설기 가림막을 해놓은 해우소에 가 본 사람은 안다. "정월 초하룻날 볼일을 보면 섣달 그믐날이 되어서야 떨어지는 소리가 들린다."고 할 만큼 공활하다. "똥 누는 일"이 "제 몸과 정신을 열어 제키는 일"이 됨은 아득한 절벽에 육신을 걸쳐 두고, 솔바람이 "내 아래를 씻는" 싸한 전일적 체험, 이른바 '나'와 '절벽'과 솔바람이 일체가 되는 데에서 비롯된다.

　　아득한 절벽에 엉덩이를 내맡겨 쭈그린 마음은 두려움이다. 그러나 두려움의 마음이 끼어들 겨를도 없이 이내 공활한 경지의 기가 내 몸을 휘감는 순간, "내 정신"이 화들짝 열어 젖힌다. 장자莊子는 「인간세人間世」에서 "심心은 부합하는 데서 그치라. 기氣라는 것은 허虛하되, 어떤 사물이든지 받아들일 수 있다."고 하였다. 공자가 말하기를 "심재心齋의 묘처妙處가 바로 여기에 있으니, 저 공허한 경지를 바로보노라면 텅 빈 마음이 밝아질 것"이라고 했다. '나-마음-두려움'을 잊고 '절벽-솔바람'의 기와 하나가 된 순간, 시詩의 도道는 외물의 감각에서 비롯되는 것이 아니라, 만물의 기와 교융하는 길이다.

　　시집 『상응』에 수록된 이하석의 시는 '인간과 사물의 이미지화'라기보다 '만물의 기'를 온몸으로 체현하는 데에 있다. 「남한강」에서 그는 "몸의 70% 이상이 물이라서 사람 사는 게 다 쇠하고 물 흐르는 소릴 내는 거란다."라 한다. 정처 없이 흐르는 무처지간無處之間의 곤고한 삶을 물物의 본상本相과 합일하여 절절한 심정으로 토로한다. 물物의 본상本相이란 무엇인가? 애써 이미지화하는 작위성이 아니라, 물물物物이 머금은 바를 체현하는 것. 이른바 "이제 보았거니, 저게 나였구나."라는 놀라움 그 자체이다.

속속들이 두근대는 동부새에, 상기 성깔 남은 소소리바람에, 짐짓 명랑한 듯 퍼덕이는 동풍에 휘는 - 꼿꼿하게 휘는 - 겨울, 대나무들. 누워서도 안간힘으로 버티면서 마디마디 곧게 설레는, 동부새에 소소리바람에 동풍에 눕다가 언제 그랬냐는 듯 마디마디 한 마디로 일어나는 대나무들의 푸른 물음들. 봄으로 쏠리는, 서걱대는, 헛될 수 없는 말의 카랑카랑한 잎사귀들. 동부새를 소소리바람을 동풍을 안으려 흰 겨울 비탈에 서는 이가 그렇게 온몸 흔들며 안간힘 하며 휘젓는 칼날의 춤. 마구, 또 기어이 일어나 제 온몸의 빗자루로 서서 성긴 적멸의 어둠을 쓴다.

―「청도 냇가에서 대 무늬진 돌을 주워 '동풍'이라 이름 짓고」 전문

  돌에서 대나무 바람소리를 듣는다. 살속까지 파고드는 매서운 바람에 쓸리다 일어나는 대나무 마디마디 이른 봄을 향한 푸른 물음을 머금고 있으며, 잎사귀마다 카랑카랑하여 "헛될 수 없는 말"을 묵언으로 품고 있다. 대나무는 매서운 바람을 안으려 "흰 겨울 비탈에 서는 이"가 되어 "칼날의 춤"을 춘다. "칼날의 춤"이란 맵찬 세상을 인종忍從하는 자세이며 따라서 "제 온몸의 빗자루로 서서" 황폐화된 세상을 정화하려는 듯 어둠을 쓸어내고 있다.
  『법구경』,「술천품3」을 두고, 시인 김달진은 진리에 이르는 길을 "입으로 읽지 말고/뜻으로 읽자/뜻으로 읽지 말고/몸으로 읽자"라고 해제하였다. 시인 이하석은 목젖까지 차오른 묵언으로 묵묵히 참고 따르나, 제 "온 몸의 빗자루" 혹은 "칼날의 춤"을 추는 자세로 매서운 바람 앞에 섰다. 온갖 물물이 스스로 머금어 지니고 있는 바의 것을 온몸으로, 절절한 심정으로 북돋우고 있다. '물물'과 '나'가 이루는 혼연의 소우주에서 유전 변화하는 이하석 시의 양생養生을 눈 여겨 보았다.

3. '나'를 버린 '시즉도詩卽道'의 길
　　- 최동호, 『얼음 얼굴』(서정시학. 2011)

　　최동호 시집 『얼음 얼굴』은 '나' 혹은 시혼의 전일성으로서 '나의 시'를 버리고 나온 시집이다. 다음 시의 개작과정이 이를 극명하게 드러낸다.
　　① "별 없는 캄캄한 밤/내 시는/유성처럼 광막한 어둠에 획을 긋고 가는 부싯돌이다."(「부싯돌」, 『유심』지 2010년 11/12월호)
　　② "별 없는 캄캄한 밤/유성검처럼 광막한 어둠의 귀를 찢고 가는 부싯돌이다."(「시」, 『유심』지 2011년 7/8월호)
　　시집 『얼음 얼굴』이 나오기 이전에 쓰여진, ①의 시 2행의 "내 시는"이 삭제되었고, 3행의 "유성"이 "유성검"으로, "어둠에 획을 긋고"가 "어둠의 귀를 찢고"로 개작되었다. 시제 역시 「부싯돌」에서 「시」로 바뀌었다.
　　"내 시"를 앞세우는 순간 "어둠에 획"을 긋는다는 사의私意가 잇따라 시작 행위에 애써 뜻매김하는 꼴이 되었다. 사의私意란 늘 행위를 염두에 둘 때 비롯되는 것이다. 시가 생각과 선택에 따른 의지적인 결심을 설파한다고 하더라도, 물물 본원의 상상력으로, 물아일체의 심정으로, 구체성의 생생함으로 와닿지 못하면 자칫 공소함을 면하기 어렵다. 개작시에서는 '나'를 버렸다. "어둠의 획"을 긋는 부싯돌이 아니라, "어둠의 귀"를 찢는 활물活物의 부싯돌로 천지의 기를 읽고 있다. 소행성으로부터 떨어져 나온 티끌인 "유성"이 아니라, 캄캄한 어둠에 방사되어 언뜻 "유성검"처럼 찬란하게 번뜩이다 소실되는 극소의 일점에 "시"가 있다. "유성검처럼"으로 응축되는 시의 길은 무엇인가?

　　　　날카로운 검을 구하는 사람에게 세속의 길이 아니라 명검
　　　　의 길을 이야기하는 것은 낡은 집속의 검이 시퍼렇게 살아

사람의 마음을 움직이고 태산을 울게 하여 세상을 뒤바꾸는

힘을 가지고 있다는 것을 전해주기 위함이다.

—「명검-노스승의 말씀」부분

위 산문시 2연에 "검은 살생을 막고 세상을 진정시키기 위해 존재하는 것"이라 하였다. 이는 『장자莊子』, 「설검說劍」편篇에서 말하는 이른바 천자검天子劍과 같다. 천자검은 "형벌덕화刑罰德化"의 검이다. 본디 형벌과 은상恩賞을 아우르는 이 검은 악이 승勝하지 않도록 억누르는 한편, 성인의 덕을 믿고 따르게 하는 데에 있다. 따라서 명검이란 칼을 뽑아 남을 상하게 하는 것이 아니라, 무도한 무리를 삼제하는 명검의 위의를 알아차리고 정도를 걷도록 한다. 최동호 시인의 정도란 무엇인가?

내딛는 것은 언제나 한 걸음뿐

그 밖으로

살아서 나간 사람은 아직 아무도 없다

—「인생-노스승의 말씀」전문

위 시는 마치 서경덕의 「송심교수서送沁敎授義序」, (『화담집』권 2) 에 담긴 사상을 시화한 듯하다. 우리가 사는 세상은 끊임없이 생화生化하지만 "천하의 만물과 만사가 저마다 '그침'이 있"듯이 인간도 "마땅히 각각 저마다 자기 자리에서 그칠 줄 알아야 한다."는 것. 그쳐야 할 자기 자리를 모르는 것은 허욕과 허명이 앞을 가려 "한걸음 그 밖"에 나락이 있음을 깨닫지 못하는 데에 있다. 더 잘 살겠다는 욕심으로 "한걸음 그 밖"으로 나간 사람이 "살아서 나간 사람은 아직 없다."는 반어의 일침이다. 인생의 정도를 견지하는 길은 그침止을 알아차리는 평점심不靜心 아래, 명검의 도를 따라 자기기율의 위

의를 잃지 않는 데에 있다.

　자기 기율은 "입 밖으로 걱정을/소리치지 말라 하고,/빙벽의 침묵을 배우라 한다." "치욕을 참고 견디는 것은/작은 들꽃 하나 피우기 위해서이다."(「치욕」) "장대한 빙벽 기둥"의 응어리와 맞닥뜨리더라도 혈기를 띠고 대거리하는 것은 오히려 자신을 해치고 피폐하게 하는 길이어서, "뜨겁게 얼어붙었던 침묵의 말"이 화기和氣를 되찾을 때까지 참고 견디겠다고 한다. 무르녹는 화기에 작은 들꽃 역시 싹을 틔울 것이다. 이는 자연생기自然生機에 대한 가없는 애정이기도 하다.

　　　　　툇마루 보푸라기
　　　　　먼지
　　　　　쓸고 가는 햇빛의 혀

　　　　　녹슨 쇠못
　　　　　자국
　　　　　바람 든 잇몸

　　　　　툇마루 구석
　　　　　찬 그늘
　　　　　버캐 서린 자리

　　　　　흔적 없이 여위는
　　　　　겨울 햇빛
　　　　　무량한 대청마루

　　　　　　　　　　　　―「겨울 햇빛의 혀」 전문

어느덧 나이 들어 겨울 초입에 드는 삶이 고스란히 담겨져 있다. 감추어져 있는 서정적 화자인 '나'는 물화된 '겨울 햇빛의 혀'이다. "툇마루 보푸라기 먼지"같은 삶의 분진을 쓸어야 하며, "녹슨 쇠못 자국"에 깃든 "바람 든 잇몸"처럼 시린 정감도 감내해야 한다. 간혹 "툇마루 구석 찬 그늘"에 엉길 대로 엉겨서 굳은 감정이 있기도 하지만, 그것마저 "흔적 없이 여위"어야 한다. 그만큼 대청마루는 무량의 본원인 '일즉다 다즉일一卽多 多卽一'로 헤아릴 수 없는 많은 것을 품는다.

이 시를 읽으면서 "시즉도詩卽道"의 길을 궁구한다. 조광조는 『정암집靜庵集』에서 겨울로 드는 심성의 세계를 "만물도 그윽하고 깊은 음기陰氣 속에서 본성을 취하도다."라 했다. 겨울 햇빛이더라도 생기生氣의 현묘함이 깃든 세계에 낙락하게 거닐고 있는 천진天眞. 황량한 겨울이 오히려 맑게 터지는 자리에 최동호 시인이 있다.

물물과 마음을 좇는 시의 길
― 이건청, 홍신선의 시

1. 들어가며

한 손에 막대 잡고 또 한 손에 가시 쥐고/늙는 길 가시로 막고 오는 백발 막대로 치려터니/백발이 제 먼저 알고 지름길로 오더라. 우탁禹倬의 시조이다. 늙어짐을 막을 수 있다고 여기는 것 자체가 미망이며 허망함이라는 것. 허망한 마음이 깃들면 늙음 그 자체는 이미 죽은 것과 다를 바 없어 삶의 공동화에 이를 것이다. 더욱 무서운 점은 늙음이 허망하다는 것에 따라, 이미 살았던 젊은 시절마저 허량하다는 인식에 다다를 때이다.

늙음이 제 스스로 현재에 머물러 과거의 젊음으로 거슬러 올라갈 수 없듯이, 젊음 역시 현재의 늙음으로 되돌아 올 수 없다는 인식. 젊음이 늙음으로 옮겨간 것이 아니라는 인식. 젊음은 젊음이며, 늙음은 늙음일 뿐이라는 명징한 인식의 끝자락에서 물물과 마음을 찾아 나선 시의 길이 있다.

만 70세에 "나의 나머지 생애를 상상력과 감수성에 의탁함으로써 잃어버린 '나'를 되찾아 보려는 이건청의 시집『굴참나무 숲에서』와 '마음'이 짓는 대로 20여년 쓴 연작시를 묶어 낸 홍신선의 시집『마음經』을 남다르게 읽는다.

노자의 『도덕경』 33장에 "知人者智, 自知者明"(남을 아는 것이 지혜라면, 자기를 아는 것은 밝음)이라 했다. 명明이란 무엇인가? 한 점의 티끌과 부끄러움이 없어 스스로 마음 얻음을 뜻한다. 우리가 사는 세상에 명명백백한 현자를 만나는 길은 바람이나 그림자를 잡는 일과도 같기 때문에 더욱 그렇다.

2. 나이 들어 더욱 찾아 나선 '나'
  − 이건청, 『굴참나무 숲에서』(서정시학. 2012)

시집 『굴참나무 숲에서』를 상재한, 만 70세의 이건청 시인은 "나의 나머지 생애를 상상력과 감수성에 의탁함으로써 잃어버린 '나'를 되찾아 보려는 것이다. ...(중략)... '밝은 눈'으로 보고 '맑은 귀'로 사물과 현실의 실체를 보려는 쉼 없는 탐색은 언제나 '사물'에 이어져 있다"(「시에 대한 요즘의 생각」)고 한다.

> 마늘밭이었네
> 마늘밭의 쪽마늘들이
> 지푸라기에 덮인 채
> 혹한을 견디고 있었는데
> 얼어붙은 흙 속에서
> 마늘밭의 쪽마늘들이
> 어떻게 뿌리를 키우고
> 바람과 햇볕을 엮어
> 푸른 싹을 만들며
> 통마늘을 꿈꾸는 것인지

얼음 속에서

맵고 아린 눈도 귀도

만드는 것인지

매운 몸으로

마늘밭 하나를 그득히

채우는 것인지

알 수 없네

나 알 수 없네

마늘밭의 쪽마늘들이

지푸라기에 덮인 채

혹한을 견디고 있었는데,

—「마늘밭에서」 전문

    예사로운 이들이 눈길조차 주지 않으나, 마늘밭의 마늘처럼 "얼음 속에서/ 맵고 아린 눈도 귀도/만드는"것이 그의 시작의 임계점이다. 70세의 지긋한 나이에 아랑곳 않고 "쥐눈이콩 콩깍지들을 깨뜨리고/밝고 가벼운 가을 햇살 속으로/뛰어내리는/찰나, 혹은 영원."(「탁, 탁, 탁」)을 사랑하며 살겠다는 다짐으로 충일하다.

    '참 나'를 찾아가는 길에 모든 사물은 그의 스승이다. 힘들고 지쳐 "눈도 흐리"면 진흙 속에서 "어두운 세상 밝혀 올리는 연꽃"이 되고, 주고받는 말이 거짓으로 왜곡되어 "귀도 막히"면 "세상 진심만 쌓고 쌓아 이슬"(「연꽃 밭에서」)이 되고자 한다. "귀도 눈도 흐린" 나는 "두물머리 넓은 물에 그냥 섞"여, "벙어리 강 되리,/장님 강 되리"(「벙어리 강」)라 한다. 만 70세, 종심從心에 이르러 삶의 지향점이자 명징함은 '흑단'으로 응축된다.

먹장의 날들을 갈고 닦아서 가슴속에 윤기 나는 명경을 만든 나무, 그 나무 칠흑의 어둠 속에서 숨도 쉬고 피도 도는, 진짜 시도 몇 편 불러냈으면 싶은데, 사람 속에도 평생을 쌓인 낙망들이 치밀한 깜장 복판을 만들고 그 복판이 밀어 올린 신록의 이파리들이 자욱자국 밀리는 흑단으로 솟는다면, 그래, 살아서 숨도 쉬고 이파리도 바람에 흔들리는 흑단 한 그루쯤 가슴속에 기를 법도 한데…

—「흑단黑檀을 보며」 부분

시적화자는 "인도나 스리랑카에서 흑단이 자란다는데, 이 나무를 나는 아직 본 적이 없다."고 전제한다. 내가 갖고 있는 것은 흑단 몇 조각인 젓가락과 내 이름을 새긴 도장 하나 뿐이다. 단단하고 무거운 검은 색의 열대목이라는 형상, 혹은 "'눈'의 타성"(시인의 말)을 뛰어넘어 상상력을 발휘하는 순간, '검다'는 것은 "먹장의 날", 그리고 "칠흑의 어둠"이 되며, '단단함'이라는 것은 "평생을 쌓인 낙망들이 치밀한 깜장 복판"이 된다. 내 이름을 새긴 검고 단단한 도장처럼 평생에 이루지 못한 꿈과 희망이 있다고 하더라도, 깜장 복판의 절망이 밀어 올렸을 신록의 "이파리가 바람에 흔들리는"것을 산뜻하고도 조촐하게 "가슴 속에 기르고"싶다.

낙망과 좌절의 시절, 검고 단단한 눈과 귀가 망집이 되어, 싱그러운 이파리가 바람에 흔들리는 모습과 소리를 듣지 못했을 터, 이제는 그것을 되찾아 가슴 속에 그린다. 연암 박지원이 말하는 이른바 '이목耳目이 누累가 되지 않는 '명심冥心'의 경지에 이르자, 단단하고 무거운 삶은 비로소 가볍고 편안해진다. 하는 일이나 차림새도 작은 것이 오히려 아름다움으로 승화된다.

나이가 든다는 것을 문득 깨치는 것은 앞서 세상을 뜬 이가 섬섬하게 떠오르는 때일 것이다. "늙어 쇠잔해가는 별"(「적멸에 대하여」), "한 밤 초롱초롱한 별떨기까지도/사람들이 잊어버린 삭은 뼈와 막역해져서/각각의 몸짓으로 적멸 속에 넘나들고 있음"을 보는 그 자리가 "피안이고 화엄인 걸 알게 되었다."(「산등성이를 건너다보며」)고 한다.

따라서 고故 김영태 형은 "동숭동 아르코 극장 /'가'구역 L열 11번 객석에 서처럼/풍경으로 앉아 있"(「수목장樹木葬에서」)으며, 낭가파르밧을 등반하다 죽은 고미영은 "사리로 굳어가는 새들의 꿈"(「새들은 낭가파르밧에서 죽는다」)이다. 중고등학교 동창으로 월남전에서 죽은 친구는 "꽃그늘 속의 돌"(「버찌를 먹으며」)이며, 이 모든 이를 향해 기다릴 수 없는 기다림을 역설적으로 노래한 시가 「연어」이다.

> 네가 오기까지
> (오기는 올까마는)
> 하늘말라리도
> 얄락실잠자리도 불러
> 함께 기다릴게
> 능수버들 아래서
> 기다릴게
> 기진맥진 지친 몸으로
> 네가 올 때까지
> 지등도 밝혀둘게.
>
> ―「연어」 전문

회귀성의 연어가 모천으로 다시 돌아올 무렵은 2~3년, 혹은 더 이상이 지나서이다. 게다가 큰 어류나 새 같은 천적에게 잡혀 먹혀 대부분 돌아오지 못한다. "(오기는 올까마는)" 그럼에도 불구하고 기다리겠다고 한다. 역설적인 것은 기다림의 주체가 한철 꽃피우거나 날아다니다 죽을 여리디여린 하늘말라리와 얄락실잠자리이다. 기다릴 수 없는 이가 기다림의 대상을 향해

"지등을 밝히"는 비극적 황홀. 기다리는 이나 돌아올 이나 만남을 기약할 수 없으나, 기다리겠다는 다짐.

모든 시간적 제약으로부터 벗어나 있고 기다림의 주체와 객체마저 분리되어 있는 낭만주의적 표상의 지점이란 무엇인가? 이는 "개개인의 삶의 형식들이 죽어 없어진다고 하더라도 그러한 삶의 형식들 가운데서 형성되었던 삶조차 죽어 없어지는 것은 아니라는 것이다." 진실로 삶이란 "하나하나의 삶이 이루어놓은 형식은 새로운 삶이 다시 실현될 수 있는 '무시간의 본질 형식'으로서 존재하는 것이다."33)따라서 죽음은 단지 부재일 뿐이며, '너와 나' 혹은 세상의 모든 것은 불멸 속에 존재하는 것이다.

나이가 들면 들수록 이건청의 눈길은 "종이컵 몇 개쯤의 물"(『아지랑이』)과 "풀씨를 먹고 연명하는 조그만 목숨, 박새"(『세상에는 육식성의 큰 새가 많다』)와 "벌레"(『혈六』) 등에 향해 있다. 작은 것을 바라나, 삶의 철리는 넓고도 그윽한 세계에 깃든 이건청의 시, 혹은 그가 찾아 나선 '나'를 눈여겨보았다.

3. 마음의 아포리즘
  − 홍신선 연작시집, 『마음經』(문학·선. 2012)

길도 곳도 꼴도 없어 허령하나, 길과 곳과 꼴이 비롯되는 법이기도 한 '마음', 이른바 삶의 아포리아를 두고 20여년 쓴 시를 시집으로 내었다. 마음은 "심즉행心卽行, 행즉심行卽心"으로서 상즉불이相卽不二의 통찰이다. 허령虛靈한 마음으로 길을 잃은 자, 불매不昧한 마음으로 길을 얻는다.

게다가 모든 법은 마음이 있음으로써 존재한다는 심외무별법心外無別法에

---
33) O. F. Bollnow, 백승균 역, 『삶의 철학』(경문사. 1986) 174쪽

이르면 마음이야말로 깨달음의 길이기도 하다. "선禪은 부처님 마음이요, 교 敎는 부처님 말씀인데 참선하는 것은 자기의 마음자리를 찾는 것이다."34) 법문의 허상마저 떨치고 마음에서 마음으로 전하는 이른바 선가의 이심전 심이라는 경지는 감히 인간이 이르지도 못할 구극의 진리가 된다.

국수 그릇 전에 퉁퉁 불어터진 허벅지 척 올려놓은 면발
한 오라기
마치 널 속에서 식은 발가락 내보이던 누구와 같다.

늦저녁상의 물국수 빈 그릇
오이소박이 한 보시기

"무엇이 네가 이 세상 여기까지 온 뜻이냐 응답하라 오버"
"먹고 난 독상이다. 삶이란 상은 누구나 혼자 받는다."

— 「마음經 55」 부분

"널 속에서 식은 발가락 내보이던 누구"란 부처이다. 영산회상에서 염화 시중의 미소로 화답하던 가섭 존자가 두타행으로 뒤늦게 부처의 열반에 참 례했을 때, 니련하 옆에 놓여 있던 곽 밖으로 부처가 두 발을 내어 보였다. 니련하에서 열반하고 강 건너 보리수 아래에서 성도한 부처를 떠올리며, "무엇이 네가 이 세상 여기까지 온 뜻이냐"라고 자문한다. 답은 "삶이란 상 은 누구나 혼자 받는다."이다. 삶이란 제 홀로 왔다 가는 것이며, 결코 충만 될 수 없는 "물국수 빈 그릇"과 같다. 고독의 진공 상태에서 불현 듯 '누구

---

34) 『경봉스님 말씀』(극락선원. 1996) 19쪽

한 사람도 없이' 나만 존재한다는 고립을 인식한다는 것은 오히려 유아론적 사유의 심연과 만나는 길이기도 하다. '나'란 무엇이고 누구인가? 시집 『마음經』은 이러한 물음으로부터 시작되었다.

> 올 겨울 제일 춥다는 소한小寒날
> 남수원 인적 끊긴 밭 구렁쯤
> 마음을 끌고 내려가
> 항복받든가
> 아니면
> 내가 드디어 만신창이로 뻗든가
>
> 몸 밖으로 어느 틈에 번개처럼 줄행랑치는
> 저
> 눈치꾸러기 그림자.
>
> ―「마음經 1」 전문

'나'가 없으면 그림자도 없고, '나'가 있으면 그림자라는 놈이 따른다. 염치없는 마음을 두고 "항복받던가" 혹은 "만신창이로 뻗든가" 할라치면, 제 마음 스스로 부끄러워 '나'를 숨기게 되는 것처럼, 재빨리 그림자도 눈치를 차려 제 모습을 감춘다. 그리고 보면 분기탱천하는 '나'보다 소리소문 없이 왔다가 사라지는 "눈치꾸러기 그림자"가 '나'의 '마음'의 실상이다. 그림자와 같은 '마음'의 인식이란 "왜 내가 이것은 하고, 저것은 아니하는가를 어떻게 설명할 수 있는가?"(장자莊子,「제물론」)라는 것과 같다. 요령부득, 이해할 수 없는 마음의 근원을 탐색하는 자리에 감각과 욕망에 허청거리는 마음이 있다.

혀에 있으면 맛보고

귀에 있으면 듣고

손에 있으면 잡는다

눈에 있으면 보고

욕심아, 너는 그렇게

주거 부정의 부랑자이니

내 몸의

일만 삼천 골목골목

어디에나 무슨 절도범처럼 숨어 있다.

오늘은

차 달이는 향기에

코 떨어진 너 하나

또 벌름거리고.

—「마음經 5」 전문

    경봉 스님 이르되, "눈, 귀, 코, 혀, 몸, 뜻"을 두고 여섯 도둑이라 하였다. 온갖 것을 보고 취하려는 눈도둑, 물물소리를 다 들으려는 귀도둑, 좋은 향기를 다 맡으려는 코도둑, 맛에 취하는 혀도둑, 좋은 촉감과 좋은 옷 입으려는 몸도둑, 온갖 것을 분별하려드는 뜻도둑이다.[35] 그야말로 물화물物化物, 물욕으로 말미암아 물욕만 남고 인간의 본성이 사라진 지점이란 '내 안에 도둑' 때문이다. '나'의 마음이 무구의 경지에 이르고 싶으나, 결국 내 마음

---

35) 위의 책, 84-85쪽

속에 '너-욕심'으로 함몰된다. 이는 "갈수록 두껍게 늙음"과 같이 산화된 "동전의 녹 속에 화해와 적의"(「마음經·24」)로 가득한 안색으로 치환된다. 이런 자신의 존재인식은 "청보에 싸놓은 개똥"이며, 아무리 청보와 같은 본디 마음을 되찾으려 해도 "빈 데서 빈 것을 털어내는"(「마음經·2」) 행위에 불과하다.

마음의 깨끗함과 더러움이란 마음을 명경지수에 비추어 내었기 때문이다. 만약 마음 이전에, 본디 깨끗함과 더러움의 구분과 경계를 당초부터 두지 않았다면, 마음은 늘 순정하다.

> 이 여름날 어머니는 똥 자리 치운 방바닥을
> 뒷 소쇄로 골똘히 지우고 닦는다.
> 무슨 경전인 듯 완벽하게 지우고 나면
> 거기
> 당신 대신 웬 세상 환히 드러난다는 듯.
>
> ―「마음經 35」 끝 부분

"치매의 끝판", "매일 똥오줌 기저귀를 갈아차"는 당신을 위하여 어머니는 똥은 물론, 똥 자리 치운 방바닥마저 "골똘히 지우고 닦는다." 어머니에게 '똥'은 더러운 것이 아닐 뿐 아니라, 당신의 뒷자리는 늘 깨끗하다는 의식으로 가득하다. 마치 미꾸라지가 진흙을 쑤셔내어 흙탕물이 되어 더러워졌다고 하나, 순정한 물이 늘 있으므로 깨끗함과 더러움이란 그 자체도 없는 것과 같다. "통각도 없이 쇠잔한" 당신에 대한 근심과 걱정, 못되고 어두운 생각마저 완벽하게 지운 자리는 이미 경전, 그 자체이다.

> 우왕좌왕 내걸린 수식어들이나
> 근거 없이 뜬 낱말들

모두 벗기거나 걷어버렸다.

썰물 진 갯고랑

밑바닥에는

근골만 앙상한 웬 시의 해골이?

생각 열고 다시 보니

물은 물이고

해골은 해골이다.

— 「마음經 32」 전문

　섣부른 선입관과 관념으로 가득찬 시인 혹은 시적화자의 발화란 얼마나 헛된 것인가? "물은 물이고, 해골은 해골인" 이른바 물물物物이 자재自在하는 자리에 들고 보면, 사물의 본상本相이 스스로의 모습대로 낙락하게 있다. "주관과 객관이 없고, 방향과 장소가 없으며, 모양도 없고, 얻고 잃음도 없어, 나아갈 곳과 머물 곳도 없이 물물 자체가 여여如如한 당체當體"(황벽선사, 「전심법요傳心法要」)이다. 만물의 생기生機가 천연 그 자체로 존재하여 스스로 형체를 이루어 가는 현묘함, 그야말로 자연스러움 그 자체가 진심眞心이다.
　시집 『마음經』에는 위와 같은 아포리아에 근간을 둔 아포리즘이 많다. "고요 속에 천지팔황 일체를 격침시키겠다."(「마음經·10」), "삶도 죽음도 같은 깡통 속에 담겨 있었다."(「마음經·19」), "늙은 질병, 죽음아."(「마음經·24」), "아무리 강고한 체제라도 새는 말은 샌다."(「마음經·41」) "시작도 끝도 없이 흐르고 흐르는 바람이여/인연이여"(「마음經·45」), "삶이란 상은 누구나 혼자 받는다."(「마음經·55」) 숱한 아포리즘으로 독자적 마음의 세계를 탐색한 시집 『마음經』이 다다른 귀결점에 다음 시가 있다.

첩첩이 모여 놀던 저녁구름들 뿔뿔이 흩어져 제 집 돌아간다.

성근 빗낱에 씻긴

먼 산 뒤통수

환한 쪽빛 속에 둥글둥글 돌출했구나.

마음 밖인가 마음 안인가

내 가고 난 뒤 여느 때 역시 저와 같으리.

— 「마음經 60」 전문

깨끗하고 맑으면서, 둥글게 돌올한 "먼 산 뒤통수"가 될 수 있다면, 이미 "마음 밖인가 마음 안인가"의 구분과 경계란 '의미 없음'이다. 20여년 '마음'을 두고 천착한 그가 다다른 자아의 정체성은 "먼 산 뒤통수"로 현신現身한 물物이다. "몸을 닦는다는 것은 마음을 바르게 하는 데에 있다. 내면에 진실이 차면 겉으로 드러난다."(『대학大學』) 하였다. 삶의 뒤안길에서 남들이 바라볼 뒤통수가 부끄럽지 않게 걸을 자, 몇 되겠는가? 마음이 광명정대하더라도 마음만으로 살아가는 것은 아니다. 선가禪家에 '마음의 절집' 하나 지었더라고 우리가 살아가는 곳은 몸 따로, 마음 따로 놀고 있는 풍진의 속세이다.

홍신선 시인은 "몸이 있어야, 아니 몸이 있는 동안만이 세계이자 현실인데…… 몸과 정신, 이 짝패에서 정신만 지나치게 관리하고 통제했다. 나이와 달리 이젠 몸의 아름다움에 대한 공부도 더해볼 생각이다."(『책머리에』)라고 하였다. 문제는 '몸' 자체도 아름다움과 추함의 구분과 경계를 뛰어넘을 뿐 아니라, 여여당체의 '마음'과 추호도 다를 바 없다는 점을 간과해서는 안 될 것이다.

기억의 에돌이, 시간의 현상학
- 김구슬, 성선경, 신달자의 시

1. 들어가며

　기억의 사전적 의미는 이전의 인상이나 경험을 의식 속에 간직하거나 도로 생각해 내는 것이다. 이를 존재론적 관점으로 넓혀 말할 때, 기억의 절멸이란 그야말로 부정적인 무(negative nothingness)이다. "현대의 시인은 궁핍한 시대에 살고 있다."라는 하이데거의 부재와 존재의 변증법적 명제를 끌어와서 기억의 논점을 덧보태면 기억이란 부재하지만 존재하는 그 무엇이다. 이른바 현존을 뜻한다. "<이젠 아니다(no-longer)>는 그 자체가 그 무궁한 본성의 가려진 도착到着이 의미하는 <아직은 아니다(not-yet)>인 것이다."36)

　김구슬의 시집『잃어버린 골목길』에서 '살아있는 현재'로서 기억의 원천에 식물적 사랑이 있었음을 본다. 성선경의 시집『파랑은 어디서 왔나』에서 무망無望한 현재에서 파랑波浪의 과거를 기억해야만 각인되는 삶을 본다. 신달자의 시집『북촌』에서 기억이 넘나드는 시간의 소실점에 살고 있는 시인의 민낯을 본다.

---

36) R. R. 마글리올라, 최상규 역『현상학과 문학』(대방출판사. 1986) 113쪽.

1) 기억, 식물적 사랑의 원천
　　- 김구슬, 『잃어버린 골목길』(서정시학. 2016.11)

　　아우구스티누스는 "참다운 시간은 곧 현재적인 영혼의 세 상태로 파악하여, 지나간 것의 현재로서 기억, 현재적인 것의 현재로서 감각, 미래적인 것의 현재로서 기대"37)를 말하고 있다. 김구슬의 첫 시집 『잃어버린 골목길』은 "기억의 작은 조각이/더 미세한 기억들을 소환하여/이윽고 먼먼 과거를 불러"(「작은 기억들」) 온 것이다. 그리하여 "40여 년 전 잃어버린 시간의 편린들이/한 조각 한 조각/손가락 사이로 슬며시 고개를 내민다."(「아베세데의 시간」)

　　이는 "침묵하던 시간은/기억의 문 밖에서 머뭇"(「아베세데의 시간」)거리는 것과 같다. 한편으로 "마지막 순간 향한 곳은/출발했던 그곳,/어린 시절 우물가에서 꿈꾸었던/치명적인 나르시스의 사랑,/'나의 시작에 나의 끝이 있다.'(「아크릴화의 회랑」)와 같이 현존하는 기억의 세계에 자리 잡고 있다.

>　　그 비탈진 골목길을 따라
>　　유년의 서울 생활이 시작되었습니다
>　　경상도 사투리와 전학의 공백을
>　　극복하려 애썼던 서러운 골목길
>　　통금을 알리는 호각소리 서슬 퍼렇던 길
>　　아, 젊은 날의 사랑과 애수의 골목길도 지나왔습니다
>　　외국소설에서 보던
>　　정원으로 향하는 큰 창과
>　　타일 벽의 욕실을 꿈꾸며

---

37) 강영계, 『베르그송의 삶의 철학』(제일출판사. 1982) 77쪽.

문학을 공부하던 우리 자매의 차가운 방에도
기차처럼 긴 골목길이었습니다

인생은 골목길입니다
사랑과 눈물, 희망과 좌절의
굽이굽이 흐느끼는 강물을 따라
좁고 나지막하게 흐르는 골목길 향해 가면
잃어버린 나의 시간을 찾을 것만 같습니다."

─「잃어버린 골목길」 부분

"기차처럼 긴" 인생의 골목길은 낯섦과 공백, 사랑과 애수가 깃들어 있으며 아울러 "큰 창"을 꿈꾸는 공간이기도 하다. 말하자면 돌담 벽이거나 석회 벽이거나 단절의 벽이기도 하지만 입구와 출구가 있어 트여진 양면성을 띤 공간, 밖을 경계하고 안에서 살고 있는 중간점인 골목길에서 "잃어버린 나의 시간을 찾"는다. 잃어버린 나의 시간에 "책상 앞에 단정히 앉으신/초연한 아버지/복잡한 표정의 엄마,/노을처럼 안도가/주르륵 흐른다."(「아버지를 그리며」) 김달진 시인이 만년에 몸담았던 동국역경원에 얼마 남지 않은 원고료 잔액을 받으러갔던 시적 화자의 까닭모를 "죄의식에 사로잡힌 얼굴"과 "초연한 아버지"와 "복잡한 표정의 어머니" 모두가 마음을 놓는 저녁을 떠올리고 있다.

회상이란 거미줄과 같은 것이어서 기억의 방적돌기를 분출하는 순간 가시적인 것처럼 여겨지지만 그것은 환영일 뿐이다. 이를테면 앞서 죽은 이를 떠올리는 모든 행위가 마치 너울을 어루만지는 것과 같은 경우이다. "기억의 뒤편은 하얀 세상"이어서 "지하묘지처럼/수세기 쌓인 고요가/빈 방을 흐르"(「아버지를 그리며」)는 것과 같다. 기억의 뒤쪽이 단절로서의 시간이라면, 기억의 앞쪽은 지속으로서의 시간이다. 당대의 삶을 기억하는 '동국역경원'이라는 공간이 생생력을 띤 순간, '아버지와 어머니와 나'가 연속적인 운동성(mouvement continue)으로, 연속적인 삶(vie continue d'une mémoire)으로 되살아난다.

사실 기억이 부재하는 곳에서 인간은 익명적 존재일 뿐이다. 과거와 단절되는 순간 그 어디에도 존재하지 않을 뿐 아니라 무화된다. 무화란 망각조차도 몰각한 것을 말한다. 왜냐하면 망각이란 적어도 잊혀지지 않는 기억과 잠재되어 은폐된 기억의 틈에 자리 잡고 있기 때문이다. 그러나 "마르지 않는 기억은/한 송이 꽃,/새벽 바다/길 잃은 항해의 노래"(「그리움 마르는 소리」)로 현현顯現한다.

김구슬에 있어 "시를 쓴다는 것은,/내면의 상처를/확인하는 일이다/꽁꽁 싸맨 붕대를/조심스럽게 풀어/봉합을 확인하는 일이다."(「시를 쓴다는 것」) 과거 "내면의 상처", 그 기억을 떠올리기도 하지만 현재 "봉합을 확인"하는 행위란 무엇인가?

이는 과거의 회상에 머무르는 것이 아니라, 과거의 기억을 떠올림으로써 오늘을 사는 행위의 바탕과 중심을 이루거나 미래를 향한 추동력推動力을 띠고 있는 '기억의 현상학'에 자리 잡고 있는 것을 말한다. 이른바 자기의식의 장이다. 다음의 시는 김구슬 시인이 떠올린 기억의 현상학, 바꾸어 말해 아버지이거나 어머니이거나 그가 만난 모든 이란 식물적 사랑으로 뿌리 내린 데에서 비롯되었다는, 이른바 삶의 근원에 대한 탐색이다.

"전 앙코르와트 꼭 가보고 싶어요."
학생이 창밖을 내다보며 물안개 같은 소망을 이야기한다.
... (중략) ...
기억한다,
"나의 식물적인 사랑은 제국보다 광활하고/더 느리게 자랄 수 있으리라"

"식물적인 사랑이 뭔지 알아요?"

"뭐 허약하고 병약한 그런 사랑이요?"

... (중략) ...

"그런 거 같지? 13세기 말부터 쇠망하기 시작하여 정글 속에 묻혀버린 앙코르 왕조, 19세기 중반에 발견되었으니 거기에서 자란 나무들이 어떨지 상상해 봐요. 때로 성벽을 뚫고 사방으로 뻗어나가기도 하고 끝없이 하늘을 향해 솟구치기도 하는 나무들."

"아아 ..."

"식물적인 사랑이란 그런 거야, 허약하고 느린 것 같지만 무한히 팽창하고 확장하여 성벽까지도 뚫어버릴 수 있는 그런 거, 강력하고 간절한 사랑이지."

— 「식물적인 사랑」 부분

수 세기에 걸쳐 정글 속에 묻혔던, 언뜻 시간의 단절인 듯하나, 성벽을 뚫고 끝없이 하늘을 향해 솟구치기도 한, 앙코르와트의 나무들. 무한의 식물이 무한의 식물을 낳아 출구도 방향도 없는 미로를 이루었을 뿐 아니라, 덮임과 열림 사이를 넘나들던 무형의 회절回折 너머 번식과 사라짐을 무한대로 안아내었을 숲의 위대함.

마찬가지로 기억도 에돌이回折이다. 파동의 전파가 장애물 때문에 일부가 차단되었다고 하더라도 장애물의 그림자 부분에까지도 파동을 전파하는 몽환적인 힘이다. 이는 "허약하고 느린 것 같지만 무한히 팽창하고 확장"하는 "강력하고 간절한" 식물적 사랑이다.

생과 사의 갈림길에
마지막 5분이 주어진다면?

무한히 확장된

시간의

집중과 응축.

인생은

한 점을 응시하기 위한

긴긴 놀이였네.

—「한 점」 전문

　식물적 사랑을 신념화하고 있는 시인에게 있어, 위 시와 같이 "생과 사", "마지막 5분"은 심대한 삶의 극점이 아니다. 오히려 "무한히 확장된/시간의/집중과 응축."으로 일컬어지는 "긴긴 놀이"이다. 앞으로 기억의 에돌이 너머 무한대의 시간을 응축하여 이룰 김구슬의 시적 자장에 주목하는 까닭이 여기에 있다.

2) 파랑을 기억해야만 각인되는 삶
　- 성선경,『파랑은 어디서 왔나』(서정시학. 2017.01)

　1988년 한국일보 신춘문예 시 당선으로 등단하여, 상당한 시집을 펴낸 바 있는 성선경 시인. 2017년에 낸『파랑은 어디서 왔나』시집 도처에 주문呪文이 잦다. 드러내는 바는 각기 다르겠으나 같은 말의 무의식적 반복이거나, 같거나 비슷한 말에 각기 다른 사물이 들고 나는 것. 심지어 아무리 하여도 알 수 없는 말 '호호롱 호롱', '후티 후티 후티티', '킹기야 킹기야', '이야 이야 이야야', '도르릉 도르릉 도르르르', '찌찌 찌르릉 찌찌', '쯧쯧릇 쯧 쯔쯔

르'가 시의 거멀못 혹은 이음매 역할을 하기에 이른다.

한편으로 사람과 사물의 형상들이 아라비아 숫자의 겉으로 보이는 생김새나 모습으로 환치된다. 게다가 '010'은 '불알 두 쪽에 거시기 하나'이거나 '닥쳐!'가 '닭쳐?'로, '시비'가 '사삼시비'이거나 '삼사시비'이거나, '갈치가 천원'이 '같이 가 처녀'로, '까마귀'는 '가오가오 목 메인 울음을 우는 여인'으로, '슬픈 사람은 술 퍼', '점심'먹는 것은 '점 하나 찍는다는 말' 등의 말장난 혹은 언어 상상력으로 전혀 다른 언어를 한 편의 시 속에 나란히 두고 명명한다.

그럼에도 불구하고 그의 시를 기억의 현존으로 두고 읽는 까닭은 다음과 같다.

울음 한 동이가 있었네

눈물을 가득 담은 울음

울음 한 동이가 있었네

그을음이 대롱대롱한 부엌의 부뚜막 한켠

울음 한 동이가 있었네

날마다 날마다 퍼내어도

결코 마르지 않는 울음 한 동이가 있었네

할머니의 울음

어머니의 울음

자꾸자꾸 솟아나던 울음 한 동이 있었네

간혹 내가 한 바가지를 떠먹어도

다시 한 바가지만큼 채워지던

울음 한 동이가 있었네

늙은 그을음이 기르던 낡은 울음

낡은 울음이 기르던 늙은 그을음

결코 목마르지 않는 울음 한 동이가 있었네

거미줄이 대롱대롱한 부엌의

부뚜막 한켠에 울음 한 동이가 있었네

―「엉엉」 전문

고향 창녕의 옛집이다. "부엌의 부뚜막 한 켠"에 "눈물을 가득 담은 울음 한 동이"가 있다. 할머니와 어머니의 울음, 켜켜이 늙어온 거미줄 혹은 그을음으로 표상되는 울음이 "대롱대롱"하다.

박순원 시인을 데리고 우리 집으로 왔더니 대롱대롱 잠깐 눈이나 붙이자고 왔더니 내 집이 누에섶같이 대롱대롱 달렸단다 걸어서 5층 그 흔한 승강기도 없이 걸어서 5층 맨 꼭대기 맥주 5병 들고 걸어서 5층 숨이 컥컥 찬데 번데기 고치같이 대롱대롱 달렸단다 아야 집만 그런 게 아니라 내 삶도 대롱대롱 한데 너 그것 모르겠니?

―「대롱대롱」 부분

성선경 시인이 현재 살고 있는 집이다. 비록 거미줄이거나 그을음은 없더라도 '대롱대롱' 매달려 흔들리며 사는 것은 같다. 옛집에 "호롱불도 없는 저녁상을/말없이 물리고 나면/별빛같이 담뱃불만 반짝거릴 뿐/무겁게 입을 닫고/음"하는 아버지가 그랬던 것처럼 "나는 아직도 그믐이 되면/달도 없는 하늘이 불쌍해져/음/입을 닫는다."(「그믐」) 그렇듯 "저 먹먹한 것/저 컴컴한 것/저 물컹한 것 // 삶이란 언제나 소리 없이 개 짖는 저녁 같다."(「먹먹」)

예나 지금이나 작디작은 존재가 간신히 매달려 제 스스로 세상을 흔들지 못하고 어쩔 수 없이 잇따라 흔들려지는 삶이다. 세상을 향한 자기다운 발언을 내지르지 못하고 신음과 같은 '음', 자칫 묵언에 가까운 소리만 안으로 안으로 스민다. 이번 시집에 수록된 시제만 보아도 그렇다. 「쩔쩔」, 「낄낄」, 「히히」, 「엉엉」, 「쓸쓸」, 「먹먹」, 「흠흠」, 「텅텅텅」, 「대롱대롱」등과 같이 소리와 모양의 표상이 곧 시인의 존재감으로 읽혀진다.

> 나는 아버지에게서 오고
> 아버지는 할아버지에게서 오고
> 할아버지는 증조에게서 왔다면
> 검고도 흰 하루
> 너는 어디에서 오나
>
> 저 파랑은 어디서 오나
>
> ─「파랑은 어디서 왔나」 부분

"증조이거나 할아버지이거나 아버지이거나 나"이거나 모두의 전 생애는 "검고도 흰 하루"의 삶이어서, 시적 화자는 이들의 삶을 통관하지만 실체 없는 "파랑"에 대해 물음을 던진다. 파랑은 제 스스로 물결을 이룬 바가 한 번도 없다. 큰 바람이 불면 큰 물결로, 바람이 잦아들면 잔물결이었을 뿐이다.

> 나는 간혹 생각한다. 그 끝
> 네가 날아간 거리에 대하여
> 네가 날아간 꿈과 그 벼랑의 끝
> 그 파랑에 대하여
> 간혹 나는 생각한다. 그 끝의 끝
> 네가 넘어야 했던 수많은 일상과
> 어쩌면 무너지는 생각의 촉을

연필심처럼 깎던 고독의 날들

연필심처럼 뾰족하던 그 파랑에 대하여

나는 간혹 생각한다. 날개와 바람

무너지지 않기 위하여 모서리에서

모서리로 쏠리는 마음을 벽돌같이

갈아서 거울을 만들었던 시간을

거울에 비친 그 파랑의 얼굴을

나는 간혹 생각한다. 바람과

바람으로 날개를 띄우던 바람과

날개를 꺾던 바람과 파랑

나는 간혹 생각한다. 믿음

그 뒤의 믿음, 네가 날아간

생각의 거리와 생각의 끝과

네가 넘어야 했던 무수한 벽

벽의 모서리, 모서리에서

모서리로 돌아서던 시간

나는 간혹 생각한다. 그 끝

— 「파랑에 대하여」 전문

  파랑波浪은 언뜻 큰 물결과 잔물결을 가리키는 듯하지만, 바람이 물의 몸을 빌려 파랑으로 오갈 뿐이다. "바람이란 만물에 영향을 주는 세상일을 가리키는 것"(『장자莊子』)이라고 전제할 때, 세상일의 "벽의 모서리, 모서리에서 돌아서던 시간, 그 끝"에 예나 지금이나 다를 바 없이, 제 스스로 세상의 물결을 이룬 바가 없이 "대롱대롱" 흔들리며 사는 현존, 시인 성선경의 존재감이다.

그러나 만약 바람 혹은 파랑마저 없는 무망無望함에 깃든다면 그 때가 시인에게 있어 가장 위험할 때이다. 바람과 파랑이 일으키는 혼돈과 무질서에 비록 "대롱대롱" 흔들린다고 해도 "무질서는 나의 출발점이다 ... 무질서가 나를 생동하게 한다. 혼돈 ... 이루 말할 수 없는 모순 속에 내재하는 최초의 무질서, 그 혼돈의 공간, 시간, 빛, 가능성, 잠재성은 미래적"38)이라고 역설했던 뽈 발레리(Paul Valéry)를 떠올려보라.

"파랑은 어디서 왔나"라고 묻는 순간, 이미 성선경 시인은 바람과 파랑의 존재 그 자체이다.

3) 사라져버린 시간 혹은 기억의 소실점 북촌, 그리고 집
- 신달자, 『북촌』 (민음사. 2016.09)

시집 『북촌』은 크게 1부와 2부로 구성되어 있다. 1부가 신달자 시인이 터 잡아 살고 있는 북촌집의 이야기라면, 2부는 북촌 일원을 거닐면서 장소성에 뜻과 바탕을 둔 시를 썼다. 장소성이라고 하지만, 한편으로 엄청나게 변해버리거나 사라진 외형만큼이나 퇴색해버린 역사적 기억을 재구하는 데에 공을 들였다. 그리하여 변화 가운데서 변화하지 않는 것을, 잊어진 가운데서 잊어져서는 안 될 것을 붙들고 섰다.

『북촌』 2부에서 감지할 수 있는 신달자 시의 지향점은 '되돌아가기'인데, 단순한 과거로의 회귀 혹은 어름거리는 복고풍을 뜻하는 것은 결코 아니다. 이를테면 시 「유심사 터」에서 시적 화자가 "선생님! 하고 몇 번 불러"보자, 만해가 "흰 두루마기 옷고름을 매면서 대문을 여"시는 데, 말씀은 전혀 없

---

38) 조르주 뿔레, 김기봉 외 역 『인간의 시간』(서강대출판부, 1998) 418-419쪽.

고 시적화자의 환청이거나 환시만 가득하다. 전후前後라는 시간의 계기繼起에 함께 할 수 없는 까닭에 만해 한용운이 있지는有 않지만無, 시적 화자는 유심사 터에서 만해와 함께 움직이고 존재한다. 이른바 공간화된 시간에 시적 화자가 깃들어 있기 때문이다.

공간화된 시간에 깃든 존재의 삶은 "영零이 아니라, 무한無限 속으로 사라져버린다."39)

주소 하나 다는 데 큰 벽이 필요 없다

지팡이 하나 세우는 데 큰 뜰이 필요 없다

마음 하나 세우는 데야 큰 방이 왜 필요한가

언 밥 한 그릇 녹이는 사이

쌀 한 톨만 한 하루가 지나간다.

─「서늘함」 전문

열 평의 작은 북촌 집은 터 잡고 사는 곳이 북향이어서 햇살은 "둘러 둘러/북향 내 집 앞이만 한 뜰에도/설핏 내리"(「북향집」) 는 곳이다. 큰 벽과 큰 뜰과 큰 방이 필요 없는 공간에서 화자의 하루는 "언 밥 한 그릇 녹이는 사이"의 "쌀 한 톨"이다. 그러면 쌀 한 톨 한 톨이 모여 밥을 이룬 전 생애란 무엇인가? "서늘함"이다. 북촌 집의 공간은 서늘한 하루가 지나가는 전 생애의 소실점消失點이다.

---

39) 앙리 베르그송, 이광래 역『사유와 운동』(문예출판사, 1993) 211쪽.

쌀 한 톨과 밥이 전 생애를 통관하여 하나로 만나는 공간인 북촌 집에서 "다시 돌아가진 않겠지만/결코 돌아가진 않겠지만/나는 지금/다시 되돌아서서/지난 시간들을 어루만진다 // 어루만지다가/노후의 계단을 // 시큼하게 본다"(「우연이 아니다」) 홀로 사는 집이지만 툇마루에 앉으면 "고향집 툇마루에 앉아 마음으로 서울을 그리던/열세 살/속마음이"(「툇마루」) 함께 와 앉아있고, 대문 앞을 쓸다가 "어린 날 아버지가 마당 쓰시는 모습 어린다./...(중략)... 설움을 쓸다가 자신의 생을 모조리 쓸어 간/아버지의 혼魂밥처럼/가을은 문 앞에 와 있다"(「대문 앞 쓸기」)

    오후가 되면 슬그머니 내 방 벽으로 드시는 이

    남향 창으로 격자무늬 햇살 그림자

    방으로 드시는데

    저 무늬 어디서 봤더라

    참 다정한 모습인데 누구더라

    내 생을 스쳐 간 얼굴인가 풍경인가

    피 당기는 저 모습 저 온기

    내 몸보다 더 편안한 곳 모셔두고 싶다

                                         —「빛의 발자국」 전문

햇살 그림자인 까닭에 실체가 또렷하지 않아 감지할 길은 없으나, 그것은

"내 생을 스쳐간 얼굴" 혹은 삶의 "풍경"인 동시에 "피"이다. 이는 "열 손톱에서 흘러나오는 꿈"이며, "흐르지도 못하고/견딘/지나친 마음의 독"("붉은 물」)이기도 하다. 잃어버린 지 오래 되었으나 아직도 따스한 온기의 피라는 유체流體에 용해되는 북촌 집. 현실과 비현실의 기억이 넘나드는 집이다.

> 백색 수면제 한 알을 털어 넣고
> 완전 수면을 기다리면서
> 소리 없는 울음을 따라가 보려 했으나
> 울음이 울음을 어디까지 따를 수 있겠는가
> 시대가 싸늘할수록 울음은 안으로만 흐르는 것이냐
> 시들하게 질문 하나 허공에 던지고
> 눈물방울만 한 어둔 방 안에 누워
> 손 구멍 난 한지 창문 사이 몸을 찢느라 손톱 세우는
> 면도날 바람이나 휘 휘 쫓으며 밤을 보낸다
>
> ―「울음이 없다」 부분

"눈물방울만 한 어둔 방"에 누워 있어도 울음마저 침묵해버리고 몸을 찢는 "면도날 바람"만 있는 집. 시적 화자는 과거 기억 속의 울음마저 사라진 집에서 불안하다. "아무리 눈물방울만 한 어둔 방"에 누워 있어도 눈물이 없어져서 울지도 못한다. 잠들지 못할 뿐 아니라, 면도날 바람에 열려 있는 불면의 집. 고절孤絶한 집에서 깬 아침은 어떠한가?

> 아침 해 떠오른다
>
> 퍼질까?

서쪽 하늘이 불붙어 타오른다

퍼질까?

한 번도 좌아악 퍼지지 못한 어깨선이

쭈글쭈글하다

얼음으로 불이 된 마음 아니고서는

펴지 못할

이 구겨짐

반은 닮은 외할머니 은가락지만 한 한옥 앞에

쪼그리고 앉은

나

—「구겨지다」전문

아침 해이거나 저녁 해이거나 "쭈글쭈글하다." 어제의 기억이, 오늘의 삶이, 내일의 기대지평 혹은 꿈이 부재하는 집. 내가 깃든 집에서 기쁘거나 슬프거나, 안락하거나 불편하거나 하는 감정적 상태가 없는 집. 다만 "쪼그리고" 앉은 응축의 공간에 구겨져 있는 존재 인식. 북촌 집에 시적 화자가 깃들어 사는 것이 아니라, 북촌 집이 시적 화자 그 자체가 되어 구겨진 집에서, 사라져버린 시간 혹은 기억의 소실점 같은 신달자 시인이 있다. 시인에게 있어 외로움과 불안은 천적이지만, 함께 살고 있다는 점에서 외로움과 불안은 시인에게 남은 소중한 가족이다.

귀를 열어, 들은 것을 전하는 시
— 한승헌, 나태주, 배종환의 시

1. 들어가며

　쓸데없이 말을 많이 하는 요설饒舌의 시, 자기의 생각과 감정을 말하기에 급급하여 마음을 찾을 길이 없는 시, 온갖 말이 꼬리에 꼬리를 물고 나가다가 진정한 말을 잃어버린 시가 많다. 존재의 집이라는 시의 언어를 막아선 역풍은 '말'이다. 오히려 말이 시를 화석화하고 있다. 니체가 말했듯이 "비둘기의 발로 오는 사상이 세계를 좌우한다." 입을 열기에 앞서 귀를 열어놓은 시, 마음의 귀를 열어 제 스스로 들은 것을 전하는 것일 뿐이어서 헛헛하더라도 채워지지 않은 만큼의 말조차 버리는 시가 그립다.
　한승헌의 시집 『하얀 목소리』는 이른바 타락과 단절의 시대 상황에 직면한 변호인으로서 칼칼한 자아를 앞세워 세계를 향한 직정의 발언을 하는 것보다 자기 내면의 소리에 귀 기울인다. 뉘우침과 부끄러움으로 점철된 스스로에 대한 참회, 예컨대 스스로를 거부하는 말하기로서 고해와도 같다. 나태주의 시집 『틀렸다』는 내면에 깃든 마음이 건네는 소리를 시인이 받아 적은 것과 같다. 그는 말하는 사람이 아니라 침묵에 가까운 세상 사람들의 신음을 마음으로 듣고 전할 뿐이다. 배종환의 시집 『야크의 눈』은 설산, 신의 위대한 말씀이 눈곱이 언 야크처럼 살고 있는 히말라야 사람들의 선한 눈에 있음을 전한다.

2. 집 없는 시대, 변호인의 고해
– 한승헌, 『하얀 목소리』 (서정시학. 2016.12)

이 시집은 "『인간귀향』(1961)과 『노숙』(1967)에서 추리고, 그 후 여기저기 실었던 작품을 함께 묶어"낸 것으로, "40년 전 『노숙』의 '후기'에 적었던 것처럼, 불행하더라도 인간의 길을..., – 이렇게 다짐하면서 써온 어설픈 작품들을 통해 이 각박한 세상을 살아가는 고단한 생명들에게 손이라도 한 번 더 흔들어"(「시인의 말」)주기 위해서 펴낸 시선집이다.

1960년대의 시가 시선집을 펴낸 2016년 말에 이르기까지 통관하는 시의식의 거멀못은 무엇일까. "내 땅의 평화와 민주와/그리고 하나 됨을 위하여/꽃이 꽃으로 피고/노래가 노래로 울려 퍼지는/그날을 찾아가는 발걸음"(「나그네의 새벽」)이 아직도 현존하는 대한민국의 실존적 상황에서, 그의 시는 "슬픈 산하에 잠기는 하얀 목소리"이며, 시적 화자는 "부끄러운 조객弔客"(「하얀 목소리」)을 자처하기 때문이다.

　　　　이 아침엔 나도
　　　　수녀가 된다.
　　　　피고와 같은 마음으로
　　　　다시 기구祈求하는 처소로 나와
　　　　어느 원심願心을 향하여
　　　　무릎을 꿇는다.

...(중략)...

서울 서소문동 37번지

아우성의 종착에서

계단을 오르내리는 사람들이여

복도에 서성대는 표정들이여

어서 당신의 밀실로 돌아가

오오래 잊었던 고해를 하게나.

그리고서

알몸으로 포효하는 열도熱度로 하여

이 해를 가득 채워라

사본寫本 천하

이 우울한 대지에

당신만은 열외에 서라

찬란한 열외에 서라

— 「동토凍土의 아침」 부분

    1928년 경성재판소가 건립된 이래, 서울고등검찰청, 서울지방검찰청을 거쳐 1995년까지 대법원 청사가 자리 잡았던 서울 서소문동 37번지는 우리나라 법집행의 정점, 혹은 "아우성의 종착"지이다. 시적 화자는 이곳을 "미네르바의 부엉이는 비상을 잊은 채 밤이"(「어느 이역에」)흐른 곳이라고 비유한다. 헤겔의 『법철학』 서문의 아포리아, "미네르바의 부엉이는 황혼이 저물어서야 그 날개를 편다." 이를테면 지혜와 철학이 앞날을 예측한다기보다, 이미 이루어진 역사적 조건이 지나간 이후에야 그 뜻이 분명해진다는 뜻을 두고 화자는 우리에게 여하간의 역사적 조건마저 선택조차 할 수 없었던 암흑기를 떠올린다. 따라서 일제강점기 "삼십육년", "그리고 십오 년/미치광이처럼 항변으로 얽어놓은/우리의 연대/슬픈 카인의 후예"(「어느 이역에」)로 얼룩진 이곳은 마치 다른 나라의 땅과 같은 곳이다.

일제강점기이거나, 오늘에 이르거나 간에 서울 서소문동 37번지를 두고 화자는 "사본 천하"라고 지칭한다. 원본이 아니라, 원본을 그대로 베낀 곳이란 밝힘과 숨김 사이의 근원적 투쟁이 있었을 뿐, 참된 진리가 부재한 곳이다. 반목과 불화는 서로를 파괴할 뿐이며 자신이 취득한 것만이 각자를 지탱하는 이른바 은폐된 진리만이 존재하는 곳이다. 이곳이 "우울한 대지"인 까닭은 우리의 역사 그 자체가 "오만한 행렬이 밀려오고/절룩거리는 역사가 밀려가"(「궤적의 노래」)는 이른바 인간존재에 대한 구원의 가능성이 부재한 곳이기 때문이다. 뿌리 뽑혀진 인간이라는 점에서 예외가 있을 수 없는 곳이다. 지극히 위험한 이곳에서 "당신만은 열외에 서라"고 한다. 그러나 '동토'로 표상되는 시대 역사적 상황 앞에 그 누구도 열외일 수가 없다.

> 지금은 아무도 모르는 일이다.
> 대지는 말이 없다.
>
> 남루한 연륜이 서린
> 오늘 이 부끄러운 계단에 서면
> 허물어진 폐허에
> 그래도 장미는 피고
> 다시 지고 ...
> 너와 나의 의지할 곳 없는 입김이
> 희미한 신호등 아래 서성거릴 때
> 그것은 한 방울 이슬 같은 것.

그 오랜 세월

인종忍從의 거리와 거리 모퉁이마다

사랑도 없이 해는 저물어

싸늘한 벽돌 담 아래 밤마다

진실과 내가 부둥켜안고 노숙할 때

가슴 깊이 받들어 온

염원의 숨결

주르르 적셔 내리던 뜨거운 눈물

아, 무너지는 형상을 위하여

무릎 꿇고 손 모으던 나 …

산다는 것은 하나의 진실을 마련하는 일

그것은 외로운 작업

벅차고 눈물겨운 일이다.

아, 마음이 가난한 자는

복이 있나니

복이 있나니.

몸부림 속에 복이 있나니

—「노숙」 전문

    묵묵히 참고 따름으로써 지족 안주의 길에 들 수 없는 까닭은 진실 때문이며, 진실 앞에서 시적 화자는 영원한 노숙자임을 천명한다. 진실 혹은 진리란 인간이 인간답게 머물러 사는 그루터기, 시원적 삶의 자리이다. 세계를 향해 열린 장, 그 속의 환한 밝힘이다. 그러나 머물러 깃들지 못하고 한

뎃잠을 잘 수밖에 없는 진실을 부둥켜안고 더불어 노숙의 길을 선택하겠다는 윤리적 책임. 이는 "지금은 아무도 모르는 일"이며, "대지는 말이 없다"고 하더라도 가슴 "벅차고 눈물겨운 일"이라 여긴다. 따라서 "미네르바의 부엉이/나래를 펼 때/이 가난한 역사 안의 노숙이/생명의 참뜻이기를 비옵는/저는 한 마리 어린 사슴이옵니다."(「어느 제야에」)와 같이 스스로를 향한 간구로 표출되기도 한다.

법조인으로서 그가 할 수 있는 실천적 일이란 "'약한 자 힘주시고/강한 자 바르게'/ 그 섭리 받드는 나날"(「역사의 길섶에서」)로서, "인간 귀향 -/인간탈환 -/머나먼 그날을 파종하며/인간제방에서 버텨야 하는 낮과 밤/새빨간 심장의 고독함이여./고독함이여."(「인간 귀향」) 그 자체이다.

비록 "역사는 왜곡되고만 있었다./바람은 방향이 없"(「나의 조계(租界)에서」)었으며, "아무데도/정답은 없더라 …(중략)… 정말 있어야 할 것은/가득히 비어 있는/허상의 거리"(「백서」) 라고 하더라도 인간이 인간답게 되어 돌아오게 하거나, 인간이 인간답게 사는 길을 빼앗겼던 것을 도로 빼앗아 찾아오게 하였다. 인간과 인간이 만든 둑에서 인간답게 사는 씨를 뿌림에 있어 "새빨간 심장의 고독함"에 비견할 만큼 몰입하였다.

그럼에도 불구하고 이 시집 전반에 걸쳐 시적화자가 견지하는 태도는 하이데거의 이른바 스스로를 거부하는(versagen) 말하기(sagen)이다. 남을 타매하기에 앞서 제 스스로 뒤로 물러나 내면의 소리에 귀 기울인다. 이 시집 전반에 걸쳐 가장 많이 드러낸 언어는 '뉘우침'과 '부끄러움'과 '참회'인데, 총 40편의 시에 '뉘우침'은 10회, '부끄러움'은 8회, '참회'는 4회에 이르고 있다. '아픔' 5회를 비롯하여, 시집 도처에 슬픔과 상처의 정서를 토로한다. 법조인으로서 스스로에게 내린 판결은 뉘우침, 부끄러움, 참회 그리고 아픔인 셈이다.

이러한 까닭은 칼칼한 자아를 앞세워 단절된 세계상황에 대한 투쟁, 타락한 인간군상에 대한 거적을 말하기보다, 우리가 직면했던 모든 상황이란

"지나고 보면 모두/그늘진 영지領地에서 녹스는 사랑/짓밟는 자/짓밟히는 자/세월이 가면 뉘우침이 남아/미움도 노여움도 울부짖음도/카인의 피를 이은/생명의 일식."(『인간회랑』)이라고 여기기 때문이다. 법이 "카인의 피를 이은 생명의 일식"이라는 비극적 상황 인식은 법조인으로서 자괴감으로 이어져 다음 시와 같이 표출되기도 한다.

연蓮이 되고 싶었습니다.
흐린 물속에 살되 혼탁함에 젖지 않는
그 습성이 좋아
나도 연이 되고 싶었습니다.

진흙 속에 뻗어 자란 뿌리와
그리고 줄기
그 위에 봉우리 지는 은근함이야
해를 고쳐 가슴 태워서라도
닮아보고자 했습니다.

어이 감추는 꽃술입니까
겹겹이 화판花瓣을 두르고도
깊숙이 지녀 타는 단심丹心이 부끄러워
화사花詞에 만취된 세상일랑 외면하고
연못 한쪽 언저리
쓸쓸한 처소에서
무슨 기다림에 젖어가는 것입니까.

— 「헌사獻詞」 전문

타락하고 단절된 세계에 죄와 벌이라는 생의 늪지에서 법이 주인인 동시에 지배자이어서, 법의 다스림 아래 꽃을 피우고자 하는 갈망을 담아내었다. 그럼에도 불구하고 "쓸쓸한 처소에서 무슨 기다림에 젖어가"고 있다. 법은 아직도 기다려야 할 유예된 정의이다. 다음의 시는 시인의 삶의 태도와 가치관과 인생관이 응집된 작품으로 유별나다.

>   후반기 가도街道에
>   그것은
>   낡아빠진 인력거
>   불편하다. 타는 이가 없다.
>
>   그런데도
>   내 초라한 여정에 함께 할
>   오직 하나의 도반이었다.
>
>   가난한 마음에
>   소중한 여권을 지니게 한
>   다이모니온의 계시였다.
>
>   —「선의善意」전문

"진리에 대한 정열이 인간에게는 최고의 법규"라 하며, 독배를 마신 소크라테스가 따른 영적인 존재, '다이모니온daimonion'. 진리에 대한 정열에 따라 결정하면 언제나 지혜롭고 옳은 결정을 하게 된다는 확신. 변호인이자 시인인 한승헌을 끄는 "낡아빠진 인력거"이지만, 늘 진실의 힘을 믿어 의심치 않는 자기 자신의 확고한 삶의 동력이다.

3. 내 안에 깃든 마음을 듣는다
- 나태주, 『틀렸다』(지혜. 2017.02)

   나태주 시인의 시가 더욱 짧아졌고, 행간 – 행의 너비가 아니라, 시의 내면적 거리 – 은 더욱 넓어졌다. 예컨대 "우리 함께/사막을 건너요 // 이 세상"(「낙타도 없이」– 윤효 시인/전문)이거나, "더 예뻐졌구나/반가움에 // 강물을 하나 네 앞에/엎을 뻔 했지 뭐냐"(「재회」/전문)이거나, "여보, 여보/지금 어디 있어요? // 나 여기 있어요 // 마지막까지 남아서/기다려주는 사람."(「아내」/전문)과 같다. 그에게 있어 시작詩作이란 미리 마련하여 갖추는 일이 아니다.

    돌아서 돌아서
    머뭇거리지 말고
    빠르게 곧장 오너라
    준비 차리지 말고 오너라

    그래야 사랑이
    사랑이지
    그래야 시가 시
    아니겠느냐.

—「시」 전문

   진정한 사랑은 무조건의 사랑이다. 사랑을 갖기 위하여 "준비 차리는" 것이 아니다. 어떻게 사랑하고 사랑받는가의 문제가 아니므로 준비할 것도 없다. 이와 마찬가지로 시 역시 준비라는 것 자체가 본디 군더더기라는 생각, 게다가 나의 시가 누군가에게 사랑받을 수 있을 것이라는 생각조차 버리는 순간 "머뭇거리지 않고 빠르게 곧장 오"는 시를 언제든 맞이할 뿐이다. 게다가 "하늘의 꽃처럼/땅위의 별처럼 // 내게는 바로 너/가슴속의 시"(「너」 전문)라고 하여, 만물 유전변화流轉變化하여 무상한 꽃과 별이 제 자리와 꼴을 버린 순간, "가슴 속의"본상本相으로 무진장하여 지천인데, 더 말할 나위가 있겠는가. 혹은 "첫눈 오는 날/칼국수 집/구석방 // 흐려진 안경"(「밀회」 전문)과 같이 물物이 심정心情에 와 닿았을 뿐이다.

나태주 시인에게 있어 시란 물물의 부분과 전체의 본상이 스스로의 심정에 와 닿았을 뿐, 애써 이미지화하려는 작위성은 물론, 자신의 생각과 상상력을 앞세워 독자들을 몰아치는 법이 결코 없다. 심지어 자신이 무엇에 관해 말하려 들기보다, 자신의 내면에 깃든 그 무엇이 나에게 건네는 소리를 듣고 받아 적는 데에 이르고 있다.

아직도 너는
내 마음의 주인이야

쉽게는 내 마음을
떠나지 마.

— 「사진」 전문

빛바랜 사진이 나에게 건네는 말을 듣는다. 카메라를 바라보고 사진이 찍을 그때, 그곳에 지녔던 생각과 마음으로부터 결코 소외될 수 없는 기억을 가지고 산다면 우리 모두는 "마음의 주인"이라는 것을, 찰나의 추억이 아니라 그때 그대로의 모습으로 변함없는 생각과 마음을 지니고 사는 아름다운 사람이 된다는 것.

아프지만 다시 봄

그래도 시작하는 거야
다시 먼 길 떠나보는 거야

어떠한 경우에도 나는
네 편이란다.

―「산수유」 전문

　잎이 나오기 전 이른 봄날, 다른 어떤 나무보다 먼저 샛노란 꽃을 함빡 피운 산수유가 "아프지만, 그래도 다시 시작하는 거야"라고 말하는 소리를 듣는다. 마치 세월호 참사로 숨진 숱한 영령의 표상인 노란 리본 같은 산수유가 애달파 하는 우리들을 위로하는 말 "다시 먼 길 떠나보는 거야"를 시인은 들었고, 이에 대해 연 바꿈을 통하여 시인은 화답한다. "어떠한 경우라도 나는 네 편"이라는 것. 너무 일찍 피어 이내 저버릴 산수유 앞에서 죽은 자와 산 자가 이야기를 나눈다.

살아있는 모든 것들은
바닷물 위에
잠시 떠오른 자갈돌

오래오래 떠 있고 싶어도
제 몸이 무거워
가라앉고 만다

―「생명」 전문

모든 생명은 바닷물 위에 자갈돌이 떠오른 것처럼 그 자체가 기적과도 같이 살아있게 되었다. 다만 "잠시"라는 유한성을 잊은 채, 영원을 갈구하지만 애당초 "제 몸이 무거워, 가라앉고 만다." 이 세상의 모든 생명이 기적이라는 생각을 지닌다면 존귀하지 않은 것이 어디 있겠는가? 신神에 의해 행해졌다고 믿어지는 불가사의한 일로 저마다 제 안에 깃든 생명, 이 모두를 어찌 사랑하지 않을 수 있겠는가. 그럼에도 불구하고 낱낱의 생명을 하찮게 여기는 것은 기적의 존재라는 생각을 전혀 하지 않는 까닭에서 비롯된다.

모든 생명의 시始로서 명명이 '자갈돌'이어서 모든 생명의 종終으로서 사死란 '가라앉음'이다. 설령 그렇다고 하더라도 기적 같은 축복, 생명에 관한 외경의 세계를 떠올리며 산다면 우리가 사는 세상은 얼마나 낙락樂樂할 것인가.

위의 시가 공간으로서 생명에 관한 생각이라고 한다면 다음의 시는 시간으로서 생명을 지닌 사람에 관한 생각이다.

날마다 오늘이 첫날
날마다 오늘이 마지막 날
날마다 그렇게 우리는
기적의 사람들

언제나 내 앞에 있고 너는
최초의 사람이고 또
최후의 사람인 것이다.

―「날마다」 전문

날마다 만난다고 해서 으레 만나는 사람으로 여기는 것이 아니라, 처음이자 마지막, 그리하여 이것이 기적이라고 여기며 만난다면, 그 사람은 얼마나 귀할 것이며, 우리가 보내는 "날마다"는 이른바 원환의 세계에 깃든 영원성으로 맞닿아 있을 것이다. 이처럼 나태주 시인은 내면의 생각을 듣고 전한다. 인생도 마찬가지이다.

> KTX 역방향
>
> 더 길게 더 오래
> 많이 보인다
>
> 인생도 그럴 것이다.
>
> ―「회고록」 전문

　KTX 역방향이란 열차가 가는 반대방향, 말하자면 뒤를 바라보는 좌석의 표지이다. 우리 인생이 KTX 열차가 갈 곳을 향해 있고, 그것을 타서 빠르게, 그리하여 더욱 짧은 여정일 것이라고 여길 때, 연 바꿈과 같이 생각을 달리 한다. 더욱 귀한 시간이어서 오히려 "더 길게 더 오래 많은 것을" 뒤돌아보아야 할 것이라는 생각, 더욱 짧은 여정이어서 보람 있는 일이 가득해야 비로소 회고록을 쓸 수 있을 것이라는 생각에 이르고 있다.

　모든 것은 생각하기 나름이다. "웃어도 예쁘고/웃지 않아도 예쁘고/눈을 감아도 예쁘다 // 오늘은 네가 꽃이다"(「오늘의 꽃」 전문)라는 천진함이란 불생불멸의 참된 마음에 비롯된 것이다. 태어나서 죽을 때까지 참된 마음을 지니고 산다는 것은 무엇인가.

> 더 없이 편안하고
> 좋은 얼굴

어머니 뱃속에서 나올 때
데리고 나온 얼굴

그 얼굴 하나 만나려고
그렇게 오랜 날 힘겹게
살았던 거다.

―「데드 마스크」 전문

두보의 「증소은시贈蘇隱詩」를 떠올리게 한다. 관을 덮고서야 일이 정해지느니, 이는 죽어서 비로소 그 인물의 업적이 결정되는 것, 혹은 죽으면 모든 일이 끝이므로 생전에 부지런히 일하라는 것. 그러나 이에 앞서, 죽을 때의 얼굴이 "어머니 뱃속에서 나올 때 데리고 나온 얼굴"과 같다면 이보다 더한 지고지순의 죽음이 어디 있겠는가? 데드마스크가 갓 태어난 아기의 얼굴과 같다면 이는 막히거나 거치는 것이 없이 살다 간 무애의 자유인 그 자체일 터이다. 애써 자유인이라고 부풀려 말하기보다 애처롭고 가엾게 여기는 애련哀憐의 세계에 깃든 모든 이는 이미 지고지순, 그 자체이다.

자기보다 몸피가 큰
남자를 부여안고
울먹이는 여자가 있다

자기보다 키가 큰
남자를 쓸어안고
머리를 쓰다듬는 여자가 있다
누군가의 엄마.

―「엄마」 전문

몸통의 굵기가 큰 자식을 "부여안고 울먹이는" 유일한 존재, 자기보다 키가 커서 우러러 볼 정도로 명예와 부와 권력을 가지고 있다고 하더라도 갓 부화시킨 새의 머리털을 깃으로 쓰다듬듯이 평생을 살아가는 우리 모두의 어머니가 있다. 괴로울 때나 즐거울 때나 천성불멸天性不滅의 동감자인 어머니의 존재, 지고지순이다.

나태주 시인은 "보는 것 듣는 것 생각하는 것 그 아이더러 대신 말하라 해야 합니다. // 그것이 바로 당신의 시, 잃어버린 바로 그 시입니다. 다시금 찾아야 할 우리들의 시입니다."(『잃어버린 시』)라고 한다. 헛헛한 소리처럼 들리지만, 아이들의 천진함이란 불생불멸의 참된 마음이며, 어머니의 지고지순이란 천성불멸의 동감자이다. 나태주 시인은 아이, 혹은 어머니의 마음으로 이들의 이야기를 들었고 받아 적어서 시가 되었다.

4. 길 위의 생각, 눈에 들다
   - 배종환, 『야크의 눈』(발견. 2017.02)

늦깎이로 등단한 배종환 시인은 원래 산꾼이기도 하였다. 내로라는 언론, 방송국에서 등산 탐방의 기획 취재 혹은 촬영이 있을라치면 앞장서서 길을 이끄는 이였다. 산봉우리와 골짜기를 오르내리며 실컷 보고 실컷 놀았다. 산을 내려와도 산 가운데에 있는 듯하였다. 때가 되면 피고 지는 꽃과 풀이 보고 싶어 산에 올랐는데, 꽃과 풀이 아무 때나 피는 적이 있는가. 필 때 피고, 질 때 지는 까닭에 결국 아무 때나 산에 올랐다. 웬만한 꽃과 풀의 이름을 모르는 바 없어, '이름 모를 풀, 꽃'이라고 하는 이들을 꾸지람하였다.

언제라도 산에 오르면 꽃과 풀을 바라볼 수 있어 넉넉했는데, 헛헛한 마음이 들었다고 한다. 꽃과 풀이 져서 볼 수 없으나 기다리다 보면 피어서 볼 수 있는데, 그럼에도 불구하고 마음속에는 늘 꽃과 풀의 색깔과 생김새가 떠나지 않더라는 것이었다. 게다가 적막한 겨울 산기슭 차가운 땅에 촉을 틔우고 있을 풀의 눈을 떠올리면 더욱 견딜 수 없을 정도의 그리움으로 먹먹했다고 한다.

 그에게 있어 시의 출발점은 결코 마음 밖에 있을 수 없는 꽃과 풀에 대한 사랑에서 비롯된 것이다.

  아무짝에도 쓸모없다는
  소리 들으며 자랐다
  먹은 것 남한테 다 주고
  살갗의 때도 밀리지 않는
  마른 등짝 선명한 손자국
  피고 지는
  金線草

            — 「이삭여뀌」 전문

 산골짜기의 냇가, 혹은 숲 가장자리 들녘에 지천으로 널려 아무도 거들떠보지도 않는 이삭여뀌이다. 게다가 이파리가 매끈하지 않고 털이 있는데다가 군데군데 검은색 얼룩으로 칙칙하다. "살갗의 때도 밀리지 않는 마른 등짝 선명한 손자국"같다. 낮은 세상에 더할 나위 없이 천하고賤, 흔해빠진 사람들과 같다. 그럼에도 불구하고 한자어 이름이 금선초金線草이다. 시적 화자가 바라본 이삭여뀌의 형상이 사람의 모습으로 치환되고, 역설적인 이름에 이르러 화들짝하게 놀란다. 이는 우리가 사는 세상에 천하고 흔해빠진 사람들 모두 귀하디귀한 이름을 가진 존재로 확장되는 생각의 그루터기이기도 하다.

봄바람 때문에 밝았습니다

건들거려 가지마다 달랑달랑 웃고 있습니다

입을 갖다 대었습니다

입맛 다시자 노란 아가미들 출렁 떨어집니다

낭랑한 독경 산그늘 따라 내려와

계곡 물소리 촉촉하게

석등처럼 불 밝히는 여승 눈길

저렇게 손 한 번 잡았으면

—「히어리」 전문

배종환 시인이 가장 많이 오르내린 지리산 자락에 자생하는 히어리를 시적 소재로 삼았다. 한 꽃자루에 여러 개의 꽃이 어긋나게 붙은 형상을 두고 "달랑달랑 웃고 있"는 것으로 보았다. 히어리가 피어있는 곳이 대체적으로 맑은 계곡물이 흐르는 곳이어서 "노란 아가미"를 떠올렸을 터이다. 계곡을 낀 곳에 으레 절집이 있었을 터, 히어리는 "석등처럼 불 밝히는 여승 눈길"로 치환된다. 이 가운데 시적 화자가 함께 서 있어 공감하는 자리, 이른바 경외의景外意 그 자체이다.

산수자연은 정신적으로 자유로운 소요逍遙의 힘이기는 하나, 구극의 정신세계를 일러 말하는 것은 그에게 있어 가당찮은 말이다. 다음의 시는 히말라야라는 거대한 산처럼 존재하는 사람에 대한 외경으로 남다른 의미를 지닌 작품이다.

신들과 함께 살아 시린 물을 마시는 야크는 흙길의 중심이다.

나는 독한 럭시를 마시며 황금빛으로 바랜 쪽문에 눈부셔 눈물을 흘린다.

질리게도 파란 하늘 길 파묻힐 정도의 땔나무를 진 젊은 아낙의 이마 멜빵 탱탱하다 나무시장 한켠에 통통 불은 젖을 문지르고 있는 어미의 낡은 신발

등짐을 풀어헤친 티베트 젊은 장군 자릿세 없는 동네어귀까지 일주일 걸어 설산을 넘었다 조잡한 신발에서 탱자꽃 향내가 난다.

신발 없는 짐꾼의 움츠러드는 맨발, 죽어 별이 된 신발, 폐타이어 질긴 목숨은 모두 다 신이 된다.

꺼질 줄 모르는 백열등 아래 깊은 잠에 빠져드는 은하, 움직이는 별이 밝은 흙길에서 먼지 날리며 떠돌겠지.

설산 흙별들, 세상에서 가장 긴 핏줄처럼 야크의 젖이 모여드는 남체.

—「남체 마을」전문

남체마을은 네팔 쿰부 히말라야 지역의 셸파족 마을이다. 세계에서 가장 높은 곳에 자리 잡은 남체시장에서 시적 화자는 맨발의 사람, 혹은 "폐타이어 질긴 목숨"같은 신발을 신은 이들을 본다. 궁핍하거나 곤고한 삶인데도 불구하고 저마다의 신神이 충만한 사람들의 세계. 이들은 신이라고 여기는 히말라야를 평생 오르내리다 죽더라도 "탱자꽃 향내가"나는 신발은 "죽어 별이 된"다. "설산 흙별들"은 죄다 이 사람들의 신발이다.

돌집인 숙소 2층 들창으로 아침 설산 황금빛에 눈을 떴다

산 아래 눈을 뒤집어 쓴 야크

작은 마른풀 같은 콧바람 불며 혀를 날름거린다

남체마을에서 야크 한 마리, 그 선한 눈망울 사 왔다

허기도 따라와서 눈망울에 낀 눈곱이 언

아침을 여는 황금빛 설산

야크의 눈,

무명의 봉우리 까마아득 떠오른다

— 「야크의 눈」 전문

"눈망울에 낀 눈곱이 언" 야크의 눈에 "무명의 봉우리 까마아득 떠오른다." 이때 시적화자가 보는 것은 에베레스트 영봉이 아니라, 무명의 에베레스트 사람들이다. "눈망울에 낀 눈곱이 언"것을 띠고, 오늘도 내일도 먼 훗날에도 히말라야 설산, 신의 위대한 말씀을 안고 사는 선한 눈망울의 사람들이다. 이들은 시적화자에게 있어 신神과도 같은 사람들이다. 하이데거가 말하듯이 참으로 "시인은 성스러운 것을 명명(nennen)하는 자이다." 이는 임의의 요설이나 담론이 아니라, '선한 눈망울의 사람들'처럼 살고자하는 시적 화자의 마음 그 자체이기도 하다. 갈수록 성스러움을 상실하는 시대, 그리하여 존재 망각에 매몰되는 시대에 자연의 심연을 좇아서, 혹은 자연 그 자체의 성스러움으로 살아가는 이들을 무한한 경외감으로 바라보는 시인의 눈길이다.

배종환은 '길 위의 시인'이다. 길은 그의 시의 출발점이어서 시집 제1부에는 안나푸르나 혹은 방태산 같은 험산을 걸었고, 제2부에는 그가 살아왔던 동네를 반추하여 걸었으며, 제3부에는 우리나라 산하를 걸으면서 만났던 꽃과 풀의 신비를 사유하였으며, 제4부에는 인생의 길을 걸으면서 만났던 사람들의 이야기를 전했다. 길을 걸으며 만난 꽃과 풀에 대한 사랑에서 시가 비롯되었듯이, 시의 길이 헛헛한 마음을 달래주는 삶의 위안이 되기를 바란다.

기억의 몽따쥬 혹은 유희적 몽상
― 권혁웅의 시

1.

권혁웅의 시집 『마징가계보학』의 근간은 이원적 태도에 있다. 첫째, 시인의 개인사로서 성장기를 이야기하기도 하지만, 한편으로 어린 날의 초상과 같은 서울 변두리 달동네에 살았던 시간과 공간에 대한 기억의 몽따쥬 (montage)인 동시에 더 나아가 지금도 변두리에서 변두리로 내몰리어 살고 있을 사람들의 이야기이다. 유년기의 초상은 과거의 시점에서 닫쳐진 것이 아니라 늘 현전하는 가운데 유령과 같은 시적 영감 속에 실존의 너울을 쓰고 따개비처럼 달라붙어 있다. 둘째, 우울한 몽상 속의 기억은 변두리 사람들 혹은 자신의 화석화된 얼굴이거나 시대의 주검으로 환치되어 나타나는데 결코 절망과 좌절의 포즈(pose)를 띠고 있지 않다는 점에서 미학적 패러독스 (paradox)를 지니고 있다. 이는 외부 세계에서 벌어지는 대립과 갈등, 그로 인한 세계와의 부조화 혹은 만화경적 세계가 골방 안의 TV 혹은 만화책의 세계로 희화화되어 그려지는 데에서 비롯된다. 우리가 살고 있는 세계가 만화의 세계인지, 만화에서 그려지는 세계가 우리가 살고 있는 세계인지 애당초 구분과 경계를 두지 않는다. 따라서 얼핏 시시한 사건이 대단한 일로 떠올려져 유머러스한 눈길로 전경에 나서기도 하며, 엄청난 사건이 가장 시시한 일로 전락, 자조적이기도 하여서 이른바 태도의 희극성을 띠고 있다.

특히, 시집『마징가 계보학』을 펼쳐 든 독자가 유의해야 할 것은『마징가 계보학』에는 마징가가 없다는 점이다.

   1. 마징가 Z

   기운 센 천하장사가 우리 옆집에 살았다 밤만 되면 갈지자로 걸으며 고래고래 소리를 질렀다 고철을 수집하는 사람이었지만 고철보다는 진로를 더 많이 모았다 아내가 밤마다 우리 집에 도망을 왔는데, 새벽이 되면 계란 프라이를 만들어 돌아가곤 했다 그는 무쇠로 만든 사람, 지칠 줄 모르고 그릇과 프라이팬과 화장품을 창문으로 던졌다 계란 한 판이 금세 없어졌다

   2. 그레이트 마징가

   어느 날 천하장사가 흠씬 얻어맞았다 아내와 가재를 번갈아 두들겨 패는 소란을 참다못해 옆집 남자가 나섰던 것이다 오방떡을 만들어 파는 사내였는데, 오방떡 만드는 무쇠 틀로 천하장사의 얼굴에 타원형 무늬를 여럿 새겨 넣었다고 한다 오방떡 기계로 계란빵도 만든다 그가 옆집의 계란 사용법을 유감스러워 했음에 틀림이 없다

   3. 짱가

   위대한 그 이름도 오래 가지는 못했다 그가 오후에 나가서 한밤에 돌아오는 동안, 그의 아내는 한밤에 나가서 오후에 돌아오더니 마침내 집을 나와 먼 산을 넘어 날아갔다 어디선가 누군가에 무슨 일이 생겼다 그 일이 사내의 집에서가 아니라 먼 산 너머에서 생겼다는 게 문제였다 사내는 오방떡 장사를 때려치우고,

엄청난 기운으로, 여자를 찾아다녔다 계란으로 먼 산 치기였다

   4. 그랜다이저

   여자는 날아서 어디로 갔을까? 내가 아는 4대 명산은 낙산, 성북산, 개운산 그리고 미아리 고개, 그 너머가 외계였다 수많은 버스가 UFO 군단처럼 고개를 넘어왔다가 고개를 넘어갔다 사내에게 驛馬가 있었다면 여자에게는 桃花가 있었다 말 타고 찾아간 계곡, 복숭아꽃 시냇물에 떠내려 오니… 그들이 거기서 세월과 계란을 잊은 채… 초록빛 자연과 푸른 하늘과… 내내 행복하기를 바란다

—「마징가 계보학」전문

  어린 시절 시인이 TV 만화영화에서 보았던 '마징가 Z'는 광자력연구소에서 강원일 박사가 초합금으로 제작한 로봇이다. 이는 무쇠로 만들어 지칠 줄 모르는 술주정뱅이 옆집 아저씨로 치환되고, 혹여 아내가 외간 남자와 바람이나 피우고 다니지 않을까 전전긍긍하여 분풀이로 화장품이나 내어던지는 고만고만한 인물로 이야기된다. 이 '마징가 Z'아저씨는 "오방떡을 만들어 파는 사내"에게 흠씬 얻어맞는데, 그 새로운 사내란 다름 아닌 '마징가 Z'가 완전히 파괴되고 난 후에 비밀리에 개발되어 온 새로운 로봇인 '그레이트 마징가'이다. 그러나 로봇을 물리치는데 막강한 '그레이트 마징가' 아저씨는 아내가 자신을 버리고 가출할 줄은 꿈에도 몰랐다. 마치 '짱가'의 적이 로봇 뿐 아니라, 우주괴물, 블래스터 성인들, 우주용병 등 다양한 적이 도사리고 있었던 것을 몰랐던 것과 같다. 이들의 시대가 막을 내리고 "수많은 버스가 UFO 군단처럼 고개를 넘어왔다"가는 와중에 'UFO 로봇 그랜다이저' 시대가 도래 했지만, 앞서 들은 로봇들의 행방은 알 길이 없다.
  이쯤에서 독자들은 이 시를 읽고 고개를 갸우뚱거리다가 "놀고 있네."라는 한 마디를 던지고 덮어버리면 그만이다. 그렇다. 시인은 "놀고 있다."

"1987년의 서울엔 선데이가 따로 없던" 폭력과 광기의 시대를 지나 "1991 선데이서울이 폐간했고"(「선데이서울, 비행접시, 80년대 약전」), "만나는 선생마다 째려본다며 먼저 패고/나중에 사과해서/과수원을 해도 좋았을 친구"(「만리장성을 생각함」), "그녀가 받아들인 주인은 늘 바뀌었다 시침(侍寢)이 시치미였다"(「성의 역사」) 등과 같이 동음이의어(homonyms)를 사용한 문맥적 의미의 일탈이라는 이른바 언어 유희(pun)마저 즐기고 있다. 더 나아가 시인은 많은 이의 기억 속에서 사라지는 이러저러한 사람들의 삶을 만화 속 인물들의 행위로 치환시켜 재구하고 있다. 말하자면 이야기를 하면서 이야기꾼이 빠지는 동시에 그 자리에 만화 속의 인물을 전경화 하는 아이러니컬한 시선을 두고 있다. 만화를 볼 때 독자들은 "누가 이러한 세계를 그려내는가?"라는 데에 전혀 눈길을 주지 않는다. 누가 말하든 상관할 바 아니라는 점에서 시인 역시 자신의 시에서 이야기하는 대상에 대해 여하간의 태도와 감정을 드러내지 않는다. 다만 만화 자체가 등장하는 인물의 대화와 행위의 극적 패턴에 따라 유영하듯이, 철저히 배제된 작가의 몰개성적 보이기만이 떠돌이 말을 따라 흘러갈 뿐이다.

사실 유년기이거나 성장기에 그가 보고 듣고 체험한 일들은 그야말로 변두리 사람들의 절망과 좌절 혹은 무력감이다. 그들은 이성보다는 본능을 쫓고 자기 의지적 갱신의 노력보다는 숙명을 따른다.

스무 일곱 해를 골방에 살다가 대못 아래 목을 매어 자살하여 이제는 먼지로 떠다니며 대낮에도 안방과 건넌방과 마당을 출입할 수 있게 된 주인집 작은 형(「투명인간1」)의 이야기는 자신과 세계에 관한 여하간의 분노마저 거세된 철저한 무력감에서 오는 우울이다. 서울시 성북구 삼선동 산 186번지 솜틀집의 용구 엄마, 용구 아빠와 용구, 용철이와 용숙이에 관한 이야기는 솜을 두드려 구름처럼 푹신한 희망을 꿈꾸지만 일찌감치 용이 되어 하늘로 승천하거나 사라진 이들의 삶을 말한다. 용구 아빠는 얼어붙은 몸을 소주병

곁에 두고 죽어 사라지고, 용숙이는 바다로 난 길을 따라 일본으로 둥둥 떠내려가 어우동으로 변신하여 돌아오지 않고, 용철이는 세 번 대학에 떨어지고 군대에 다녀왔다고 하는데 그 후에 그를 본 사람이 없고, 용구는 솜이불 위에서 놀다가 바늘이 몸에 들어와 뼛가루가 되어 떠나갔으며, 홀로 남은 용구 엄마는 부풀기 전의 목화솜 만해졌다가 더욱 작아져 솜사탕을 만들어 파는 양철통에 담길 정도가 되어 모든 이들로부터 잊힌다.(『드래곤』) 개천에서 용이 되려 했으나, 애꿎은 운명에 추락하는 용자 돌림 집안의 이야기이다.

시집 『마징가계보학』에 등장하는 만화 속 인물들은 '마징가 Z'와 같이 무쇠처럼 살고 싶었으나 종잇장처럼 얇게 구겨져 살아야 했던 사람들의 이야기라는 점에서 철저히 반어적이다. 자조 속에 애정이 뒤섞인 모순 그 자체에서 시인은 인간 삶의 드라마 역시 연극적 허구인 동시에 한편으로는 그러한 삶 자체가 그 나름대로 진솔했음을 감추지 않는다.

낮에는 백발에 기역자로 굽은 허리를 하고 있다가 밤이 되면 새까만 머리에 꼿꼿한 허리로 일어서던 놀라운 슈퍼맨, 알고 보면 아버지와 아들이 낮밤으로 번갈아 가게를 지키던 것."(『슈퍼맨』) 월남전에서 왼손을 잃고 오른손만으로 빠르게 붕어를 잡아서 굽고 뒤집고 석쇠위에 올리곤 하던 붕어빵 장사, 그러다가 떼거리 단속반에 밀가루부대에서 가루가 날리듯 흩어지며 "이런 비겁한…"을 뇌까리던 돌아온 외팔이. (『돌아온 외팔이』) 삐쩍 마른 사내, 몇 가닥 굵은 혈관이 지나다니는 두개골을 가진 사내, 노동판에서 잔뼈가 굵은 뼈 위에 튼실한 근육을 덧붙이고 빛나는 해골에 빤스 하나 걸친 박기수씨. (『황금박쥐』)

아울러, "원죄의식과 주사酒邪와 첫사랑의 시절"(시집 후기 - 시인의 말) 역시 스스로를 낯설게 하거나 최대한 시침을 뚝 떼면서 희화화하기도 한다. 한 손에 가위를 들어 엿가락을, 다른 한 손에 대패를 들어 생강엿을 돌돌 말아주던 중년의 남자(『가위손』)는 나에게 연애와 합격과 실연을 배우게 해 준 사람이며, 한 소녀를 사랑하여 그 아이를 고치처럼 둘둘 말아 이십 년 동안 모아둔 나는 사실 전후좌우 동서남북을 샅샅이 훑던 넝마주의의 능력을 약간 빌린 것이다.(「스파이더맨」) 그리고 삼선교회에 유난히 많았던 숙자 돌림의 여자아이들(「쑥대머리」) 4남 1녀가 살았던 정복이네(「독수리 오형제」) 한성여고 뒤편 어둠의 지배자"(「슈퍼맨」) 삐죽 솟은 머리에 2대 8 가르마가 지나가는 땅딸이 낙원이발사 아저씨에게 머리를 자르며 별유천지 비인간으로 남고 싶었던 우주소년(「아톰」)이 있었다.

분명한 것은 그가 유년기 혹은 자라나는 시절, 바깥 세계의 폭력과 광기와 어수선한 일들에 빗장을 지르고 골방 속 TV의 만화영화와 만화책의 세계에 애써 있고자 했으며, 성년이 되어 골방을 나서고는 빗장 난 가슴을 열고 옛날의 일들을 다시 불러내어 만화영화와 만화책의 세계로 세상을 읽어내고 있다는 점이다. 그가 극도로 경계하는 것은 시인의 의식이 개입되거나 혹은 섣부른 의식을 부여하여 계획적으로 왜곡된 상상력을 발휘하는 것이다.

그의 시의 힘은 몽상과 유희에 있다. 명증한 현실이면서 유년기의 백일몽이며, 몽상의 편린인 듯하지만 싸늘한 현실을 넘나드는 가운데 그의 시가 있다. 그는 변두리 사람들과 교감하고 있으나, 그렇게 되면 그 시절의 우울과 비극적 황홀이 전경화되어 지배할 터이고, 결국 그 시절은 잃어버린 시간 정도로 추락할 것이 뻔하다. 그는 가능한 그들로부터 도망쳐서 그들을 이야기한다. 그렇다고 해서 그가 그들과 다른 이가 되어버린 것은 아니며, 설령 현실적으로 다른 이가 되었다고 하더라도 벗어던질 수가 없을 뿐 아니라, 오히려 벗어 던지고 싶은 생각이 전혀 없는, 그의 삶의 실존적 너울 그 자체이다. 오히려 역설적으로 그는 그 너울에 얼룩진 우울함과 두려움과 허무함마저 사랑하고 있다.

내 속에 내가 너무도 많다고 노래했던 시인과 촌장은 한 사람이다 나도 그랬다 아버지가 술을 마시고 동네방네 내 이름을 부르며 귀가할 때마다 나는 출가한 붓다였고, 샴쌍둥이처럼 그녀의 몸에 세들어 살고 싶을 때마다 나는 늑대인간이었으며, 출근하기 싫어 장판에 들러붙을 때마다 나는 그레고르 잠자였다 지금도 이 글을 쓰는 나는 .... 이라고 쓰는 나는 .....

―「모순」 부분

내 속에 내가 너무 많은 까닭은 욕망 때문이다. 욕망은 본질적으로 환유이다. 따라서 라캉이 이야기하고 있는 바, "나는 내가 생각하지 않는 곳에 존재한다." 바라보기만 하는 '나'가 아니라, 보여짐을 당하는 '나'도 있다는 이른바 주체의 객관화이다. 대상이 허구임을 깨닫고 끊임없이 대상에서 벗어나는 반복 없이 삶은 지속할 수 없다는 이른바 자기 전복이다.

만화경적 세상 속에 자리 잡고 있는 만화경적 자아가 제 스스로 놀고 있는 것처럼, 그 역시 '마징가 Z'의 세계 속에 무수한 '마징가 Z'의 사람들을 놀게 하고 있다. 본질적으로 "유희자는 존재를 가장하는 사람이다. 유희자는 천재적인 모방을 통해 현란하게 빛난다. 나는 나를 떠나고, 나는 나를 되찾으며, 나는 다시 나를 떠난다. 나는 자신으로부터 도피해서, 익명의 존재 속에 숨는다."40) 그렇다고 해서 시인 권혁웅을 국외자로 보는 것은 온당치 못하다. 다만 그는 "아무것에도 구속당하지 않는다. 그는 그의 마음을 유보시켜 놓는다. 그는 자신의 순수성을 지켜나갈 수 있다고 굳게 믿는 사람이다."41)

이러한 의미에서 『마징가계보학』은 시인에게 있어 과거에 종결된 기억의

---

40) 죠르쥬 뿔레, 조한경 역, 『비평과 의식』(탐구당, 1990년) 243쪽
41) 위의 책 244쪽

마침표가 아니다. "놀이의 취향, 가면의 취미, 허구적인 존재에 대한 취향은 이제 가장 매혹적인 자극인 동시에 가장 마르지 않는 몽상의 원칙"42)이기 때문에 더욱 그러하다. 앞으로 시인 권혁웅이 거듭 새로운 모습으로 펼쳐 나갈 유희적 몽상의 세계가 기다려지는 까닭이 여기에 있다.

---

42) 위의 책 243쪽

자유자재 혹은 공空의 시학
─ 문인수의 시

1. 들어가며

　제6시집 『쉬!』를 내면서 "도대체, 끝장 낼 수 없는 시여, 넘겨도 넘겨도 다음 페이지가 나오지 않는…"(시집 서문) 시를 쓰는 자신을 두고 뻔뻔스럽다고 했다. 그러나 단언컨대 그는 뻔뻔스럽지 않다.
　제7시집 『배꼽』에 이르러서는 인간의 소외와 무기력함, 그럼에도 불구하고 순명을 좇아 아침낯빛같이 사는 이들을 명징하게 포착한다. 시집명인 동시에 대표작이 된 「배꼽」이라는 작품은 개작이전에 「폐가의 배꼽」이었다. 경북 안동 모처 폐가에 폐가처럼 살고 있는 자가당착적 존재에 대한 인식에 이르자 그의 시는 인간의 삶에 대한 깊은 이해와 성찰로 심화 확대되었다.
　제8시집 『적막소리』와 제9시집 『그립다는 말의 긴 팔』을 2012년 연간에 잇달아 내면서 그야말로 물물교감, 자유자재의 상상력을 한껏 떨치고 있다.

2. 상상력의 힘줄, 자유자재自由自在
  ― 문인수, 『적막소리』(창비. 2012)

　제8시집 『적막소리』에서, 그의 시는 그야말로 자유자재하다. 판에 박은 개념을 찍어내는 일상적 언어로부터 '제 꼴리는 대로' 시어를 갈무리한다. 「구제역의 소」에서는 살처분되는 것이 구제역으로 묻힌 소 뿐 아니라, 4대강 역시 소 울음 소리(우-우-우)로 함몰되며, "구제역, 그 역엔/깊고 푸른 소가 고였겠다."라 한다. 구제역口蹄疫, 역驛, 소, 그리고 늪이라는 소沼가 터무니없이 놀고 있다. 언뜻 텅 비어있는 시점인 듯하나, 이것이 문인수 시의 정신 혹은 상상력의 힘줄이다.
　「촛불들」에서 개구리가 몇 마리 우는 것인가를 두고, "(우리나라 총인구수, 육천만 마리라고 할 걸 그랬나 ...)"하다가 "'한 마리도 안 운다, 논다'고 할 걸 그랬다."라는 알레고리에 이르면 탈역사적 유희를 가장한 메시지를 독자들에게 전달한다. 예컨대 '광화문 광장에서 촛불을 들고 시위하는 사람은 얼마나 되는가?' 라고 할 때, 우리나라 국민 모두가 그때 그곳의 상황의식을 갖고 참여하는 이른바 역사주의 의식이 사라진 지점을 두고 "논다"라 한다. 한편으로 우리가 살고 있는 시대가 한명 두명이라는 '텍스트'로 존재하는 것이 아니라, 해답 없는 '이미지'로 존재하고 있다는 말도 되겠다. 따라서 낙방落榜 길의 오줌은 "길고 긴 뜨신 끈"(「영남대로」)이며, 달에는 "어떤 여자의 발고린내가 차다."(「달의 맨발」)
　마땅한 이야기지만 문인수 시인에게 있어, 주어진 텍스트는 중요하지도 않을 뿐 아니라, 그는 이미지로 존재한다. 「모량역」에서 "모량역은 종일 네모반듯하다."라며 다음과 같이 시화한다.

　　　아가리가 훨씬 더 큰 적막을

다시 또 적막하게 부어놓는다. 전부,
똑같다. 하루에 한두 사람,
누가 떠나거나 돌아오거나 말거나
모량역은 단단하다.
더도 덜도 아니고 딱, 한 되다.

―「모량역」 부분

　모량역은 경북 경주시 건천읍 모량1리에 위치한 간이역이다. 1939년에 모량역毛良驛으로, 2001년에 모량역牟梁驛으로 바뀌었다. 그러나 시인에게 중요한 것은 <毛良/牟梁>이라는 텍스트가 아니라, <모량母量/한 되>같은 이미지로 존재하는 삶의 역이다. 모량역에 가면 우리의 인생이 꼭 한 되이다. 떠들썩하게 호방함을 잰 체 하지만 그것도 적막이었을 뿐이다.
　시집의 표제이기도 한 '적막소리'는 일견 모순어법인 듯하나, '적막도 소리다'라는 역설적 통합에 이르면 소리가 없는데 소리가 들리는 것이 된다. 그는 "어머니 아버지 무덤가에 홀로 앉아 ...(중략)... 적막이 소리를 더 많이 낸다."고 한다. 게다가 "내가 본래 적막이었고 지금 다시/적막 속으로 계속 들어가는 중이어서 그런가"(『적막소리』)라고 하는데, 다음 시는 적막에 대한 자기성찰을 보여준다.

빈집 바람벽에 빈
가방 하나 시꺼멓게 걸렸다.
한쪽 손잡이 끈만 저물녘
대못질의 벼랑 끝에 매달렸다. 잔뜩 벌어진 지퍼,
고성방가다. 바닥난 거다. 이
환장,

말도 못하게 무거운 거다. 깜깜한 앞날, 절망은 걸핏하면
만만한 게 절망이다. 그 입,
다물라, 다물라. 또 한바탕
윽박질러놓고 떠났다.

가야 오는 봄!

산중 곰팡내를 핥아내는 혀,
진달래 능선 길다.

―「가방」 전문

  문인수 시인의 독특한 차림새를 꼽으라면 보헤미안풍의 옷과 어깨끈가방이다. "빈 집 바람벽에 빈 가방 하나"란 문인수 시인 그 자체이다. ― 그는 사람을 제유적 이미지로 읽는다. 예컨대 시인 박찬의 뼛가루 주검, "산골散骨의 띠"를 두고 "머플러! // 그의 것은 카키색이지만 사실은 요러코롬 희디희다"(「흰 머플러!」)라고 하는 것인데, 박찬의 생전 차림새를 떠올리게 하는 대표적인 것은 머플러였다. ― 삶의 "벼랑 끝에 매달려 잔뜩 벌어진 지퍼"란 아가리가 벌어진 것. 그 아가리로 지랄지랄 술에 취해 고래고함 지르거나 노래를 불러 젖혔을 게다. "환장"할 놈, "만만한 게 절망"이어서 아가리를 벌린 가방, 이른바 스스로에게 "그 입 다물라"한다. 돌이켜보면 자신의 삶이란 "산중 곰팡내를 핥아내는 혀"와 같은 "진달래 능선"이었던 것. 썩을 놈이 대책 없이 저질러놓은 수많은 말과 말들이 어느덧 길고 길다는 인식. 젊은 날의 방황과 절망을 넘어서 자기성찰과 반성으로 삶을 수렴하고 있는 시인의 조신함이 빛난다.
  시집 『적막소리』에는 "죽음이 참 많다.(시인의 말)" 「하관」에서는 "이제, 다

시는 그 무엇으로도 피어나지 마세요. 지금, 어머니를 심는 중 ……"이라 한다. 어머니께서 다시금 생사윤회의 변멸變滅의 세계에 들어 피고지고 하지 말고, 차라리 내 마음에 심어, 나마저 떠나면 어머니와 함께 소실될 것을 간구하고 있다. 그가 생각하는 인생이란 "빈 비닐봉지가 제 딴엔 시꺼멓게 최고로 떴다, 너무 오래 가라앉는…."(「삶」) 그야말로 "일평생이 참 저, 심호흡 한번" 같은 일순간이라는 것을 모르고 까무룩 사는 것이라고 한다.

> 그래, 그것은 어느 순간 죽는 자의 몫이겠다.
> 그 누구도, 하느님도 따로 한 봉지 챙겨 온전히 갖지 못한 하루가 갔다.
> 꽃이 피거나 말거나, 시들거나 말거나 또 하루가 갔다.
> 한 삽 한 삽 퍼 던져 이제 막 무덤을 다 지은 흙처럼
> 새 길게 날아가 찍은 겨자씨만한 소실점, 서쪽을 찌르며 까무룩 묻혀버린 허공처럼
> 하루가 갔다. 그러고 보니 참 송곳 끝 같은 이 느낌, 또 어디 싹트는
> 미물 같다. 눈에 안 보일 정도로 첨예하다.
>
> —「최첨단」 전문

살아있는 이의 하루는 죽은 자가 갖지 못한 하루이다. 한편으로 삶이란 "새 길게 날아가 찍은 겨자씨만한 소실점"의 '하루'이다. "꽃이 피거나 말거나, 시들거나 말거나 또 하루"가 가듯이 우리의 삶 역시 첨예한 하루가 갔을 뿐이다. 하루 차이를 빗댄 "한식에 죽으나, 청명에 죽으나" 같다. 사람들은 인생을 첨예한 찰나로 인식하지 못할 뿐이다. 삶이란 허구라는 것을 인정하지 못할 뿐이다.

3. 마음으로 듣는 귀, 그리고 공空
– 문인수, 『그립다는 말의 긴 팔』(서정시학사. 2012)

문인수의 제9시집이다. 만약 우리가 살고 있는 세상이 일상의 무사함과 기쁨으로 가득하다면 문인수 시인은 심심해서 시를 쓰지 못했을 것 같다. 권태로움은 그를 노둔魯鈍케 하는 병病과 같다.

> 배 접고 엎드린 갈색
> 전화기, 섬 같다.
>
> 창밖 흰구름, 뜰의 나뭇가지, 나무 흔드는 바람, 골목 행상의 스피커 소리, 나뒹구는 책들……
> 맛없다, 전부 못 먹겠다.
>
> 너를 먹는 공복이다.
>
> ―「창밖 흰구름」 전문

화창한 날, "배 접고 엎드린 갈색 전화기, 섬"처럼 웅크려 있다. "창밖 흰구름"등등이 있거나 말거나 하듯, 나 역시 있거나 말거나 하여 맥이 빠진다. 하루가 무사히 지나는 것은 여느 일이겠지만, "맛없"는 삶이다. 권태는 일상적 삶을 무수히 먹고 또 먹어도 허기지는 공복과 같다. 이상李箱은 "끝없는 권태가 사람을 엄습하였을 때, 그의 동공은 내부를 향해 열리리라."(「권태」) 하였다. 문인수에 있어, 자아의 허기짐을 채우는 통로는 외롭고 고적함에 폐칩되는 것이 아니라, '나-너'와의 끝없는 교감 속에 '나-너'가 함께 하는 데에 있다.

그곳은 비 온다고?

이곳은 화창하다.

그대 슬픔 조금, 조금씩 마른다.

나는, 천천히 젖는다.

— 「통화중」 전문

통화 저편에는 비가 오고, 통화 이편에는 화창하다. 통화 저편 비에 젖은 "그대 슬픔"이 통화 이편 온화하고 맑은 기운에 "조금씩 마른다." "그대 슬픔"이 마르는 만큼, "나는, 천천히 젖는다." '그대'는 슬픔을 덜 수 있어서 좋고, '나'는 그대의 슬픔으로 인해 자칫 들떠 허랑한 마음을 가라앉힐 수 있어 더없이 좋다. 문인수 시인에게 있어, 슬픔과 고통과 상처는 그의 시의 힘이다. 슬픔을 아는 자는 슬픔을 탓하지 않고, 고통과 상처를 아는 자는 그만큼 세상의 설움을 안아낼 수 있다. 사랑이란 슬픔과 고통과 상처 없이 생겨날 수 없다.

⟨1⟩

너의 양철지붕 창고를 본 적 있다. 텅 빈 양철지붕 창고를 기억한다. 어둠으로 꽉 찬 양철지붕 창고,

너는 죽어 거기 걸터앉아 속 시원히 두드리고, 나는 살아 돌아눕고 돌아눕는 밤, 등/허리가 시원하다.

— 「난타, 소나기」 전문

⟨2⟩

쾅쾅, // 벽에/귀가/생겨/창이/밝다.

— 「못」 전문

〈1〉의 시에서, 양철 지붕은 '너'의 삶의 표상이다. "텅 빈, 어둠으로 꽉 찬" 삶이었다. '너'는 죽어 소나기가 되어, 네가 살았던 허망과 절망의 양철 지붕 같았던 삶을 속 시원하게 두드리고 있다. '나'는 살아 '너'의 죽음을 애도하고 '너'의 삶을 그리워하며 "돌아눕고, 돌아눕는 밤"처럼 뒤척이는데, '너'가 저리도 허망과 절망을 실컷 두드려쌓니, '나'까지도 속이 시원하다.

〈2〉의 시는 언뜻 '누군가 벽에 못을 지르는 것'을 떠올리게 한다. 그러나 "쾅쾅"을 한 연으로 떼어내고, 비약적으로 생략된 컨텍스트 '못'을 중심으로 두고 보면 "쾅쾅"으로 환기되는 둔중한 폭압에 '못'이나 '벽'이나, 뭇매를 맞을 뿐 아니라, 어느덧 고통의 소리를 듣는 "귀가 생겨", 세상을 향해 눈을 뜨는 "창이 밝다."는 것이 된다. 남의 고통과 슬픔을 마음으로 듣는 귀는 자기의 열락을 앞세워 말하는 입보다 더 가까이 있다. 마음으로 듣는 귀를 가진 이는 세상을 이해하는 자이며, 자만에 들뜬 입을 가진 이는 세상을 이해하려 들지도 않을 뿐 아니라, 이해도 못한다.

시집 『그립다는 말의 긴 팔』은 "슬픔 – 사랑 – 먼길 – 허공 – 절망 – 새 – 나"(「오카리나」)의 바람 같은, 혹은 바람이 되어버린 소리를 듣는 것으로 가득하다. 바람 소리를 듣는 자는 아늑한 햇볕에 자리 잡은 자가 아니라, 성글한 그늘에 처한 자이다. "저 달의 뒤편 ... 그늘"(「기러기」)이며, "땅을 밟지 않는 비"처럼 온 적 간 적 없는 슬픔이 세상엔 있다."(「함벽루」) 오고가는 것이 무슨 대수랴. 세상에 들고 난다고 하나, 그것 역시 애시당초 처처도 없이 떠도는 것과 다를 바 없다는 인식에 다음 시가 있다.

〈1〉
  바람이 잔다. 아, 결국
  기댈 데란 허공뿐이다.

  ―「거처」 전문

〈2〉
저도 모른다.
나그네는 걷다가 왜 가끔
하늘을 올려다보게 되는지
모르고 길에서 쉰다.

모르고 올려다보는 저

정처定處.

— 「나그네」 전문

〈1〉의 시에서 거처란 "허공"이다. "기댈 데란" 애시당초 아무것도 없어, 아무것도 바랄 것 없는 허공이다.

〈2〉의 시에서 "오늘도 걷는다만은 정처 없는 이 발길 ~" 이라는 소절로 시작되는 「나그네 설움」의 한가락을 불러본 적이 있는 사람은 안다. 정처가 없다는 것. 마음과 뜻을 둘 곳이 없다는 막막함과 허망함. 세상살이에 숨이 턱에 차고, 어찌할 바를 모르는 것이 어디 한 둘이겠는가? 그래도 우리가 살아가고 있는 것은 적어도 마음과 몸이 깃들 곳이 있기 때문이다. 나그네는 깃들 곳이 없다. 깃들 곳이 없으므로 어떠한 관계성으로부터도 소외된 사람이다. 그래서 그는 길로 쫓겨난 사람이다.

길을 걷는 사람에겐 적어도 가고자 하는 곳이 있어야 한다. 그러나 나그네에겐 정처가 없다. 그가 자신도 모르게 간혹 하늘을 보는 까닭은 있다가도 없고, 없다가도 있는 이른바 무상無相과 같은 허공 혹은 구름이 그 자신이기 때문이다. 흔히 물을 들여다보아 자신을 보는 행위를 자아 성찰이라고 한다면, 허공으로 눈길을 돌려 자신을 보는 것은 무처無處 세간世間에 뜻과

정을 두는 일 자체가 어리석기 짝이 없다는 삶의 끝자락에 있을 때이다.

이 시의 묘미는 "모르고"가 세 번 반복되는 가운데, 무처無處이므로 무심無心이라는 것과, 이러한 자신 앞에 꿈쩍 않고 버티고 있는 정처定處이다. 무처 무심 속에 살고자 하는 욕망과 그럴 수 없다는 한계를 무섭게 내보이고 있는 정처 틈서리에 끼어 있는 인간의 모습. 소주 한 잔에 "나그네 설움"을 불러 보면 더욱 잘 알 것이다.

"그러니 어디 정처가 있겠느냐, 그렇다고 아예/정처가 없겠느냐."(「눌운세」) 다만 "구름의 길이고 집이며 무덤인 저 눈, 하늘은 그러나 아직도 구름의 정확한 생김새조차도 모른다. ...(중략)... 하늘은 물경 더 큰 바보다."(「눌운세」)

정처와 무처지간에 아무 것도 소유함이 없고, 설령 구름이 오갔더라도 기억조차 못하는 하늘의 공空과 같은 바보. 바보는 문인수 시인의 천품이어서, 이래저래 그는 자유롭다.

4. 맺음말

산 첩첩 물색物色 따라 무처지간無處之間에 떠돌던 문인수 시인이 "절경은 시가 되지 않는다."라는 우스개로 좌중을 즐겁게 한 적이 있었다. 강원도 정선에 들어서자 그는 전생에 살았던 곳을 이생에서 굽이굽이 휘돌아 되돌아온 듯 "이제 다 왔다."라 여겼다. 인도에서는 "아직도 헤매고 있는 자신의 삶의 바다"을 보았다. 기행의 경景은 비록 지금 이곳에 자리 잡고 있지는 않으나, 그런 부재가 오히려 자신의 존재를 드러내고 가늠하는 행위로 갈무리된다. 이는 벌거벗은 존재의 모습과 만나는 길이며 따라서 기행의 경景은 자신의 정情을 그려내는 이미지인 동시에 그의 시의 피와 살이다.

2012년, 문인수 시인의 나이 어느덧 68세. 1985년에 늦깎이로 등단하여 시력 28년을 헤아리며, 여덟 번째, 아홉 번째 시집을 상재한 그가 자기성찰의 반성과 죽음을 주조로 시집을 내었다. "질 때 거침없이 뛰어내린 꽃"(「선운사 동백」)이 될 것을 꿈꾸는 시인의 경건한 열정이 새삼 더욱 빛나고 있다.

인간적인, 너무도 인간적인 초록시의 길
- 이하석의 시

1. 비인간화의 늑간을 넘어서

　이하석 시인이 바라보는 세계관 혹은 시적 태도의 변모 양상을 지켜보는 것은 흥미롭다. 공동시집인 『백자도』를 빼고, 그의 첫 시집 『투명한 속』을 관류하는 "광물질의 상상력"(김현), 두 번째 시집 『김씨의 옆얼굴』 도처에 가득한 "쇠붙이 시대의 단절된 삶"(김주연)은 당대 모더니즘 시의 전형이다. 진보하는 문명과 대척점을 이루는 비인간화, 산업사회의 쓰레기 같은 무기물로 표상되는 비정함을 몰개성적으로 그려내었다. 하이퍼리얼리즘 혹은 극사실주의로 일컬어지는 시적 텃치는 시인의 말대로 "나는 사라지고 내가 분석하는 대상만이 존재"하는 시이다.
　이는 시간의 불연속성론을 떠올리게 한다. 현대 문명이란 과거의 누적적인 단계에 의해 형성된 것이라기보다 밀도 끝도 없이 무한히 변화 반복하는 패턴, 예컨대 음악으로 치면 분절된 리듬과도 같은 것이며 영화로 비견하면 몽타주와도 같은 것이다. 이미지 역시 각각의 단절된 실사實寫만 존재할 뿐이다.
　세 번째 시집 『우리 낯선 사람들』은 "철제 셔터 위에 완강하게 비친...(중략)...헌 신문지" 같이 물화된 '김씨'로부터 무릇 다수이기도 하지만 익명으로 존재하는 '나'에 대한 관찰자적 포착을 드러낸다. "여전히 억압(감힘)과 자유(동경과 선망)의 이중 구조 속에 그 대립 구조와 긴장"(반경환)을 유리창 이미지 혹은 "안과 밖의 이중적 시선과 방황, 분열된 자아"(문흥술) 속에 갈무리 하고 있다. 만물을 투과하지만 차단되어 있고, 개방이기도 하지만 단절된 상황은 소외와 갇힘의 의식에서 비롯된다. 이는 이하석이 말하는 바, "<지금 여기>와 <궁극적 세계>와의 긴장"인 동시에 "우리 시대 우리 사회의 삶이 썩음(부패)의 삶이며 멍듦(상처)의 삶임을 보여주는(「현실과 방법에의 질문」)" 증표와도 같다.

요컨대 이하석은 "버려진 사물들만이 존재하고 인간이 사라져버린 시대, 밀폐된 자의식의 추구"(최동호)를 극명하게 드러내었다. 산업화 기계시대의 부산물로서 온갖 무기물의 세계, 현대문명의 허장성세에 빗장 질러진 비인간화의 늑간을 파고들었다.

2. 쇠붙이의 녹과 자연의 녹, 그리고 초록의 길

대다수의 평자들이 말하듯이, 이하석의 네 번째 시집 『측백나무 울타리』는 그의 시적 변모에 있어 거멀못과도 같다. 이른바 광물적 비정함에서 식물적 다정함으로 이행하는 표증으로 이야기된다. 그렇다고 해서 앞선 시집과의 단절 혹은 비약으로 읽어서는 안 된다. 그가 폐차장 혹은 부서진 활주로에서 온갖 쇠붙이와 잡동사니를 시화했다고 해서 무기물의 쓰레기가 환기하는 비정함과 불모성만을 이야기한 것이 아니기 때문이다. 김현의 탁월한 통찰력이 돋보이는 「녹綠과 끌어당김」의 등식과 같이 쇠붙이의 녹綠을 끌어당기는 나무의 떨림과 흙의 힘이 내재되어 있다는 것을 눈여겨보아야 한다. "나무들은 잔뿌리가 감싸는 나사들을 썩히며 부들부들 떤다. 타이어 조각들과 못들, 유리 부스러기와 페인트 껍질들도 더러 폐차장을 빠져나와 떠돌기도 하고 또는 흙속으로 숨어든다. 풀들의 뿌리 밑 물기에도 젖으며, 흙이 되고 더러는 독이 되어 풀들을 더 넓게 무성하게 확장시킨다."(「폐차장」부분)

쇠붙이는 흙과 닮은 녹물로 "독이 되거나"(「폐차장」), "풀뿌리의 길을 막고, 어느덧 풀뿌리에 엉겨 혼곤해진다."(「뒷쪽 풍경」) "유리 부스러기 흙속에 깃들어 더욱 투명"(「투명한 속」)해지지만, "찬란한, 선명하고 쓸쓸한, 고요한 남빛 그림자"는 여전히 흙속에 남아 비추어진다.

흙의 색깔과 닮아가는 녹, 흙속에 깃들어 오히려 더욱 투명해지는 유리이지만 언젠가는 "물기에 젖어 돌을 녹이고, 깡통들을 녹여 흙은 스스로를 한없이 넓혀"(「또 다시 가야산에서」) 가듯이 흙과 친화되어 간다는 인식이 그의 시의 초기부터 자리 잡고 있는 터이다.

쇠붙이의 녹이 흙이 되고, 흙은 이파리의 녹으로 싹을 틔우는 이른바 새로운 생명으로의 약속 혹은 기대와 열망을 품은 그가 초록의 길을 따라 걷는 것은 당연하다고 하겠다.

시 「초록의 길」은 그가 산과 강과 길의 세계로 시적 자장을 옮기는 데 있어 눈여겨보아야 하는 작품이다. 11월의 오후, 도시변두리 또는 도심의 공터에 방아깨비와 풀무치 그리고 여치와 잠자리의 주검이 버려져 있다. 그들은 인간이 예사롭게 지나친 풀에서 풀로 이어진 길을 열어 도심으로 왔다. 시적 화자는 "아파트의 가까운 이웃이 죽었을 때, 애통해하는 가족들의 울음 속으로 여치 울음이 끊임없이 들렸음"을 슬퍼한다. 이제 모든 풀벌레의 울음마저 죽었으나, "이 도심의 회색 콘크리트 세계에도 자세히 보면 – 풀무치의 눈으로 보면 – 들과 산으로 이어진 초록의 길"이 있음을 신비롭게 바라본다. "나는 그것들 하나하나가 온 길을 비로소 찾아 나설 마음이 인다."

도심과 자연이 각각 단절된 것은 인간이 초록의 길을 보지 못하거나 아예 찾아 나서지 않기 때문이다. 초록을 보는 자는 초록의 눈을 지닌 이며, 초록의 길을 따라 주검에 이른 슬픔을 보는 자는 슬퍼하는 마음을 지닌 이다. 초록의 길이 회색의 도심에 대비된 대상으로 남아 있는 것이 아니라, 그것을 보는 이의 마음에 흡인되어진 것이다. 이는 초록 혹은 자연을 가시적인 현상세계에 대한 객관적 인식에 두는 것이 아니라, 그곳에 깃든 모든 생명들이 지닌 거룩함을 깨닫는 행위이다. 자연의 길을 걸으며 사색했던 칸트는 이를 도덕적 심성으로 해석하였다. 자연의 길을 따라 걸으려 하지 않는 자는 진정한 자연이 될 수 없다. 초록을 보는 자의 의식, 자연에 깃들어 사는 숱한 생명들의 꼼지락거림을 인정하지 않는다면 그가 아무리 자연을 본다고 해도 아름답다고 여길지는 모르나 숭고함이 사라진 자연이거나 죽은 사물일 뿐이다. 자연 혹은 생명의 경건함에 입맞춤을 한, 이하석의 초록의 길이 열리는 순간이다. 풀 한포기 자라지 않을 뿐 아니라 이끼조차 없는 셍뜨 뻴라쥐 철책 감옥에서 "한 순간이나마 무언가 녹색을/다시 볼 수 있는/기쁨을 나에게 주소서"라고 외치던 네르발(Gérard de Nerval)과 같이 비정함과 불모성의 대지로부터 젊음을 되찾듯이 초록의 길을 열어 나간다.

3. 인간적인, 너무도 인간적인

초록의 길을 찾아 나선지 오래된 시인의 근황은 어떠한가? 그는 수석동호인들이 자주 찾는 목계에서부터 남한강의 찰싹이는 물길을 따라 내려왔다. 밀양강이 남으로 흘러 삼랑진에서 만나 낙동강 하구언까지 이르는 물길을 따라 흘렀다. 때로는 소광리와 대가천 계곡에 숨어들기도 하고 경주 남산의 능선과 계곡을 달빛 아래 걸었다. 지리산은 물론 그의 발이 닿지 않은 산이 없을 정도로 산을 올랐고 산은 이내 그의 시가 되었다. 이하석의 근작 시 다섯 편을 받아 읽는다.

내보이기 싫은 듯, 눈이 설 덮어놓은 오르막길. 미끄러워서 길섶 뾰족뾰족 돋은 마른 풀들만 밟고 올라간다. 발밑 버석대는 소란은 굳은 얼음의 마음들이 서로 치대어서 부러지는 소리. 그래도 딱딱한 도시의 지하바닥을 고르고 다지던 심한 잠꼬대 소리와 달리 아주 앙칼지거나 냉정하진 않다.

내려오는 길은 이미 바쁘게 찍은 발자국들이 촘촘하다. 미끄러지면서도 용케 넘어지지 않은 채 끌린 흔적들. 가족들에게 밤새 죄를 빌고, 날 밝기 전 큰 일 한다며 서둘러 달아난 가장家長의 흔적 같다. 그 길을 화를 참느라 하얗게 질린 성긴 눈발이 어영부영 덮는다. 그러나 회색 산 위 두텁게 꿰맨 하늘의 실밥 터진 데서 새어나오는 성깔 매서운 바람은 집 나간 죄 덮는 눈발 헤적인다.

오래 바깥잠 자던 이의 귀갓길도 그렇게 덮히고 드러난다. 옛 이야기의 서두처럼 안으로 휘어도는 길을 겁내어 길섶의 얼은 풀들만 수북한 구름인 양 밟아가는, 조심스러운, 어지럽게 설레는 마음이 찍는 발자국들.

— 「옛 이야기의 서두처럼」 전문

위의 시는 현실적 인간으로서 너울을 쓰고 사는 인간이 분노와 허적虛寂의 심정을 안고 겨울산을 오르는 모습을 그리고 있다. 현실적 인간이란 사회적 의식을 갖고 살아가는 것을 말한다. 사회적 의식이란 인간의 대립과 갈등 혹은 화합 등이 일으키는 상황의 질곡을 이해하는 과정이다. 심지어 예기치 않은 우연과 싸늘한 필연 앞에 삶은 시작과 끝을 알 수 없어 난마와 같다.

 산을 오르며 화자는 "굳은 얼음의 마음들이 서로 치대어서 부러지는" 내면의 소리를 듣는다. 미끄러워서 "뾰족뾰족 돋은 마른 풀"을 딛고 오른다고 하지만, 이미 감정은 응결되어 있고, 이는 무수한 욕망으로 까실하게 마른 풀 같은 인간들과의 갈등으로부터 비롯된 터이다. 내려오는 길에 "미끄러지면서도 용케 넘어지지 않은 채 끌린 흔적들"을 보며 "가족들에게 밤새 죄를 빌고 날 밝기 전 큰 일 한다며 서둘러 달아난 가장의 흔적"을 떠올린다. 세상의 중심을 잃고 미끄러지듯, 그러나 결코 넘어지지는 않게 삶의 무게를 지탱하던 흔적이다. 그 흔적마저 먼 훗날에는 '옛이야기'가 되겠지만 "길섶의 얼은 풀들만 수북한 구름인 양 밟아가는" 자족적 친밀감과 "조심스러운" 삶의 길과 행복한 미래를 꿈꾸는 자가 지니는 "어지럽게 설레는 마음"만은 오늘 곤고한 삶의 서두인 것만은 분명하다.

 산을 오르내리며 시인으로서 '나'는 지금 '달아난 가장'의 처지가 딱하고 어려우나 먼 훗날에는 그날이 행복한 서두가 될 것이라고 꿈꾼다. 자연 속에서 자기만을 생각하는 유아론적 고립주의에서 벗어나 "집단을 구성하고 있는 개인들의 집합에 기초한 <그 자체 하나의 실체를 이루는 것>"[43] 이른바 집합적 존재 혹은 도덕적 존재로 거듭나는 것이다. 말하자면 '시인'으로서 일개인이 '달아난 가장'의 모습을 현현함으로써 얼음장 같은 삶이 꿈꾸는 미래라는 공동의 실체를 조명한다.

 자연 속에서 삶의 체감을 공유하는 인간적 덕성은 시 「남한강」에서도 그러하다.

> 몸의 70% 이상이 물이라서 사람 사는 게 다 솨 하고 물 흐르는 소릴 내는 거

---

43) 뒤르켐 『기본형식』 A. 기든스, 김의순, 김자혜 역 『에밀뒤르껭 연구』(한길사,1976) 89쪽 재인용

란다. 그 우스갯소리가 왜 모두들 강물처럼 굽이치게 할까? 아리랑 한 자락 구성지게 우려내는 이의 강이, 그렇게 저무는 제 생풀이의 후렴처럼, 흐른다.

저녁이 몰려오자 허기처럼 어두워진 풀덤불에서 매운 연기 솟구친다. 하루 일 막 끝낸 공공근로자 서너 명이 모닥불 가에 둘러앉아 몇 잔의 술로 속 데우며 깡마른 귀들 세우니 강물이 먼 북소리처럼 울렁이며, 참 검게 속 감추어 흘러간다. 그 우여곡절마다 소주 같은 생의 푸른 그림자들 어울려 이룬 여울소리 희게 부서져 내린다.

— 「남한강」 전문

"몸의 70% 이상이 물이라서 사람 사는 게 다 쇠하고 물 흐르는 소릴 내는 거란다."라는 처연한 말을 되돌리면 인간은 강이며 삶은 강물처럼 정처없이 흐르는 이른바 무처지간無處之間이라는 것이다. 공공근로자 서너 명이 "몇 잔의 술로 속 데우며 깡마른 귀들 세우"나 저마다 세상살이에 뒤얽혀 복잡한 심경만이 검푸른 그림자를 이룰 뿐이다. 겨울 여울물의 소리가 더욱 차갑고 무망無望한 듯 "희게 부서져 내린다."

"작가는 격리의 땅 주위에서 유랑할 수밖에 없는"44)존재이다. 유폐된 자아에 감금되거나 추방되거나, 단절된 세계에 침잠하거나 초월하거나 간에 차디찬 부동성으로 떠다니고 있다. 시련과 고난, 피곤함으로 떠다니는 것이 작가뿐이겠는가? 끝없는 상실 혹은 허망 속에 사는 것이 인간 본연의 삶의 모습일 터이다. 인간을 향한 시적 옹호의 길이 더욱 경건해지는 지점이다.

앞선 작품들이 자연 속에서 공유하는 인간을 향한 애틋한 정감이라면, 시 「장터목」은 자연생기自然生機에 관한 무한한 애정을 들내는 작품이다.

---

44) 모리스 블랑쇼, 박혜영 역『문학의 공간』(책세상. 1990) 67쪽

바람이 지우고 지워도
늘 새로 밝혀 서는

먼 데, 높이
나, 앉은,
천심天心 나누는 장터

가쁜 숨으로 우련하게 올라서면
낮게 엎드린 채 고개 드는 악착으로
울컥, 원추리 피어 있는

구름 위로 뉘 부르는 한 소절 더 높은
바람목

—「장터목」 전문

 지리산은 아득하다. 동쪽이면 동쪽, 서쪽이면 서쪽, 시원도 없이 흐르는 봉우리와 계곡 앞에 우리의 뼈와 살은 한 줌의 바람보다도 못하다는 것을 느끼게 하는 산이 지리산이다. 시인들이 지리산의 산꽃과 다북쑥과 안개와 바람을 이야기한다고 해도 그것은 마치 산나무꾼이 지리산을 자주 드나드는 것에 미치지 못하고, 지리산을 끼고 도는 고통의 현대사를 이야기한다고 해도 지리산 낭떠러지 등藤 넌출 드리운 사연에도 미치지 못하는 것이다. 우리들의 마음이 지리산의 정령과 잇닿아 함께 할 때, 비로소 지리산의 자락 하나를 손에 쥐었다고 생각하지만 속물로 살아가는 우리들이 잡은 것은 물색物色일 뿐이다.
 온갖 물물物物이 자유자재自由自在하여 지리산의 "흙은 그 살이고 물은 그

피이며, 비와 이슬은 그 눈물과 땀이고, 바람과 불은 그 혼백이며 기운"(홍대용, 「의산문답」, 『담헌서』 내집 권 4. 32장)이어서 그 자체와 함께 하는 자만이 지리산에 들 수 있다.

이 시의 화자는 지리산에 들어 장터목과 함께 하였다. "바람이 지우고 지워도/늘 새로 밝혀 서는"곳. 천심은 "먼 데, 높이/나, 앉은"듯하지만, 이곳에 무한광대 자연의 장터를 열어 풀어헤쳤다. 철쭉꽃과 등황색 원추리꽃을 비롯한 숱한 풀꽃들이 혹은 겨울눈꽃들이 천도天道의 끊임없는 작동으로 인해 늘 새롭게 스스로를 밝혀 세우는 곳. 바람이 흘러들어오고 나가거나 그 아취를 알기 어려울 정도로 그윽하고 미묘한 곳. 이를 두고 정암靜庵 조광조趙光祖의 시구절을 떠올리지 않을 수 없다.

> 천지의 깊고 오묘한 이치를 독차지함이여, (專乾坤之幽妙兮)
> 무르녹는 화기를 모아 갈무리 하였구나. (蘊和氣之融融)
> 저 푸른 하늘의 휑함이여, (彼蒼天之寥寥兮)
> 다만 온화한 바람에 마음을 부치리라. (徒付心於和風)

지리산 장터목은 물물이 자재하는 광대무변의 자유 그 자체이다. 풀과 나무와 인간 모두가 천지의 화평한 기운을 누리는 곳이며 하늘과 바람과 구름이 천진 그대로 오고가는 곳이다. 시인은 장터목의 독특한 형상을 넘어서 천지의 화기가 자신의 마음과 혼연일체가 되는, 이른바 심성적 교감의 정점에서 자연과 친화하고 있다. 자연과의 심성적 교감이라는 차원에서, 시 「산시山詩」를 눈여겨보지 않을 수 없다.

> 큰 짐승처럼 으르렁대는 눈사태에 이어서
> 말도 안 되는 것들의 속 덜컥 잠궈버리는 침묵.

그 침묵 지키는, 바람이 깎아낸 날카로운 가지로 무장한 나무들.

겨울살이 내내 메아리 닫은 언어들의 표면들은

햇살 속 그늘진 채 꽝, 꽝, 얼어 있다.

얼이 간 얼음 위에 미끄러진 침입자의 발자국들이 어둡게 깨져 있다.

산 밖으로 난 길이 자주 막혀도

두터운 눈 위를 느슨하게 헤쳐놓은 새람의 발자국들.

그 발자국들과 어긋나게 상한 속 달이며 복잡하게 얽히는 숲 아래의 짐승길들.

그 중 가장 많이 상한 비탈길은 짐승 좇는 이의 생애처럼

골짜기 아래로 심하게 기울어져 있다.

―「산시山詩」 전문

산에 들면 들수록 "속 덜컥 잠궈버리는 침묵"과 조우해야 한다. 겨울산의 침묵을 굳건히 지키는 것은 "바람이 깎아낸 날카로운 가지로 무장된 나무들."이다. 모든 것이 꽝꽝 얼은 겨울산은 그 누구도 들이지 않을 듯한 기세이다. 시적 화자가 겨울산에 드는 것은 침묵의 산에 자신을 놓아두고자 함이다. 내 안에 내가 시끄럽고, 세상을 향해 내뱉는 나의 소리가 번잡할 때, 꽝꽝 얼은 겨울 산을 오르라.

산을 오를 때의 팽팽한 내적 긴장과는 달리, 산을 내려오면서 화자는 "두터운 눈 위를 느슨하게 헤쳐 놓은 사람의 발자국들"을 본다. 사람의 발자국과 어긋나게 얽히는 무수한 짐승길들, 쫓는 인간과 쫓기는 짐승이 만들어 낸 길이다. "그 중 가장 많이 상한 비탈길은" 인간이 살아가는 속세와 가장 가까운 "골짜기 아래로 심하게 기울어져 있다."

이하석의 산시 혹은 자연시는 실제로 그가 오르내리거나 걸으면서 자신의 내면에 고스란히 수용하는 겸양의 미덕을 지녔다. 생태환경시를 논의하

는 평자들에 의해 간간히 떠올려지는 시편들을 지나, 이제는 독자적인 자연시의 세계를 즉자적 세계관으로 수렴하고 있다. 식물적 이미지를 통해 생명의식을 고양시키는 작위성과도 거리가 멀다. 작위성이란 본디 산에 오르지도 않고 물에 드는 일도 없는 이가 생태위기의 자각과 인식이라는 관념론적 잣대만을 가르키며 세상을 가르치려 들기 때문에 비롯되는 것이다. 이하석은 자연에 들었다고 해서 세속주의에 대한 섣부른 거부, 혹은 자연의 초월적 신성함을 빌어 깨달음을 내세우는 일조차 없다.

분명한 것은 시 「지리산행」에서 말하고 있는 것처럼, 여전히 그는 자연과 인간이 사는 곳 모두의 경계를 허물고 긍정적으로 바라보며 살아가고 있다는 점이다. "피아골의 가을 소식이 자주 눈에 밟힌다." 그 곳은 "나무들이 저마다의 영역을 가지면서 우거지는 곳."이다. "생활은 우리에 갇힌 반달곰처럼 왈칵, 검은 벽으로 막아선다." 그래도 지리산을 갔다 온 월요일은 설령 사는 일이 울퉁불퉁하더라도 백무동 계곡처럼 아련하고 아름다운 것이 된다. 초록을 찾아 가는 길에 자연의 물물로 자재하는 자신이 있어 자유롭고, 자연 속에서 삶의 체감을 공유하는 이른바 인간을 향한 애틋한 정감이 있어 일견 도시를 벗어난 듯하지만 떠난 적이 없으며, 도시속의 인간들을 경멸하여 버린 적도 없다. 그가 말하듯 "상대에 대한 그윽한 이해와 수줍은 접근"(이하석, 『측백나무 울타리』 시집후기), 그리고 인간적인 너무도 인간적인 풍모 그대로 살아가는 이하석의 근작 시 다섯 편을 읽었다.

제3부 고백들

슬픔과 니힐, 저항과 구원
— 우무석의 시

1. 삶의 딜레마, 황홀한 슬픔

인간이라면 누구나 처해진 일의 형편에 따라 유쾌하거나 불쾌한 감정이 따르기 마련이다. 감정에 사로잡혀 허청거리는 기분을 넘어서는 시학의 장은 무엇인가? 이는 감상적 멜랑콜리, 우울과 애수, 흐느낌의 극점에서 만나는 자아의 모습을 통해 가늠할 수밖에 없다.

   저문 산 그림자 아래
   스쳐가는 밤기차 창가가 잠시 밝았네
   먼 기억의 성긴 한나절 떠가는
   흰색 물배암 한 마리

                — 「밤기차」 전문

겨울 밤 열차를 타 본 사람은 안다. 창밖은 차갑고 안은 따뜻했을 터이다. 바깥은 어두운 장막에 둘러싸여 눈길 둘 곳조차 없을 뿐 아니라, 세상의 모든 것은 도무지 스쳐지나가는 것이며, 어둠은 나에게 아무런 희망과 기대와 위안이 없을 것이라고 속살거린다. 그 순간 이슬 맺힘, 혹은 차갑고 축축한 슬픔이 환등幻燈 그림처럼 영사된 불빛을 따라 "흰색 물배암 한 마리" 형상을 띠고 가늘지만 길게 끌린다. 하이쿠로 치면 이 시의 계어季語는 "물배암"이다.

물배암은 안주할 곳 없어 '정처 없음'이라는 수많은 마침표, 혹은 한갓 삶의 꼬랑지와 같다. 인생으로 치면 막장으로 치닫는 꼬랑지, 사랑으로 치면 이내 말라버릴 종말을 예감하는 꼬랑지이다. 무수한 꼬랑지 같은 순간만이 존재하는 것은 공간의 부재인 동시에 시간의 단절이며, 그리하여 '아무것도 없음' 그 자체이다. 음악으로 치면 음의 높낮이를 잃어버리고 장단마저 죽어버린 악절樂節(phrase)이다. 띵 - 띵 - 띵.

그럼에도 불구하고 "잠시(나마) 밝았던" 황홀함. 슬픔이 있었던 까닭에 후끈 달아올랐던 환등같은 불빛의 황홀함이란 무엇인가?

> 이젠 할 수 없다는 듯, 가는 빗줄기에 엮이는 봄의 차림새가 참 보기 좋지요. 첫마음의 저녁나절 글썽한 빗소리 생생해지는 골목집모퉁이 벽에 기대어 옷이 젖어갔지요. 그러다 잠깐 내 생의 곁에서 팔짱을 끼다말고 빤하게 쳐다보던 눈빛에 무심한 아름다움이 왜 슬픔으로 번져가나요.
>
> 어느새
> 그대 머리 가득히
> 송송 피어난
> 안개꽃 한 더미.
>
> ―「봄비를 맞다」 전문

애달프고 구슬픈 사랑이 끝내 무심할 수밖에 없다는 것은 비극이다. 사랑하지만 "이젠 할 수 없다는 것"은 "사랑이야말로 기만의 자子이며, 환멸의 부父이로다. 사랑이야말로 비탄에서 받을 수 있는 위로이며, 죽음을 고칠 수 있는 유일무이한 약일지니 사랑은 바로 죽음의 자매이로다."45)

아폴리네르 「미라보 다리」의 시 구절처럼 "사랑은 가버린다 이 흐르는 물처럼/사랑은 가버린다/그처럼 삶은 느린 것이며/그처럼 희망은 난폭한 것인가"와 같다. 안타까운 사랑의 끝자락에 그대 비에 젖은 머리칼이 자잘한 안개꽃 황홀함으로 환치된다.

이러한 정서의 근간은 우수(klage)이다. "절망에 빠져 망연자실한 상태가 아니고, 단지 태연자약한 인종忍從과 죽음이 있을 따름이다. 거기에는 뒤엉크러진 갈등이 없고 암야暗夜의 전락이 없다고 하겠다. 도리어 모든 것은 밝고, 아름답고, 참답다고 하겠다."46)

   항상 사설辭說만 길었구나
   정작 할 말만 남겨둔 채 돌아섰던 세상의 저녁길
   엷은 햇살 긴 그림자 밟고 밟으며 갈 때
   빈 손마디에 바람이 와서
   슬몃 손깍지를 껴주네
   멈칫멈칫 뒤돌아보면
   산허리마다 씌워지는 노을의 화관花冠
   핏빛 난만히 터져
   온천지 불태우고 있었네
   사는 일이 영 못마땅한
   내 생의 어느 저녁 한때가 저렇듯 아름다울 것인가

---

45) 우나무노, 장선영 역 『생의 비극적 의미』(삼성출판사. 1976) 130쪽
46) K. 야스퍼스, 신일철 역 『비극론』(신조문화사. 1973) 35쪽

처마 낮은 집 창가에 서서
서둘러 등불 밝히는 그리운 시간들
언제쯤 어둑한 길을 따라 돌아가게 될 것인가
집에 도착하기 전, 문득
많은 날들을 살아온 헛된 마음을 벗어던져
저 불길로 활활 태워버리고 싶네

―「노을」 전문

 "사는 일이 영 못마땅한 내 생"이어서 텅 빈 적적함으로 살고 있다. "처마 낮은 집"에 딱하고 어렵게 사는 사람들도 "서둘러 등불 밝혀" 정겨운 가족을 맞이하려 한다. 나도 집으로 가고 싶다. 그 전에 "헛된 마음"이라는 누더기 마음부터 벗어던지고 싶다. 노을빛 자색이 환기하는 우울한 황홀 속으로 답답하고 활기가 없는 삶을 태워버리고 싶다. 그러나 노을빛 황홀함의 극치 속에서 나에게 처해진 모든 조건의 한계를 명증하게 깨달을 수밖에 없는 자리, 그래서 더더욱 우울의 나락으로 떨어질 수밖에 없는 한계는 시인 우무석의 딜레마이다.

2. 니힐의 무화, 자기 전복顚覆

 우시인을 떠올리면 뚜르게네프 「아버지와 아들」의 청년 인테리겐차 바자로프가 눈에 잡히듯 다가선다. 일체의 권위와 가치를 부정하고, 어떠한 주의도 맹신하지 않고 비판적으로 여기는, 더 나아가 인간에 대한 허무, 인간이 이루어 낸 질서에 대한 부정과 반역.

외투 자락에 고기 냄새가 역하게 그을릴 때까지, 친밀도 높은 도시 문화적 분위기에서, 사람들은 죽어서도 잊혀지지 않는 시인의 '행복한 죽음'을 믿었으므로, 나는 그 말을 죽은 시인에 대한 또 다른 전망으로 읽었다가 다시, 되짚어 자신들의 기억에서 끄집어내어 영영 지우려는 이기적 욕구와도 헷갈려서, 소주 한 잔 마시다가, 자꾸 사람 싫어하는 생각만 찾는 우둔한 내가 보이는 게 서글픈 것이다.

... (중략) ...

술 취하는 데는 이유가 없다.

—「이유가 없다」 부분

쉼표가 유난히 많은 위의 시는 마치 술 취한 듯 몽롱한 어조이다. 이 시의 거멀못은 "외투 자락에 고기 냄새가 역하게 그을릴 때까지" 친밀한 도시 문화, 시인의 "행복한 죽음"을 믿음과 동시에 지우려는 반어이다. 반어는 본질적으로 이성적 질서에 대한 믿음의 상실이며 분열이다. 이때 반어의 대상이 신이나 세계를 향할 때 차라리 경멸의 대상이 있다는 점에서 시인은 온전하다. 그러나 위의 시에 드러난 반어는 오로지 자기-지시적 모순에 있다는 점이다.

니체에 대한 하버마스의 시각처럼 부정하면서 동시에 고양하는 변증법적 태도가 아니라, 상호적인 반감과 배타성, 심지어 "자기-반영조차 이성의 타자로부터 단절되어 있으며", "스스로 고립된 이성 비판의 딜레마"[47]가 된다. 따라서 화자는 자신이 우둔한 것을 잘 알고 있으면서 "자꾸 사람 싫어하는 생각"만 찾는다.

---

47) 에른스트 벨러, 이강훈, 신주철 역 『아이러니와 모더니티의 담론』(동문선,2005) 152쪽

이유가 없다는 것은 존재의 근거가 없다는 것, 터무니가 없다는 것은 여하간의 입장 표명도 유보되어 있다는 것, 심지어 스스로에 대한 뜻깊은 해명마저 피로하다고 여기면 "그냥 '나'를 '나'인 채로 두자."는 것과 다름없다. 따라서 "'나'는 '나'이고, 그것이 '나의 전부'"라는 유아론적 고립주의로 치닫게 된다.

> 어두워진 만큼의 저녁을 데리고 빈 방에 돌아와 스위치를 켰습니다.
> 수족관 고기들 물질 소리가 파란 빛으로 파드득 파드득거리다가 형광등이 하얗게 빛납니다.
> 물깊은 방안 고요가 환해지고, 대뜸
> 내 사는 일도 세상에서 저렇게 잠깐 점멸하다 마는 게 아닌가 싶어
> 조금 슬퍼집니다.
>
> 내가 나를 48년째 기다려 온 날입니다.
>
> ―「생일」 전문

화자가 들어선 빈 방에는 칸막이 유리로 둘러싸인 또 하나의 방 수족관이 있다. 유리는 "본래의 성질을 파괴할 수 없고, 썩지 않으며, 빛깔 없고, 냄새 없는, 재료의 영도零度와 같은 것이다."[48] 수족관 유리 안에는 고기들이 "파란 빛으로 파드득거리고 있다." 화자 역시 "물 깊은 방안"에서 점멸하는 하얀 형광등 빛으로 파드득거린다. 화자가 들앉은 방안의 방인 수족관, 간신히 파드득거리며 유영하며 살고 있는 물고기처럼 언제 점멸할지도 모르는 형광등 빛처럼 살아가고 있다. 그것이 48세 그의 삶의 영도零度이다.

---

48) 장 보드리야르, 배영달 역 『사물의 체계』(백의, 1999) 66쪽

영도의 색채는 피카소의 「자화상」(1901)이 환기하는 무력감과 슬픔의 파랑색이다. 기다리고 기다려도 늘 우울한 영상, 그러하기에 "상실감과 재생의 두 가지 감정"49)이 교차하는 삶의 지평이다.

> 창문은 아주 많이 달려 있었지만
> 불빛이 적었던 빌딩 꼭대기 당신의 방
> 언제나 복도는 깊고 조용했다
>
> 불이 켜지면
> 당신의 방은 푸른 물소리에 금세 잠긴다
>
> 침대에 반듯이 누운
> 당신의 매끈한 몸 위로 숨소리의 그늘 하얗게 엉겨서
> 밤이 무늬진 유리창에는 성에꽃이 덮였다
>
> 엷은 입술 사이로 장미 향기 벙글어
> 당신의 방은 젖빛 구름그림자 금세 자욱하다
>
> 당신 모가지처럼 가늘고 길었던 꿈
> 슬프거나 아름다웠던 나날들의 숨결들이 세월이
> 축축한 달무리에 둥글게 감겨서 음악처럼 떠다녔다
> 한 쪽 어깨 드러낸 알몸으로 쓸쓸히 앉았을 때
> 벽거울에 비친 약속할 수도 존재할 수도 없던 세상

---

49) 스에가나 타미오, 박필임 역 『색채심리』(예경.2001) 74~77쪽

물끄러미 바라보는 당신의 눈 속에서
붉은 방 하나가 생겨나고 있었다.

오직 낯선 천국에서나 열릴 수 있는.
　　　　　　　　　　—「붉은 방— 잔느 에뷔테른에게」 전문

　화가 모딜리아니의 연인 잔느 에뷔테른의 초상화 "큰 모자를 쓴 잔 에뷔테른"(1918)을 시로 끌어왔다. 붉은 톤의 벽을 배경으로 검정색 모자가 삶의 무게처럼 얼굴을 짓누르는 듯하나, 모자의 안쪽 채양 붉음의 광휘로움과 빛나는 듯한 얼굴 탓에 명암이 적절하게 대비되어 있다. 지나치게 밝지도 않고 어둡지도 않은 명도, 채양에 가려 붉게 상기된 듯한 눈가에는 그늘이 드리워져 있다. 채도가 낮은 남색의 눈동자에 동공이 그려져 있지 않다.
　모딜리아니의 그림을 내면화한 위시의 주된 정조는 쓸쓸함이다. 당신의 존재를 벽거울에 비친 허상으로 감지하는 바, 따라서 거울은 실재의 세계와는 달리 "약속할 수도 없고 존재할 수도 없는 세상"의 저편이다. 약속과 존재가 사라진 자리란 이론적으로는 욕망마저 부재하는 지점이다. 언뜻 현세에서의 욕망이 절멸되어 있는 붉은 방은 허무의 공간이다.
　그런데 그 붉은 방이 동공이 그려져 있지 않은 "당신의 눈 속에서" 생겨나고 있다. 바라보는 동공으로서 주체가 사라진 자리에 응시의 대상으로서 붉은 방만이 존재하는 것. 이는 당신이라는 존재가 환상 속의 그대이며, 당신이 머무는 공간인 붉은 방은 "낯선 천국에서나 열릴 수 있는" 허구라는 것이다. 바라보는 주체로서 동공이 사라진 자리에 대상인 붉은 방마저 허구임을 깨닫는 결핍, 간극, 빈 자리. 니힐임에는 틀림없으나, 허무마저 무화하는 끝없는 자기전복은 우시인의 나라 그 자체이다.

3. 우울한 저항

슬픔의 심연, 허무의 나락에서 간혹 수면위에 떠오르듯 우시인이 세상 속에 살고 있다는 존재의 증명은 저항의 몸짓이다. 그는 태생적 마산 사람이다. 마산에서 나고 자라며 겪었던 항쟁의 정신사가 오롯이 그의 문학의 모태가 되었다는 뜻이다. 엄밀하게 말해 그는 1979년 10.18 부마민주항쟁 세대이다. 유신철폐와 독재타도를 외치고 분연히 일어섰던 며칠간 그가 항쟁에 참가했다는 실증주의적 논거는 없다. 사실 모든 민주혁명사와 계급투쟁사에 있어 실증론은 진실의 기록을 넘어서는 순간, 의도와 전략 아래 항상 빈 껍데기이거나 왜곡되어진다는 점에서 공허하다.

흥미로운 점은 부마민주항쟁 세대의 시인들에게 있어, 직정적 리얼리티를 대놓고 앞세운 부마민주항쟁의 시가 없다는 것이다. 사실, 부마항쟁 20주년을 맞이하던 1999년 '반국가 폭도, 난동'으로 정의되던 '부마사태'가 가까스로 '부마민주항쟁'으로 명예 회복될 정도로 우리의 역사 인식은 일천하기 짝이 없었다. 그날의 역사가 당대의 역사이며, 먼 훗날의 역사로 거듭 갈무리되어 영원성을 띠고 나아가야 할 지향점이 상실된 시대에 시인들은 침묵하였다. 동시대 세대로서 함께 살았던 시인들은 그날 벌어진 일을 두고 놀라서 바라보던 구경꾼이다. 아니면 평온만이 국민의 덕목이며 사회질서의 가치로움이라는 관료주의적 견해에 함몰된 대중일 뿐이다.

구경꾼은 아니고, 관료주의적 견해에 대해서 발끈하게 거척하는 우무석 저항의 지점은 어디인가? "만약 그가 천재적인 동시에 현실정치적으로 부마항쟁의 시를 썼더라면"이라는 가설이 존재하지 않는 지점. 이념을 탐욕하기보다 이념에 절망하던, 부르주아 민주주의의 사회적 한계 체험에 환멸하던, 아부근성도 아니고 비굴한 노예근성도 아닌, 현실 무익하고 성과가 없는 이상주의적 투쟁에 남다른 몰입을 하던 지점. 역사의 격변기에 불가지론적 지점에 서있던 이른바 정신적 엘리트를 두고 루카치가 변호하던 "차라리 절망이라는 비관주의가 현대 문제에 대해 정상적이고 도덕적인 태도"50) 라는 지점을 두고 나는 우울한 저항이라고 규정한다.

    햇빛과 햇빛 사이에 자리하던
    아름다웠던 힘이 아직
    우리에게도 남아 있었구나.
    무심하게 지나쳐 가고 오다
    문득문득 일깨우는 생각 앞에
    우리는 미안하구나, 그대
    바람 많은 강산의 슬픔 혹은 아픔들
    지금도 여전히 아득한 앞날을 두고
    서리보다 맑은 눈물 흘리고 섰을 때
    세상 모든 이의 마음도 함께 쌓여서
    흘러가는구나, 그대에게
    마침내 다시 서면
    죽음 단단히 여문 뼈로 높아간
    깨어지는 하늘가에
    보이는 그대
    시대의 대문을 열라 하는구나.
    하여, 어찌 그대 앞에서
    절망이 쉬운 말이겠는가.

                          ―「3.15의거 기념탑 앞에서」 전문

---

50) 루카치, 한기상 외 여럿 번역, 『이성의 파괴』(심설당.1997) 91쪽

3.15의거 기념탑 앞에서 서정적 자아인 '나'가 미안한 것이 아니라, '우리'가 미안하다. 이른바 자기의식에 폐칩된 것이 아니라, 시대와 역사의식에 문제적 개인으로 참여해야 할 우리이다. 그런데 '우리'는 몽매할 뿐 아니라, 심지어 '무심'한 대중일 뿐이다. 서정적 자아는 마치 속죄양처럼 "서리보다 맑은 눈물"을 흘리고 그 눈물만큼 "세상 모든 이의 마음도 함께 쌓"이기를 희구한다. 그리하여 우리 모두 "시대의 대문"을 여는 소명의식을 지니고 "절망"을 떨치고 일어나기를 바란다.

3.15의거 영령들은 "죽음 단단히 여문 뼈로 높아간" 자리에 아직도 단절된 역사인 "깨어지는 하늘가에" 있는데, 우리는 아직도 '절망'과 '무심'의 자리에 있다. 우리의 적은 우리다. 우무석 시인이 절망하는 지점은 어디인가?

> 이제 탑 앞에는
> 국회의원 모씨의 화려한 꽃다발이 놓이지 않아도 됩니다
> 그날만 되면 한떼거리 몰리는 잡것들의 기념사가 울리지 않아도 됩니다
> 마산사람들 가슴에 품은 탑의 숨결이 있고
> 서슬 푸른 정신이 살아있는 한
> 3.15의거는 영원한 생명으로 이어질 것을 알기 때문입니다.
>
> ―「다시 탑 앞에 서서」 부분

3.15의거는 세상에 대한 허위의식으로 가득한 이데올로기가 아니다. 그날의 함성은 진리이며 참이다. 문제의 핵심은 후대의 사람들이 3.15의거를 이데올로기를 앞세운 불순한 책략으로 정치적 도구화로 의장하는 데에 있다. 그들은 3.15의거의 정신사적 가치인 자유와 정의, 그야말로 막스 베버의 말처럼 "정당한, 다시 말해서 정당하다고 주장되고 있는(자유와 정의를 앞세워) 폭력 수단에 기초를 두고 있는 인간에 의한 인간의 지배"를 하고 있다.

그들은 말끝마다 정의로움을 내세우면서 자신이 진정한 자유 투사인 것처럼 하여 입지의 발판으로 삼는다. 권력, 이른바 마산 권력을 향한 불순한 책략은 김춘수의 시「베고니아 꽃잎처럼이나」선연한 학생들의 피에 대한 기만이며 모독이다.

우무석 시인이 '무심'을 탓하는 지점은 어디인가?

마산에는
시대와 체제와의 불화는
당연히 있어서 안되는 일

오로지 하나
좋은 게 좋다는
실천만 있어야 한다.

상상조차도 공허해지도록
무력과 무능으로만
실천 또 실천하라!

신화적 낭만주의에 빛나는
노산의 시적 명예를 지켜라
부도덕한 어둠은
과반수의 민주주의로 가릴 수 있다.

이제 마산은
행복한 글쓰기가 이뤄지지 않는 곳

부끄러움도 없고

　　정신도 빠져나간

　　텅 빈 노산 귀신이 둘러쓰인 동네

　　문화의 폐허로다

　　　　　　―「奴山 문인에게 고함―인정투쟁을 위하여」부분

　　헤겔의 '명예를 둘러싼 투쟁'으로부터 비롯된 '인정투쟁'이란 "권력 관계에서 우위에 있는 자들이 '금지할 수 없는 금지된 실천'을 부정하고 무시하면서 실제로는 이익을 취하려는 것"에 대한 적시이다. 범박하게 말해 '지배할 것인가, 혹은 지배당할 것인가'라는 주인과 노예의 변증법이다.

　　위의 시는 "좋은 게 좋다는 실천", "무력과 무능으로만 실천"이라는 반어 아래, 인정투쟁을 강요하는 세력 ― 언뜻 주체와 주인인 듯한 ― 이란 본질적으로 노예근성을 지닌 것이라는 독설을 뿜어내고 있다. 민주화의 성지인 마산의 표상이며 큰바위 얼굴인 노산 이은상이 마산 3.15의거를 '이적행위'하고 단정하고 "비정상적 사태, 무모한 흥분"(『조선일보』, 1960.4.15.4면)이라고 한 것과 더불어 자유당 정권 수호에 앞장선 행동 역시 널리 알려진 일이다.

　　"부도덕한 어둠은/과반수의 민주주의로 가릴 수 있다."라는 반어 역시, 기존 「노산문학관」과 「마산문학관」의 논쟁을 2003년 12월 마산시민위원회가 「마산문학관」으로 심의 종결한 사안에 대해 2005년 2월 마산시의회 기획행정위가 의회의 적법성과 다수결을 앞세워 '마산문학관 운영조례안'을 부결시킨 것을 말한 것이다. 다수결의 원리가 의회 민주주의에서 온전히 기능한다고 생각하는 것은 공상적인 환상이다. 연합하는 인원 혹은 세력에 비례할 뿐이며 더욱이 무서운 것은 여하간의 폭력을 사용하는 일없이 반대 견해를 질식시키는 것이다. 한나 아렌트가 말하는 이른바 "권력의 극단적인 형태는 한 사람에 반하는 모든 사람이며, 폭력의 극단적인 형태는 모든 사람에게 반하는 한 사람이다"51)를 떠올리게 한다.

유감스럽게도 우무석 시인은 "모든 사람에게 반하는 한 사람"이다. 마산 3.15의거의 권위가 매도되고 방기되는 자리, 공소한 문화적 이상과 허구적 유토피아만이 형해화된 자리, 빗장난 주체들의 무한 침묵 속에 모르쇠로 굳게 잠겨져 있는 왕국의 자리, 보들레르가 말하듯 "세계의 파멸은 정치 제도에서가 아니라, 영혼의 비열함 속에서 나타날 것"이라는 자리에 우무석 시인은 우울한 저항을 푸른 입에 물고 한없이 비를 맞고 섰다. "참된 것은 거짓에서 찾아낼 수 없다."52)는 헤겔의 말을 빌어 충고하는 나의 말은 귀담아 듣지도 않는다.

4. 순정한 인간, 구원

"지옥은 비어 있고, 악마들은 여기에 다 있다."53) 이는 일부 급진적 기독교에서 다른 종교를 악마적이라고 하고 배제하는 것을 말하는 것이 아니다. 인간의 열망, 고통, 외침, 탄식, 분노 등 모든 것이 은근하고 대수롭지 않게 사라지고 잊혀지고 소멸되는 것에 대한 이야기이다.

제 스스로의 아픔으로 일어서고
무너져내리는 한 시대의 이 땅

---

51) 한나 아렌트, 김정한 역, 『폭력의 세기』(이후, 1999) 71쪽
52) 헤겔논리학, 서문, 김기숙 역, (서문문화사, 1983) 40쪽
53) 셰익스피어, 「템페스트」, 비비안느 포레스테, 박은영 역 『고요함의 폭력』(동문선, 2001) 12쪽 재인용

온전히 살기에도 지치고

살기 어려울수록 짙어오는 설움은

사랑 혹은 죽음 같은 것들 앞앞에서

말씀은 이미 좋은 추억이 되었더니라

그 말씀 지극할수록

믿음은 자욱한 고통

단단한 꿈조차 없는

어질머리의 선잠일 뿐

다만 무서운 것은

캄캄하고 캄캄한 시대를 흘러가는

정직한 아픔만 싱싱히 살아 있더니라

하여, 이대로 죽어버리고도 싶더니라

이제, 천사의 별들은 중심을 잃어갔으니

하늘의 땅에 심어진

우리나라 좋은 봄

그늘 한가운데 앉아

욥이 더운 피로 햇빛을 식히고 있더니라.

—「구약강론― 욥기」 부분

　시적 화자는 구약성서에 욥이 살던 후스(hus)마을에 있다. 사탄이 들어 하느님의 대리자이자 총아인 욥을 시험에 들게 하였다. 욥은 죽음보다 더한 제1시련, 제2시련을 겪으면서도 "마지막 날에 나는 반드시 땅에서 일어나리니, 내 가죽에 덮힌 내 몸으로써 나는 내 하느님을 뵈오리라. 내 스스로 그를 뵈오리니, 내 눈이 바라보리로다. 다른 남이 아니로다. 나의 이 희망은 나의 가슴에 간직되어 있느니 !"(구약성서19:23-27) 라고 하며, 현세의 고통을 후세의 행복이라고 여기며 감내하였다.

　이 시의 화자는 "그(욥) 말씀 지극할수록/믿음은 자욱한 고통"이라고 하면서도 "정직한 아픔만 싱싱히 살아"있다면 "이대로 죽어버리고도"싶으며, "욥이 더운 피로 햇빛을 식히고"있다는 믿음으로 스스로를 위무하고 있다. 그것이 시대와 역사에 대한 탄식과 분노이건, 혹은 무력한 자신에 대한 고통과 슬픔이건 적어도 그는 더운 피를 가진 인간에 대한 열망을 버리지 않겠다고 다짐한다.

　우무석 시인에게 있어, 열망은 나무로 표상되는 십자가의 상징을 지나 구원으로 수렴된다.

　　　모든 나무들은 십자가다 산비탈의 나무들 벌 받듯이 비스듬한 제각각의 삶 버티고 서서 한 시절 보낸다 아침마다 시냇물소리로 재잘대던 흰 새떼 한번 떠나간 후로는 돌아오지 않는다 진종일 불던 바람에 푸르스름한 안개 속의 한 생애가 시나브로 흔들린다 온전히 내어맡긴 삶, 눈물 많은 땅에 뿌리박아 고통스러운 사랑 붙들려니 숱한 슬픔의 나뭇잎들 우수수 떨어진다 쓰러질듯 쓰러지지 못함이여, 오만가지 시름도 겨워라 가쁜 숨길로 겨우 어깨 일으켜보면 세상은 언제나 바람의 그늘 안에 갇혀만 있다 그 어느 날 여린 향기 설레며 환한 꽃잎 피울 때까지 온몸 남김없이 바쳐야만 하는 춥고 어두운 기다림, 진한 사랑의 상처 깨물며 오늘밤도 속울음으로 타들어가는 나무들.

　　　세상의 나무들은 모두 십자가가 된다.
　　　　　　　　　　　　　　　　 ―「나무들에 대한 묵상 2」 전문

　나무의 수사학 이전에 나무는 자아정체성 혹은 자기 정신의 체현과도 같다. 나무가 시간적 존재이며, 동시에 영원한 존재라는 것, 나무가 대지의 중심이라는 것은 이론의 여지가 없다. 많은 이들은 나무가 빛을 따라 존재한다고 믿지만 나무가 자라면 자랄수록 어둠의 그림자가 깊다는 것을 깨닫지 못한다.

위의 시를 보듯이 나무는 형벌을 받는 것이며, 고독과 눈물, 슬픔과 시름 모두 "바람의 그늘에 갇혀", "춥고 어두운 기다림" 속에 "속울음으로 타들어"간다. 푸르름을 지향하는 빛의 욕구 못지않게 감내해야 하는 그림자와 침묵 속에 비로소 성자와 같이 "세상의 나무들은 모두 십자가"로 탄생한다. 이는 우리가 바라보는 세상 모든 것이 축복으로 가득하다는 행복한 신념을 옹알거리는 것과 다르다. 한없이 빛나는 이파리만큼이나 "속울음으로 타들어가"는 우울하고 슬픈 나무의 그림자를 끌어안아야 한다는 것이다. 채워짐과 비워짐, 빛과 그늘의 기표로서 나무는 인간의 삶이며 동시에 성자의 삶이다.

그러한 까닭에 우무석 시인은 "나무 근처에 와서 쓸쓸히 어두워지는"(「나무들에 대한 묵상2」) 상처를 반추하는 것이며, "그리움도 외로움도 없이 이슥한 달빛 아래 어깨 웅크리며 골목길 담담하게 서성이는 아내"(「나무들에 대한 묵상2」)를 닮아 기다림에 힘겨운, 그러나 언제나 나를 부축해주는 나무를 처연하게 바라보며, "쓸쓸한 작은 상처, 나무이파리 하나 승천하는"(「나무들에 대한 묵상2」) 이른바 삶과 죽음이 순간에 명멸하는 아름다운 이별을 가늠하기도 한다. 이 모든 것은 나무가 "크낙한 순명의 껴안음"(「단풍 들다」)을 지녔기 때문이다.

> 무어 그리 할 말 많았던가, 어리석게
> 겨울 하늘, 상징의 뼈들로 곧추선 나무들 모두
> 제 나름의 십자가인 것을.
>
> —「꿈꾸는 나무들·1」 부분

이글을 마칠 즈음, 나는 우무석 시인이 썼던 위 구절을 그에게 헌사로 바친다. 시인의 말대로 죽음이란 "막간에 담배 피러 간 것"(「막간」)이며, 인간 세상사 "시든 구름조차 없는 천진무구의 오월 하늘 뿐"(「소쿠리 안의 뜬구름」)인데 누구를 원망하고 꾸짖는다고 해서 "가슴소가지만한 소쿠리 안에 뜬구름"을 다시 불러들일 수 있는 일도 아닐 터, 잊어버려야 산다. "투명한 영혼에다 손톱자국 꼭꼭 새겨놓던 아픔"(「저녁, 황강 지나며」)도 "홀로 나을 때까지 내버려두어야 할/황홀한 상처"로 여기고, "많은 날들을 살아 온 헛된 마음을 벗어던져/저 불길로 활활 태워버"(「노을」)려야 산다.

거짓, 배신, 고뇌, 죄책 모두 나무가 크다보면 그늘도 깊은 것에서 비롯된 것이다. 자기 구원의 길은 악과 거짓을 거척하는 데에 있는 것이 아니라, 자기 선善과 진정성이 최선의 것이 되고, 많은 이들에게 사려 깊은 일이 됨을 당신을 아끼는 김윤식 선생님께서도 안암역 지하철 입구에서 내내 당부하셨다. 눈을 감으면 비로소 보이리니, 안으로 치열한 시인으로 거듭나기를 바란다.

몽둥이찜질, 황홀한 적바림
- 정일근의 시

1. 들어가며

　시력 30년에 11번째 시집 『방.』을 내는 정일근 시인이 「바다」 연작제마다 '적바림'이라 했다. 나중에 참고하기 위해 글로 간단히 적어 둠. 자신의 시를 일컬어 살펴 생각하여 쓴 간단한 글이라 한다. 그리고 보니 말을 줄인 시가 많다. 말을 놓아보아라, 비로소 마음이 보이리라. 심지어 "시가 나를 방! 해서 나는 시를 받아 적었다."라 한다. 말하자면 내가 시의 언어를 부려 쓴 것이 아니라, 몽둥이(棒) 찜질에 나의 늑간(肋間)에 전해진, 혹은 세상의 신음을 듣고 전할 뿐이다.
　언어가 앞서있어서 온갖 사물과 세상이 그에 따라 지시되고 규정된다면 언어는 자기목적의 지향점에 따라 달라지는 담론이 된다. 언어가 환기하는 자의적 의미망에 따라 모든 것을 판단하고 개념화한다면 언어의 감옥에 스스로를 가두는 것이다. 우리가 사는 세상이 감옥이라고 느꼈던 때는 거대담론의 서사가 세계를 지배했던 때이다. 목숨을 다해 진정성의 시를 쓰는 것이 경건한 정열이라고도 하였다. 인간의 행동보다 말이 앞장서는 때는 늘 불행하다. 순연하여 자유로운 몸짓을 막아선 것은 세 치 혀의 말이다. 게다가 살아있는 자를 죽게 만들고 죽은 자를 살려내는 말은 그야말로 독인 동시에 약이다. 말이 많거나 큰 소리를 내면 거짓이거나 짐짓 악한 체 하는 것이다. 말이 적어질수록 편안하고 말소리가 낮아질수록 속내는 담대하다.

2. 심재心齋 혹은 시즉방詩卽棒

정일근의 시집을 읽는 내내 떠날 수 없는 실마리가 심재心齋였다. 심재에 관한 안회顔回의 물음에 공자는 "자네는 전심일지專心一志하여 귀로써 듣지 말고 심心으로써 듣고, 심心으로써 듣지 말고 기氣로써 들으라. 귀로 듣는 데서 그치고, 심心은 부합하는 데서 그치라. 기氣라는 것은 허虛하되, 어떤 사물이든지 받아들일 수 있는 것이다. 오로지 도道만이 허虛를 모여들게 한다. 허虛하게 되는 것이 곧 심재心齋이다."(『장자莊子』,「인간세人間世」)라고 말하였다.

『장자莊子』를 통관하는 심재란 눈으로 보고 귀로 듣는 이른바 耳目이 누累가 되어 성정을 해치는 것을 경계한다. 싫어하고, 좋아하고, 기뻐하고, 노하고, 슬퍼하고, 즐거워하는 모든 것이 기욕嗜慾에서 비롯된 만큼 이는 스스로를 옭아매는 질곡일 따름이다. 욕망이 헛된 욕심을 불러일으키고, 집착이 갈마들어 결코 자유로울 수 없다. 마음 역시 '제 마음'에 연연하여 내가 바라보는 것만이 참이라고 여기거나 주관적 판단과 선입지견이 너울이 되어 자신의 참모습을 볼 겨를조차 없다. 마음을 놓아보아라, 비로소 마음이 보이리라. 나와 결별하는 순간, 비로소 나를 만난다. 나를 버리자, 비로소 물물物物이 자재自在하는 기氣를 체득한다.

말라비틀어진 육체는 주검에 가깝고 뭉텅뭉텅 잘린 가지 끝은 더 이상 붙잡

을 허공의 인연이 없어

    그렇게 떠나실 줄 알았는데 은현리 늙은 감나무가 입이 있는 곳마다 혀를 내민다

    열반에 든 팔십 부처가 마하가섭에게 두 발 내밀 듯 혀를 쑥 끄집어낸다 봐라 봐라 할 말이 남았다는 듯이 혀를 보인다

    그때였다 기다렸다는 듯이 무량햇볕이 혀들을 다림질해서 말끔하게 펴놓는 감나무 새잎 피는 오월의 야단법석野壇法席

    아직 끝나지 않은 저 늙은 감나무의 연초록 경전을 다시 읽기 위해 바람은 촛대 끝에 가부좌로 앉았다

    유월의 감꽃과 시월의 붉은 감으로 증명할 혀의 법문이 다시 시작되었다.

—「혀」 전문

    은현리 늙은 감나무의 육체는 이미 "주검에 가깝"다. "허공의 인연"조차 없어, 상생을 기약할 수조차 없다. "그렇게 떠나실 줄 알았는데 … 입이 있는 곳마다 혀를 내민다." 이를 두고 영산회상에서 염화시중의 미소로 화답하던 가섭존자가 두타행으로 뒤늦게 부처의 열반에 참례했을 때, 니련하 옆에 놓여 있던 곽 밖으로 부처가 두 발을 내어 보인 것에 비견한다. 화자는 두 발이 아니라, 할 말이 남아있는 '혀'라고 하였다. 혀, 설舌, 설說. 수많은 혀와 말이 있지만, 전혀 시끄럽지 않아 오히려 성스러운 자리. 많은 사람이 모여들어 떠들썩하고 부산스럽게 구는 야단惹端이 아니라, 본디 뜻 그대로 야단법석野壇法席, 야외에서 크게 베푸는 설법의 자리인 것이다.

은현리 늙은 감나무는 수많은 혀를 보이지만, 허허롭고 고요한 가운데 "유월의 감꽃과 시월의 붉은 감"을 길러낸다. "주검에 가깝"지만 죽지 않아, 열반에 든 부처와 같다. 화자는 "늙은 감나무의 연초록 경전... 혀의 법문"을 기氣로 듣는다. 이른바 무성지성無聲之聲, 소리 없는 소리를 주검 너머의 기氣로 감통感通한다. 물물의 기가 자재하며 천변만화千變萬化를 낙락하게 즐기는 자리에 무릉이 있음은 마땅하다.

   천 년 전의 일 어제인 듯 말하는 목소리 들었다
   천 년 후의 일 내일인 듯 말하는 목소리 들었다

   거슬러 솟구치는 폭포를 따라가면 무릉 가는 길이 있다
   천 년에 한 번 산이 제 몸 다 드러낼 때 무릉이 있다
   더러는 바람이 더러는 물소리가 전하는 비전秘傳이다

   무릉에 가면 살고 죽는 것이 없다
   무릉에 가면 기쁨과 슬픔이 없다
   무릉에 가면 너와 내가 없기에
   무릉 가는 길을 찾는다

   누구는 무릉은 없다 칼로 자르듯 말한다
   큰 산에 떠도는 오래된 풍문일 뿐이라 말한다

   아서라, 말이 끊어진 곳에 무릉 가는 길 있다 했으니

   무릉 가는 길을 묻는 사람 아직 있기에

무릉 가는 길은 어디에도 없다

무릉 찾는 사람 아직 있기에

무릉은 그곳에 있다.

—「무릉武陵 가는 길 - 지리산4」 전문

"천 년 전의 일이 어제"이고 "천년 후의 일이 내일"인 곳에 무릉이 있다. 언뜻 무상함을 말하는 듯하나, 이는 평정심에서 비롯된 것이다. 무상함이란 당나라 시인 유정지劉廷芝의 「대비백두옹代悲白頭翁」의 일절 "年年歲歲花相似/歲歲年年人不同"(해마다 피는 꽃은 저마다 비슷하건만/해마다 사람은 같지 않다네)와 같다. 이보다 더 나아가 평정심이란 사물의 유전변화流轉變化를 영원과 순간이 맞닿은 지점에서 읽어내는 데에서 비롯된다. 그것은 맑은 우물물과 같아서 비록 숱한 사물의 유전변화로 우물물에 비추어진 세계가 변화무쌍했다고 하나, 우물물은 한번도 변한 적이 없는 것과 같다. 인간의 영욕과 애증, 기쁨과 슬픔, 분노와 섣부른 이해로부터 초연한 세계이다.

사실 무릉은 소박하기 때문에 아름답다. 영고성쇠가 부침하는 진세와 다른 까닭은 그 곳에는 물물의 자유자재가 있을 뿐, 여하간의 작위가 존재하지 않기 때문이다. "무릉에 가면 살고 죽는 것이 없다/무릉에 가면 기쁨과 슬픔이 없다."에 이르면 마치 『열자』에 나오는 화서씨華胥氏의 나라와 같다. 기욕嗜慾이 없어 생生도 모르고 사死도 모른다. 남을 이롭게 하거나 해칠 줄도 몰라 사랑도 모르고 증오도 모른다. 무無에 있어도 유有에 있으며, 설령 유有라 하더라도 무無와 같은 세계이다. 따라서 그 세계에 "너와 내가 없기에"無 "무릉 가는 길을 찾는다"有 더 나아가 "말이 끊어진 곳에 무릉 가는 길 있다 했으니" 말이 사라진 자리에 평정심만 허허롭다. 말이란 본디 '나'를 앞세우기 마련인데, '나'가 앞선 것은 욕欲 때문이다.

제3부 고백들 231

식욕은 속이 비었을 때

입이 궁금해서 찾아오는 허기 아니다

은현리에서 식욕은 뱃속에 똥이 찰수록

커지는 욕이다

먹고 또 먹고

쉬지 않고 먹는 똥이다

사람이 똥 먹고

똥이 사람 누는

큰 욕이다.

—「욕, 식욕」 전문

일반적으로 식욕이란 속이 비어 찾아오는 허기의 탓이다. 그러나 은현리에서 식욕은 "뱃속에 똥이 찰수록 커지는 욕欲/辱"이다. 기름지고 맛있는 음식을 먹고 싶어 할수록 스스로를 꾸짖거나 부끄러운 욕이 더욱 커진다. "먹고 또 먹어도 쉬지 않고 먹는 똥"이다. 스스로 똥이라고 여기는 것 또한 화자가 지닌 제2의 천성이다. 설령 남들이 "너는 똥이다."라 해도 안분지족이어서 이미 족하다. "사람이 똥을 먹고 똥이 사람 누는" 큰 욕은 화자에게 있어 대덕大德과 같다. 욕 너머 몽둥이찜질까지 가는 길에 다음 시가 있다.

장자의 소요유편은 북명의 곤이 붕이 되어 남명으로 날아가는 것이 끝이지만
곤이 붕이 될 때 알 하나가 튀어 태백산 신단수에 숨은 것을 장자는 보지 못
했는데

억겁에 한 번 눈 밝은 시인이 동쪽에서 태어나 그 나무 찾아내 시詩의 채찍
휘두르는데

화들짝 놀란 알이 시가 되어 날아가는데

단숨에 구십 겁 치솟아 육백 겁 날아 우주를 감싼 주머니인 허虛를 쭉 찢고 가는데

방!

——「소요유逍遙游 외편外篇」 전문

위 시는 장자 소요유 편의 첫머리 글귀 "북명의 곤이 붕이 되어 남명으로 날아가는" 이른바 광활한 세계에 자유롭게 놀고 있는 호방한 기개를 들내고 있다. 그런데 난데없는 '외편'을 두어 "곤이 붕이 될 때 알 하나"가 "태백산 신단수"에 숨었고, "눈 밝은 시인"이 "그 나무 찾아내 시의 채찍 휘두"르자, "화들짝 놀란 알이 시가 되어", "허虛를 쭉 찢고 가는데", 겁과 찰나가 통합되는 순간을 일컬어 "방!"이라 한다.

궁극적으로 "시"의 "알"은 겁과 찰나가 채찍과 방을 오가며 체득하는 '도道'이다. 시인은 이른바 수행자와 같아서 스스로를 꾸짖呵거나, 고함喝치거나, 몽둥이棒로 내리치거나 하여, 일체의 번뇌 망상과 사량 분별심과 알음알이를 제거하여 '허虛'에 자신을 두고자 하는 사람이다. 그야말로 임제할臨濟喝, 덕산방德山棒이다.

그런데 거창할 것 같은 "시즉방詩卽棒"이란 것도 임제가 조실스님인 황벽에게 주장자로 실컷 두드려 맞고 "황벽 불법은 지극히 간명하구나元來 黃蘗佛法, 無多子"라는 것을 깨닫듯이 별 것 아닌 것이다. 장자 소요유 '외편'이라고 일컬으며 자리잡은 임제할 덕산방이 장자 소요유 내편과 다를 바 없다는 사유의 근저란 무엇인가?

『장자莊子』,「내편內篇」제일第一, '소요유逍遙遊'를 글 뜻 그대로 풀어내면 '자유

롭게 이리저리 슬슬 거닐고 돌아다니며 놀고 있는' 것이다. 자유로움은 거짓된 덕망, 헛된 공명, 부귀와 이익으로 허청되는 나의 마음을 비웠기 때문이다. 놀고 있음은 주체와 객체의 구분과 경계는 물론, 섣부른 선입견과 편견으로 가득한 자기가 없으므로 비로소 물아일체의 낙락함을 누리고 있다. "이슬 안에는 내가 쪼그리고 앉아 나를 빤히 보고 있"는 세계에서 "자신의 몸을 둥글게 빚고 있다."(「둥근 새벽」) 그러므로 "지인知人은 자신이 없으며, 신인에게는 공이 없고 성인에게는 명예가 없다."(至人無己 神人武功 聖人無名 -「莊子」)

"이름과 이름 사이에 외外란 담이 있"(「外, 그 뒤」)듯이 우리가 사는 세상은 섣부른 가치의 잣대로 숱한 경계를 이루고 있다. 방내方內 혹은 방외方外, 높은 것과 낮은 것. 그러나 높은 것은 낮은 것이 있기 때문이며, 낮은 것은 높은 것이 있기 때문이다. 이 둘은 서로 여의지도 않고, 이 둘은 즉卽하지도 않는다.

> 해발로 높이를 재는 산의 정상은 바다의 끝, 그곳까지 올라가야 진짜 바다가 시작된다. 바다를 만나려는 사람이여 산으로 가라.
>
> ―「바다의 적바림·2」 전문

해발海拔이란 해수면으로부터 계산하여 잰 육지나 산의 높이다. 높이란 가장 낮은 곳으로부터 비롯되어 높은 곳으로 거슬러 잰 것이다. 바꾸어 말해 높은 곳은 가장 낮은 곳이 있기 때문에 우뚝하다. 정상이란 우뚝한 곳에 선 것이 아니라, 자신이 선 자리가 가장 낮은 곳에 있다는 것을 깨닫는 데에 있다. 나중에 참고하기 위해서가 아니라, 두고두고 새기기 위해 말을 줄이며 적어 둔 적바림이다.

3. 사랑의 몽둥이찜질

　1998년 불혹의 나이에 뇌종양으로 쓰러진 그가 두 차례의 뇌수술을 받고 기적적으로 살아 2001년부터 은현리에 깃들어 살고 있다. 그는 "신이 주신 나머지 생을 오로지 시인으로 살다 끝내는 시인으로 죽을 것"(「제18회 소월시문학상 수상, 자전적 에세이」)이라고 한다. 귀뚜라미 소리와 벗하고 있는 집 청솔당 聽蟀堂. 이제 그는 은현리의 뜨거운 피 한 방울이고 싶다.

> 하늘이 수수방관 얼어버렸다
> 땅이 속수무책 얼어버렸다
>
> 그 사이 은현리 산山수도꼭지
> 혼자 깨어 얼지 않으려고
>
> 혼신의 힘을 다해 물 한 방울
> 또르르 굴려 똑, 떨어뜨릴 때
>
> - 저 뜨거운 피.
>
> —「피」전문

　은현리의 하늘과 땅이 어찌할 도리가 없이 얼어버렸다. 얼어버린다는 것은 마치 피처럼 순환되는 물을 마르게 하여 고체로 화하는 것과 같다. 동결되어 기식氣息이 없는 은현리에 "혼자 깨어 얼지 않으려는 … 물 한 방울"은 화자의 "뜨거운 피" 한 방울이다. 얼어붙은 세상에 혈맥을 타고 흐르는 따스한 피 한 방울이고 싶다. 그는 "피 뜨거운 이 종이 위에/너는 꽃 한송이 피워보았는가/너는 씨앗 한 톨 품어 보았는가."(「씨앗이 시詩에게」)라고 스스로를 채근한다.

이는 마치 보들레르적 피의 상상력과 흡사하다. "이따금 나는 느낀다. 콸콸 내 피가 흘러내림을/장단 맞춰 흐느끼는 샘물과도 같이/긴 속삭임으로 피 흐르는 소리 잘도 들리나,/아무리 더듬어 봐도 상처는 찾을 수 없다."(보들레르, 「피의 샘」 1연) 궁극적으로 "피에 대한 목마름의 본질 – 그것은 가장 원초적인 형태에 있어서, 삶의 도취이다."(E.프롬, 「인간의 마음」)

정일근 시의 젖줄은 "피 뜨거운" 사랑이다. 사랑이 구겨지면 그리움이다. 그리움이 부서지면 기다림이다. 기다림마저 다하면 그는 황홀하게 아프다. 그리움, 기다림, 그리고 아픔, 죽음조차 뛰어넘는 사랑의 위대함에 다음 시가 있다.

> 고래잡이업자들이 1962년 11월 1일 발표한 포경공동작업에 대한 협약서 3조 4항에 새오라는 말이 나오는데
>
> 귀신고래 암컷이 포경선의 작살을 맞으면 수컷이 그 곁을 맴돌며 떠나지 않을 때 새오붙었다 하는데
>
> 그 수컷을 새오라 하는데
>
> 결국은 암컷 따라 함께 작살 맞는 수컷을 새오라 하는데
>
> 일흔 해 가까이 같이 살며 암컷은 열두 달을 임신해 새끼 낳는 귀신고래라는데
>
> 새오라는 운명의 그 말을 아는 순간부터 당신을 생각하는데.
>
> ―「새오」 전문

귀신 고래 암컷이 작살에 맞으면 수컷이 그 곁을 떠나지 않다가 결국 암컷 따라 함께 작살 맞는 것을 떠올리며 "당신을 생각"한다. 사랑은 운명을 함께 하는 것이다. 행복과 불행에 대해 눈 감고 있는 운명 앞에 사랑이란 얼마나 부질없는 것인가? 운명을 받아들이든 거부하든 간에 우연과 필연 앞에 내던져진 인간. 그럼에도 불구하고 운명 앞에 인간이 위대한 것은 사랑이 있기 때문이다. 죽음마저 초월한 사랑은 이미 운명을 지배하는 것이다. 인간은 운명을 두려워하지만 사랑을 동경하는 까닭에 결코 외롭지 않다.

"귀신고래 암컷이 포경선에 작살 맞"은 것을 수컷은 원망하지 않는다. 이는 마치 "아비가 죽어 집이 가난한 탓에 자식을 팔아 장사를 치르는 데에 북받치는 슬픔"(『공자가어』)과 같다. 아비를 원망하거나 가난을 탓하거나 혹은 이런 운명에 처해있음을 안타까워하거나 간에 틀림없는 사실은 모두가 사랑하고 있다는 것이다. 사랑한다는 것은 "내가 먼저 용서의 편지를 쓰"(『하얀 민들레』)는 일이다.

누군가 붉은 꿈을 아프게 꾸나보다 꽃잎이 붉어지며 바람이 뜨거운 밤 제 허물을 벗어놓고서 뱀 한 마리 기어간다

당신이 가는 길을 나도 따라 가느니 사랑과 이별이 한 몸이라 하였으니 그대 답하라 사는 일 죽는 일 무엇이 다른가

차가운 전생에서 여기까지 따라와서 붉가시 그 하나가 심장 깊이 박히는데 심장 더 깊은 곳에서 내생來生의 눈씨 반짝이며 불 켠다.

― 「붉가시나무의 사랑」 전문

정일근 시인의 사랑과 이별은 늘 붉다. "적색은 차갑다."54) 붉가시나무

의 전생은 차갑고, 현생에서 "붉가시 그 하나가 심장 깊이 박"혀, 내생에 "눈씨 반짝이며 불 켠다." 이는 적색이 "색의 강도와 에너지가 충만하면서도 활력을 밖으로 발산하지 않고 스스로 불태우는"(같은 책, 446쪽) 것과 같다. 한껏 차올라 가득하지만, 차가운 사랑이 견딜 수 없는 아픔이 되고, 언젠가는 내밀한 불이 되는 자리란 무엇인가? 그것은 "몇 백이나 몇 천 광년이 지나야/툭 끝을 칠/사람이 앉았던 따뜻한 깊이"(「뒤-蘭에게」)이다. "눈물 한 방울에 그 붉어지는 바다 다 담을 수 있는 사람"(「바다의 적바림·4」)이 그리운 사람을 그리워하며 "내 바다에 붉은 피가 흥건하게 묻어나는 이유"(「바다의 유언」)를 되새긴다. 차가워서 따뜻함이 더욱 묻어나는 자리인 것은 인연의 아름다움을 귀하게 여기기 때문이다.

> 어디서 왔는지 어디로 가는지 바다와 몸을 섞어 한바탕 꿈을 꾸고 질펀한 분내 비린내 가라앉기 전인데, 수천수만 돌고래 떼가 바다에서 흔적 없이 사라지고 콩 한 자루 길바닥에 흩뿌려진 그 다음처럼 찰나에 낱낱이 깨어져 사라지는 저 바다의 길, 길,
>
> ─ 「바다, 인연」 전문

"수천수만의 돌고래 떼가 바다에서 흔적 없이 사라지"듯 수많은 사람과의 인연 역시 덧없다. 그 모습은 "찰나에 낱낱이 깨어져 사라지는 저 바다의 길, 길,"과 같다. 바다는 만나고 헤어지는 것이 세상의 질서이며 찰나와 같은 삶의 길이라는 것을 우리에게 가르쳐 준다. 많은 이들이 인연을 안다고 생각하지만, 생각에 그치는 것이야말로 인연에 와닿은 것이 아니라, 사랑하는 이의 기氣를 심재心齋의 묘처에서 감통感通해야, 비로소 헛된 미망의

---

54) 루돌프 아른하임, 김춘일 역, 『미술과 시지각』(홍성사, 1986) 440쪽

세계 너머 결코 소멸되지 않을 인연을 안아 낼 수 있는 것이다.
 사랑에 한숨짓고, 그리워서 허허롭고, 기다림에 지친 이들은 정일근의 시집을 읽어보라. 몽둥이찜질 끝에 황홀한, 그리고 붉디붉어 차가운 가슴이 더워오지 않는가?

> 오직 외발 하나 딛고 설 땅이 있다면
> 그 땅에 한 발 딛고 서서
> 나머지 한 발 들고 천벌설 수 있다면
> 사랑하라, 사랑은
> 용서보다 거룩한 용서
> 기도보다 절실한 기도
> 무엇 하나 가질 수 없고
> 무엇 하나 남아 있지 않아도
> 사랑이 있다면 사랑하라
> 사랑할 때 사랑하라.
>
> ―「사랑할 때 사랑하라 ― 다시, 蘭에게」 부분

고백한다, 그러므로 나는 존재한다
- 이서린의 시

1. 들어가며

아직도 서정적 자아의 민낯으로 시를 쓰는 이가 있다. 탈(persona)이라는 너울을 쓰지 않을 뿐 아니라, 시인과 시인의 말에 있어 간극이 없다. 마음에 있는 것을 죄다 드러내어 말한다. 비非존재, 비자아, 혹은 대타자의 결여로 시가 담론화 되고, 담론이 담론을 해체하는 비의秘儀와 애당초 거리가 멀다. 기표가 기의를 지배하거나 끝없이 일탈하여 탈脫고백, 탈자아로 치닫는 시적 추세에 아랑곳없이 '나는 고백한다, 그러므로 존재한다'를 묵도默禱하는 시인이 있다. 지극히 평범한 투사의 눈길로 내면에 침잠하였다. 고독은 그의 시의 권리이며, 고백은 자신에 대한 의무이다.

2. 죽음, 녹 슬은 봄

이서린 시인에게 있어 죽음이란 '녹綠'과 같다. 쇠붙이 표면에 단단한 기억의 색깔은 붉거나 검거나 푸르다.

> 붉게 녹 슨 대문을 손톱으로 긁어본다
> 부스스, 흩어지는 가루
> 저것들도 집의 한 부분이었는데
> 이제는 쓸모없어진 것을 차마 버리지 못하고
> 잠시 대문 밖을 본다
> 때마침 돌개바람이 이는 골목
> 함부로 버려진 쓰레기들이
> 아우성치며 달려가는 해질 무렵
> 익숙한 냄새들이 담을 넘는다
> 갈라진 손톱 밑에 끼인 부식腐蝕된 기억
> 버려야 할 것들을 버리지 못한
> 나는 몸이 무거워진다
>
> ―「녹」 전문

"집의 한 부분이었던 대문"안에 사람이 살고 있었다. 그러나 시인의 초등학교 2학년 때, 이모가 급서하고, 초등학교 4학년 때 "결핵 3기 분홍빛 얼굴의 언니"가 죽고, 고등학교 1학년 때 아버지가 뇌출혈로 급서하고, 2학년 때 막내이모가 폐결핵으로 돌아가시고, 그리고 이종사촌 오빠, 외숙모가 죽었다. "봉숭아 꽃물이 손톱 끝에 남아 있는데"(「사라진 봄에 대하여」) "손톱이 아프도록 쓸쓸함을 바짝 깎는/흑백 사진 속 캄캄한 저 생애"(「shadow」)와 같아서, 이들은 모두 "갈라진 손톱 밑에 끼인 부식된 기억"의 녹綠이다. "산다는 건 여전히 물음표인데/알지도 못한 채 이별을 하는/봄은 늘 상중喪中이었어요"(「늘」)라고 한다.

시인에게 있어 봄의 초록은 삶의 얼룩이다. 녹이다. "질끈 감은 눈 속에서도 환장할 계절/내 안에 꼭 박힌 네가 죄라면"(「까매」)에 이르러서는 녹 속으로 들어가 스스로 녹이 된다. 녹은 봄날처럼 나날이 자란다. 내가 사는 만큼 녹도 나이를 먹는다. "과거가 현재 속으로 들어와 사는 것."55)이다. 게다가 날이 갈수록 과거가 자랄 뿐이라고 할 때, 현재는 과거의 반복이며, 미래 역시 현재의 반복일 것이어서, 결국 모든 시간은 과거의 반복에 불과한 이른바 결정론적 과거에 함몰된 존재를 자각한 순간, 다음의 시가 있다.

> 수면제를 한 알씩 모으기 시작했어요
> 녹색 페인트가 군데군데 벗겨진
> 이가 맞지 않아 여닫을 때마다 덜컥거리는 책상 서랍 속
> 내 생의 부스러기들과 몸을 섞으며
> 초록의 알약들은 음모를 꿈꾸었죠
> 묵은 냄새와 곰팡이가 자라는 내 방은
> 우울한 청춘에 검은 커튼을 달아주었지요
> 낮에도 빛이 차단된 방에서
> 턱까지 괴어 오른 죽음의 냄새를 견뎌내며
> 이십대가 끝나는 마지막
> 통쾌하게 세상을 뜨고 싶었죠
> 권태로운 삶이란 서른을 넘기는 거라고

---

55) O.F. Bollnow. 백승균 역, 『삶의 철학』(경문사, 979) 38쪽

죽음도 삶의 통로라고 믿었던 거죠, 나는

그

리

고

어쩌다 아직 살아있지만
어쨌든 천천히 죽어가고 있어요
허벅진 허리통으로 버티면서 말이죠
상처와 시간이 비벼진 자리
아름다운 흔적들이 보이기 시작했거든요

모순이라구요?
당신은 어떠신가요?

―「그리고」 전문

"죽음도 삶의 통로라고 믿"어, 죽는 일로부터 자유를 얻고자 했으나, "그/리/고"라는 미완으로서, 시간의 연속성에 자신의 삶을 얹어두었다. 앞서 죽은 이들보다 더 오래 살 수는 있겠으나, 이는 그들과의 단절이라기보다 "그/리/고"로 이어져, 먼 훗날 살기를 그쳤을 때를 기다리는 것뿐이다. 따라서 "상처와 시간이 비벼진 아름다운 흔적", 이른바 '녹'은 여전히 진행 중이다.

말테(Malte)의 진혼제 속에 표현된 "어떤 죽음은 좋은 활동에 의해 깊이 형성되어 있다. 저 고유한 죽음, 그것은 우리에게 매우 필요하다. 우리가 그 죽음을 위해 살아야 하는 까닭에"[56]와 다를 바 없다.

---

56) O.F. Bollnow. 최동희 역, 『실존철학이란 무엇인가』(서문문고, 1972) 155쪽

아직도 바람은 마른기침을 한다

텅 빈 바다처럼 쓸쓸한

오전의 집

문 밖은 폐허스런 겨울을 지나

온 몸 근질거리는 봄이라 한다

못내 봄이 두려워

가스 오븐에 머리를 넣은 서른한 살

나는 살아있다던 그녀의 아침을 생각하다

뼈가 아프다

사소한 것에도 두통을 앓던 나는

햇빛에 눈물이 난다

도대체 아무런 대책도 없는데

어디에선가 꽃망울 터지는 비릿한 냄새나고

내가 건너가야 할 봄이

막막하게 번져온다

—「기침」 전문

"가스 오븐에 머리를 넣은 서른한 살/나는 살아있다던 그녀의 아침을 생각하다/뼈가 아프다." 꽃망울 터지는 봄날, 온갖 주검을 묵도하는 화자는 "비릿한 냄새"로 막막하다. 이서린 시인에게 있어 죽음의 '녹'이란 살과 뼈에 새겨 마음에 깊이 간직한 이른바 명기누골(銘肌鏤骨 : 「안씨가훈顔氏家訓」)인 셈이다. 벌거벗은 자신의 모습을 낱낱이 내보여, 오늘은 시를 반함(飯含)처럼 물은 채 죽고, 내일은 백지 같은 얼굴마저 바람에 날려버리는 시인의 모습이다.

2. 삶, 가을의 이쪽

예사롭게 여길 경우, 불쾌한 기억은 할 수 있는 한, 빠르게 잊어버리고, 슬픈 기억은 시간이 흘러가면 잊어질 수 있다는 믿음을 가져야 불행하지 않다. 그러나 무작정 잊어버리는 것만이 행복인가? 몸을 사려 빠져나간다고 해서, 자신의 삶의 본질을, 마음을, 정신을 지울 수 있는가? 곱사등이의 혹을 떼어낸다고 해서, 곱사등이의 실존이 본질을 앞서는가?

"'과거의 나는 어떠했는가', '현재의 나는 어떠한가', '미래의 나는 어찌 될 것인가'라고, 삶을 시간성의 위치에서 이어놓을 때, 이는 지속으로의 시간관념으로 지금까지의 삶은 변화이며, 미래의 삶은 생성이라는 삶의 진화 進化를 이룰 수 있다."57) 이른바 현재에서 과거와 현재에서 미래로 초월함으로써 이루는 시간의 확장이다. 그러나 "쓰다만 편지를 다시 쓰는 가을의 이쪽"(『다시 잠들기까지』)은 어떠한가?

> 어디선가 마른 잎 구르는 소리
> 적막한 이 밤을 잠깐 흔듭니다
> 캄캄한 하늘 밑에는 검은 나무들의 침묵
> 꿈이 소멸되어 가는 지상의 희망과 절망 사이에서
> 차가운 계절의 긴긴 통로만이 남은 듯 합니다
> 멀리 개 짖는 소리도 끊어진 밤
> 어쩌면 이승에서의 마지막일지도 모를 누군가를 위해
> 바람은 처마 밑 풍경을 오래도록 울립니다
> 아, 문득 이 세상에 혼자 버려진 듯하여

---

57) H.Bergson, 정석해 역, 『시간과 자유의지』(삼성세계사상전집 22. 1982) 131쪽

> 나는 괜스레 젖은 어깨가 서럽습니다
> 별이 지고 서서히 안개가 피어오르고
> 아직도 生을 헤매는 여기는
> 쓰다만 편지를 다시 쓰는 가을의 이쪽입니다
>
> ―「다시 잠들기까지」 부분

죽음으로 통하는 가을의 밤이다. 덧없는 바람만 오래도록 울리는데 "아, 문득 이 세상에 혼자 버려진 듯하다." 연약하고 무력한 존재감이 가득할 때, "아직도 생을 헤매는 여기"에서 "쓰다만 편지를 다시" 쓴다. 생의 이편에서 조각으로 가득한 세상으로 띠우는 편지, 고독한 삶의 순간을 이어 쓰는 지속성, 비록 그러한 행위가 '늘 제 자리'라고 하더라도 쓸 수밖에 없는 무의지적 관성의 법칙에 놓여 있는 자아의 모습에 다음 시가 있다.

> 검은 자락 펄럭이며 몰려오는 구름
> 산이 지워지고 있다
>
> 죽은 고양이의 말라붙은 털이
> 풀처럼 돋아난 저녁
> 길인 듯 아닌 듯 헤드라이트 안으로 밀고 들어오는
> 5번국도 삼거리
> 나는 아직 이 길이 어디에서 끝나는지 모르는데
> 겨우 눈 뜬 별을 따라가는 저 까마귀는
> 알고나 날아가는 것일까
>
> 누군가는 진통제를 먹고 다시 밥을 짓고

누군가는 조문弔問하러 집을 나서는 어두운 문밖

셀 수 없이 다녔던 이 길 위에서

바람에 일렁이는 세상을 본다

운전석 깊숙이 가라앉는 몸

삼거리 창고 앞을 지나는 개 한 마리

저기, 상향등으로 달려오는 트럭의 경적

저녁은 내부內部로부터 통곡하는 짐승같이

짐승같이

—「저녁의 내부」 전문

"검은 자락", "죽은 고양이의 말라붙은 털"과 같이 불길한 운명이 감지되는 시간, 화자는 "셀 수 없이 다녔던 이 길 위"이지만, 끝 갈 곳이 어디인지 모르는 자의식의 공간에 있다. 저녁은 빛의 침하沈下인 동시에 어둠의 길목이다. 이때 "삼거리 창고 앞을 지나는 개 한 마리/저기, 상향등으로 달려오는 트럭의 경적"이 요란하다. 설령 그 개가 죽거나 살거나 풍문으로조차 남겨지지도 않을, '짐승'의 비인칭화로 추락하는 지점에 "운전석 깊숙이 가라앉는 몸"과 같이 무력하게 침하하는 또 다른 존재가 있다. 삶의 이편에서 "진통제를 먹고", "아직 살아있는 내가/찬물에 손을 담고 쌀을 씻는다."(「아직」) 아울러 삶의 저편에 죽은 사람에게 "조문하러 나서는 어두운 문밖"이 공존하는 세계에 '무엇이 산 것이고 무엇이 죽은 것인가'를 떠올리는 다음 시가 있다.

밤마다 꿈을 가위질하고 어제의 미련을 훑어버려도

아직 부패할 몸이 있다는 건 다행일까요

서서히 내장이 마르고 동공이 닫히고

푸른 정맥마저 증발되고 나면

가볍게 이 생을 건널 수 있을까요

건조한 날들은 행복 할까요

아름다운 시간이 거기 있긴 할까요

— 「드라이플라워」 부분

  살아있는 꽃과 죽은 꽃의 경계란 참으로 허망하다. "서서히 내장이 마르고 동공이 닫히고/푸른 정맥마저 증발"하더라도 '꽃'이다. 이는 마치 할머니가 죽기 전에 빨간 립스틱을 바르고 "팥밥 한 그릇 다 비우고/노을이 채 지기 전 긴 잠에 드셨어요"(「립스틱」)와 같은 것이다. 죽음이란 육신을 "건조한 날"로 옮기는 것일 뿐, 아름다운 시간은 삶의 이편이나 저편에 널리 퍼져 있다.

본래 내 것이 아니었다

궁극에는 돌려보내야 함을 모르진 않다

사는 동안

온전한 내 것인 양 지내온 주변

하나씩 제자리로 돌아가는 중이다

검게 패인 자리

차마 발화되지 못한 말

그, 시간의 기억이

웅숭깊다

— 「꽃이 지는 시간」 전문

꽃이 진다고 울지 마라. "순간이 지나면 또 순간/오늘이 지나면 또 오늘"(「명명」)이다. "궁극에는 돌려보내야 함"이고 시간의 정점에 "검게 패인 자리"가 본디의 제자리일 뿐이다. 제자리를 알아차리는 일은 되바라지지 않고 생각이나 뜻이 넓고 큰 것이어서, 기억이 남아있는 한 영원하다. 오늘날 '내가 드리운 그림자 같은 나'를 부정하고, '내가 모르는 나'를 주체로 여기고 찾아 헤매는 시인이 너무 많다. 이서린 시인은 세상과 사람을 향해, 심지어 나 자신에 대해 부정과 타매를 하기보다, 설령 "차마 발화되지 못한 말"이 있다고 하더라도 "그, 시간의 기억" 속에 영원히 자리 잡고 있다.

3. 집, 숨을 쉬다

이서린 시인은 경남 창원시 의창구 북면 무곡리에 산다. 유벽幽僻하지만 따뜻한 사람이 사는 집. 시인이 사는 동네에 "사람들은 여전히 가고 혹은, 오고",(「숙희씨」) "지워지지 않는 상처나/금 간 자국들/따뜻하게 보드랍게 덮어주"(「입김」)는 눈이 내린다. "며칠 째 방치된 낡은 경운기"만큼이나 늙은 "할아버지는 병원에 아직 계시고, 잔뜩 웅크린 젖은 개의 신음"(「누가」)이 애처롭다. 그러나 "왜 그리 슬픈 눈빛을 하고 쳐다보는"(「숨다」) 우리 집 개와 "니 아픈 것 내 다 주고 니 슬픔도 나를 주라"(「노랑 할미새」)고 하시던 어머니 같은 노랑할미새도 집 근처에 살고 있다. "둥근 물속에 하늘 잠이 보"(「잠2」)이는 집.

우체부 오토바이 소리에 눈뜨니 마을 이장님 물세 받으러 오십니다. 경보총각은 오늘도 꾀죄죄한 강아지 데리고 회관에 마실 간답니다. 무엇 그리 궁금한지 감나무는 길 쪽으로 가지를 뻗고 마당 한 구석 빈 항아리 연거푸 하품입니다. 하늘은 저리 파랗게 바람 일으키는데 여기 아닌 거기에선 절반이 전쟁터랍니다. 버려지고 부서지는 또 다른 거기에서도 햇빛이 몸 뒤척이는 소리 들을 수 있을까요.

마른 댓잎 서걱이는 사이로 산비둘기 푸드득 날아오릅니다. 와글와글 내 안의 소리도 오늘은 가만히 바람 속에 풀어놓고 다시 눈감고 온몸으로 들려오는 소리 무심히 듣습니다. 겨울 가뭄이 오래 갑니다.

―「숨」 부분

마을 이장님이나, 경보총각이나, 감나무와 하늘, 마른 댓잎과 산비둘기이거나 심지어 "와글와글 내 안의 소리도 오늘은 가만히 바람 속에 풀어 놓고 다시 눈 감고 온몸으로 들려오는 소리 무심히" 듣는다. 만물이 토해내는 제각기 자유로운 숨의 세계란 무엇인가? 애써 관계를 맺으려 하지 않더라도 (그러한 까닭에 오히려 더욱 편한 숨) 제각기 무관하게 자유로운 고독. 그럼에도 불구하고 그것이 "단독이 아니기 때문에 - '정말로 사귀기 좋은 인간'은 군중이나 안이한 접촉을 피해서 떨어져서 삽니다. - 그리고 동시에 고독은 그것이 단독이기 때문에, '자기에게 충족하는 것은 누구에게도 상처를 입히려고 하지 않는다'는 것."58) 이는 이서린 시인이 내쉬는 숨의 세계이다.

자기 혼자 내쉬는 숨은 고독하지만 정직하다. 시는 본디 고독한 숨소리와 같은 고백이었다. 단 한 사람의 독자도 만날 수 없어 더욱 깊어진 외로움이 영혼을 쓸어내리는 바람소리였다. 부끄러움을 노래한 시인이 너무 많다. 그러나 정작 스스로를 진정으로 부끄러한 시인은 몇이나 될까.

랭보는 자신의 독백시를 두고 "나는 표현 불가능한 것을 기록했고, 소용돌이를 움켜쥐었다. 나는 더 이상 말할 수 없다"59)라고 하였다.

이서린 시인의 시는 죽은 자에 대한 비탄이 아니며, 죽은 자로부터 도망

---

58) Tzvetan Todorov. 이기우 역, 『덧없는 행복―루소론』(한국문화사, 1996) 48쪽
59) Hugo Friedrich, 장희창 역, 『현대시의 구조』(한길사, 1996) 121쪽

을 치는 것이 아닐 뿐 아니라, 처음부터 거기에 있었으므로 영원히 살아 있음의 세계에 있다. "녹슨 대문 그 집은 안녕한지/반 지하 입구 계단에서 엄마를 기다리던/어린 계집아이는 아직 울고 있는지"(「두고 온 골목」) 궁금하다. 죽은 그대들 안녕하신가? 나도 안녕하다. 남몰래 흘린 눈물이 너무 많다. 사람을 그리워했기 때문이다. 그러나 버림받은 사람의 내음을 맡으려 애썼으므로 우리 모두는 행복하였다.

바람과 피의 현상학
- 강신형의 시

1. 들어가며

    시를 쓰는 것은 자아를 찾아가는 뜻깊은 일이다. 때론 허허롭고 무망한 자아, 그럼에도 불구하고 시를 쓰는 것은 스스로를 끝없이 돌이켜보는 성찰의 그윽한 숲에 깃드는 것이다. 강신형 시인에게 있어 시란, 돌이켜볼수록 높여 존경하고 사모할 수밖에 없는 웅숭깊은 숭경崇敬의 세계이다. 이른바 염念의 세계, 주관인 마음이 객관의 사물이나 대상을 마음에 분명히 기억하여 두고 잊지 아니하는 정신.

    이글은 강신형 시인의 시를 두고 즉자와 대자, 혹은 서로가 넘나드는 양상을 좇아 오로지 텍스트를 중심으로 따라가 본 것이다. 가급적 군더더기 췌사는 생략하고 직핍하였다.

2. '바람'의 현상학 혹은 즉자即自(en-soi)

환하게 비추던 해시계가
언덕을 넘고
어둠을 은은하게 밝히는
오후 6시경,
초승初生의 시간.

하루를 고백하는
나약한 기도 앞으로
휙~하니 지나가는
연흔漣痕에도
숲을 흔들고,
골목을 돌아서

마음의 벽조차 허물어
버리는
달관이 있었네.

— 「바람, 발자국」 전문

"해시계가 언덕을 넘고", "오후 6시경, 초생의 시간"이 흐르는 것을 느낀다. 그 시간이 유의미한 것은 "하루를 고백하는 나약한 기도"가 있기 때문이다. 그러나 굳센 의지가 결여된 기도란 늘 스치고 지나가는 "연흔漣痕"과 같다. 바람에 의해 모래나 눈 위에 만들어진 물결 같은 흔적. 흔적이란 실체가 없어진 것인데, 따라서 초생의 시간에 하루를 고백한 나약한 기도 역시, 바람이 지나간 흔적으로만 감지될 뿐이다. 시간이 흐르는 것을 느끼지만, 바람이 스쳐지나가듯 어느 한 순간이 다른 한 순간을 이끌 뿐, 순간은 순간으로 사라져 버린다.

이는 무화(nothingness)이다. 초생의 시간, 하루의 고백 속에 잠시 존재했었겠지만, 그것이 존재라고 할 수는 없다. 그나마 연흔으로 감지되는 바람처럼 존재하는 시적 화자는 "숲을 흔들고, 골목을 돌아서" 스친다. 3연에 이르러 실체 없는 바람이란 "마음의 벽조차 허물어버리는 달관"으로 비약한다. 비약이라고 하는 까닭은 이제껏 실체도 없이 흔적으로 감지되는 바람이 벽을 허물어버려 여하간의 일에 얽매임이 없어 활달한 경지를 체득하는 것으로 건너 뛰어버렸기 때문이다.

시작 화자의 발언으로는 달관이겠으나, 이는 적이 물러난 것일 뿐이다. 물러난 정도는 되겠으나 흔적으로 감지되는 바람 같은 존재의 모습은 여전히 잔존한다. 달관이라고 말한다고 해서 그것이 현재 존재의 모습이 될 수는 없다. 여전히 존재의 모습은 공백이며, 따라서 그 앞과 뒤에 아무 것도 없다. 공백을 채울 수 있는 길은 어디에 있는가?

> 새들을 따라 날아가 버린
> 영혼의 그림자가
> 언제쯤 멈춰서질까?
>
> 하여, 또 다시 마음의 창에
> 새겨둔 먼 길을 걸었습니다.
>
> 바람의 향기에 담겨

슬멋 다가서던 보랏빛 쉼표는

아직도 마침표가 되어주지

못했음을 절절히 미안해 하며

숭숭한 가슴에다 느낌표를

찍어대고 있었습니다

아름다웠던 봄날은 가고

어느덧 나의 산야에도

단풍드는 것을 아는지

바람이 들려주는 이야기는

그 게 전부였습니다.

잠시, 새가 될까?

생각해 봤습니다.

―「바람, 이야기 1」 전문

  바람은 "새들을 따라 날아가 버린 영혼의 그림자"이다. 시적화자는 "언제쯤 멈춰서질까?"라고 자문한다. 3연에 "아직도 마침표가 되어주지 못했음을 절절히 미안해"하는 것으로 보아, 멈추어진 것은 아니다.

  바람이 시적화자의 존재는 아니더라도 시적 화자의 눈에 보이지 않으나 그 무엇인가 있다고 여기는 "영혼의 그림자"인 것만은 틀림없다. 실체 없는 영혼과 그림자로 현시되는 이것은 마치 화석같이 단단한 즉자卽自와도 같다. 그냥 있는 그대로 있는 것, 변함없는 존재이어서 시간성으로부터도 벗어난 것. 따라서 "봄날이 가고" "단풍 드는" 시간의 흐름이란 것 자체도 무시간성일 뿐, 여하간의 운동성(mouvement)이 절멸되어 있다.

실체 없는 영혼과 그림자, 무시간성의 절멸을 의식하는 존재로서 대자對
自는 어디에 있는가? 결코 이대로 있을 수 없으며 끊임없이 변화하고 선택
해야 하는 대자는 어디에 있는가? "숭숭한 가슴"에 있다. 조금 큰 구멍이나
자국이 많이 나 있는 가슴이다. 이른바 자기 상실이다. 싸르트르가 비유한
"벌레 먹은 과일"과 같다.

많은 생각과 함께 사람들이 잠들어 가는 시간, 창을 열고 바라보는 밤하늘에
는 언제나 빛날 것만 같았던 별이 반짝이고 있질 않다.

지난 세월의 기억을 지워가는 검은 하늘 점점으로 내려와 또 하나의 빛나는
별은 사치라고 말한다. 그냥 무심코.

어수선했던 선잠의 꿈이 그나마 따뜻했던 나는, 가을이 농익어 가는 이 밤의
풍경에 마음의 짐 무엇 하나 먼저 부려놓아야 할지 천리 길 바람 이야기 듣다,
졸다.

―「바람, 이야기 2」 전문

벌레 먹은 과일처럼 자기 존재의 내부에 숭숭한 가슴을 지니고 있는 이
는 늘 즉자의 상태를 동경한다. 위 시의 1연과 2연 역시 언뜻 시적 화자의
직설적 토로인 듯하지만 사실은 "바람 이야기를 듣다, 졸"은 것이다. 화자
의 즉자인 바람에 기대어, 바람의 상태를 동경할 뿐이어서, "언제나 빛날 것
같았던 별이 반짝이고 있질 않"으며, 설령 "검은 하늘 점점으로 내려와 또
하나의 빛나는 별은 사치"여서 물리치고 만다. 실체를 알 수 없는 "마음의
짐"이 있는 듯한데, "무엇 하나 먼저 부려놓아야 할지" 무망하다. 이론적으
로 '허무'에 대한 완벽한 인식을 통해 허무 그 자체를 극복한다고 하겠다.

그러나 무망한 나날이란 본질적으로 허무 그 자체도 아니라는 점에서 허허롭기 짝이 없는 것이다.

3. '피'의 현상학, 혹은 대자對自(pour-soi)

>오롯이 봄꽃 한 점
>점, 점으로 붉은 피
>뚝뚝 떨어뜨리던
>그 사람
>
>오동잎 농익어 가는
>거리에 홀로 앉아
>해를 그리나, 달을 그리나
>
>그 흔한 사랑조차
>달아나버린 흰 손
>
>온갖 짐승의 얼굴이
>거기에 그려져 있네.
>
>―「백수白手」 전문

무릇 인간존재란 결여, 그 자체이다. 모든 대자는 자기 자신과의 동일성, 혹은 정체성이 결여되어 있다. 따라서 대자는 자기 자신과의 동일성의 근원을 찾거나 정체성을 회복하려는 강박 관념을 지니고 있다.

위 시에서 시적화자의 대자는 "오롯이 봄꽃 한 점 점, 점으로 붉은 피"이다. 혹은 "그 흔한 사랑조차 달아나버린 흰 손"이다. 피와 흰 손의 물체(object) 혹은 자아의 표상. 주관적으로 인지한 것은 "짐승의 얼굴"이라는 무의식 세계의 본능으로 전락한 것 혹은 잉여물(de trop) 이라는 존재 인식이다.

    하릴없이 내리는
    겨울비의 쓸쓸함처럼
    아프게 생명들을
    쏟아내는 봄의 상처처럼
    느닷없이,
    머리를 질근 동여매게 하는
    이순耳順을 앞둔 날의 두통은
    오랜 질곡桎梏의 벽
    틈새를 비집고 나오는
    마지막 비명 같은 것.

    피돌기가 멈춰 서 버리는.

              —「두통」 전문

달리 어떻게 할 도리가 없이 "내리는 겨울비의 쓸쓸함" 혹은 "봄의 상처처럼" 두통이 온다. 이는 무언가에 속박당하여 자유를 가질 수 없는 강박의 고통이다. 언뜻 타자와의 대립과 갈등으로 인한 고통인 듯 보여 지지만, 사실은 나의 "피돌기가 멈춰 서버리는" 이른바 '내, 안'에 질곡이 있다. 자신이 제 스스로를 옭죄어 역류하는 피가 있다. 자라투스트라는 "피를 가지고 쓰라"고 말했다. '피'는 어디에 있는가? 이는 고통과 질곡에 허청거리는 무력감에 있는 것이 아니라, 진정 다시 살기를 바라는 구극의 자기 연민과 사랑에 있다.

바람이 몹시 부는 날
후박나무 그늘 아래서
마음의 종이 울리고
푸른 닻이 내려진다

누구를 미워한다거나
사랑한다는 것은
길을 가다가 잠시 한 눈을
파는 것

보라!
어리석은 여행자여!
세상의 지평에 잣대를 맞추고
어둠의 창을 열어
하늘을 보라

마음의 종이 환하게 울리는
후박나무 그늘에는
푸른 달이 내리고
싱싱하게 불어쌓는 바람과
낮은 꽃잎들이
너를 불러 토닥이고 있다.

— 「후박나무 아래서」 전문

바람이 몹시 부는 날, – "새들을 따라 날아가 버린 영혼의 그림자"같은 바람, 앞서 말한 즉자卽自 그 자체이다. – 무망함과 허허로움으로 가득했던 나날 너머로 "후박나무 그늘 아래서 마음의 종이 울리고 푸른 닻이 내려진다." "누구를 미워한다거나 사랑한다는 것은 길을 가다가 잠시 한눈을 파는 것"이라고 한다. 자각과 성찰은 이미 있어왔고, 지금도 있다. 시적 화자는 제 스스로 자유를 인정하는 존재가 된다. 이때 "낮은 꽃잎들이 너를 불러 토닥이고 있다." "낮은 꽃잎"의 대타가 "너"라는 즉자를 불러내어 위무하는 시간이다. 모든 것은 제 자신에 있다.

>속을 들여다보는
>검은 입 안에는
>뱀 한 마리 똬리를 틀고 산다.
>
>잘근잘근 씹혀 삼켜지는
>세상사 이야기들
>
>언제쯤 배가 불러
>행복해질래
>
>돈오돈수頓悟頓修
>할래.
>
>　　　　　　　　　—「검은 입」 전문

"속을 들여다보는" 대타로서 "검은 입"은 즉자로서 "뱀 한 마리"를 본다. 지배할 것인가, 지배당할 것인가. 내가 타인의 지배에서 벗어나려는 동안

타인 역시 나의 지배로부터 벗어나려고 기를 쓴다. 예속 혹은 종속, 패배 혹은 승리 이 모두를 초월한 자리, 그 방도는 "돈오돈수"이다. 돈오돈수의 말을 하였으니, 이제 그만하면 되었다.

"나의 영혼에 대한 반성", "쓸쓸하게 마음에 담아두었던/여정, 기 아쉬움의 시간도/이제는 그만"(「가을, 노을」)

시詩에서 삶의 길을 찾다
- 서인숙의 시

1. 들어가며

　　서인숙은 1931년 12월 17일 경남 마산시 남성동 169번지에서 태어났다. 마산공립보통학교(현 성호초등학교), 마산공립여자중학교를 거쳐 마산여자고등학교를 졸업하였다. 재학 시, 1946년 9월부터 1950년에 이르기까지 교사로 재직했던 살매 김태홍의 각별한 지도를 받는다. 한국전쟁기 열아홉 살에 부산에서 여자의용군으로 자원입대하였다. 대구효성여자대학교 국문과를 중퇴하였다.
　　1963년 『여원』지에 수필 투고 당선, 1965년 『현대문학』지 5월호에 수필 「바다의 언어」 게재로 수필 창작을 시작하였다. 60) 1979년 마흔여덟 살에 『현대문학』지에 시 「맷돌」 게재로 시 창작을 시작하였다. 61) 수필가, 혹은

---

60) 서인숙의 수필집은 다음과 같다. 제1수필집 『타오르는 촛불』(강산문화사.1968), 제2수필집 『최후의 지도』(현대문학사.1975), 제3수필집 『태고의 공간』(상아출판사.1978), 제4수필집 『영원한 불꽃』(창작예술사.1984), 제5수필집 『그대 마지막 빛으로 남고 싶다』(풀잎.1993), 제6수필집 『고대의 향수』(도서출판 경남. 2003)
61) 서인숙의 시집은 다음과 같다. 제1시집 『살아서 살며』(현대문학사.1982), 제2시집 『먼 훗날에도 백자는』(월간문학사.1986), 제3시집 『그리움이 남긴 자리』(도서출판 등지.1990), 제4시집 『세월도 인생도 그러하거늘』(마을.1994), 제5시집 『오렌지 햇빛』(문학아카데미.2001), 제6시(선)집 『조각보 건축』(동학사.2010), 유고시집 『청동거울』(동학사. 2016)

시인으로서 예사롭게 알고 있는 문단 연보와는 달리, 서인숙 문학의 원천은 시에 있다. "집안과 친구들에게 비웃음을 받"고 "소중한 학교도 꿈도 희망도 팽개치고"(「시간 앞에서-1967.9.22.」 - 수필62)) 여자의용군에 입대하던 참담함을 여러 편의 시로 남다르게 썼다. 게다가 1978년에 출간한 제3수필집에는 별도의 장을 마련하여 시 48편을 수록하기도 했다.

본고는 서인숙의 시를 수필과의 상호텍스트에 기초하여 가늠하였다. 수필에 드러난 문학관과 세계관에 관한 서인숙의 발언은 물론, 시에 투영되어 있는 존재인식을 실증적 텍스트로 삼아, 서인숙의 표상적 시세계를 연역 구성하는 데에 초점을 두었다. 이는 서인숙의 전기적 사실에 따른 인과율적 접근이 아니라, 작품을 통해 그의 삶의 총체적 의미를 환원(reduzibilität)하기 위해서이다.

본고는 서인숙 시의 변곡점을 세 굽이로 상정想定하였다. 첫째, 소녀시절의 상처와 생활사를 습작의 형태로 쓰던 시적 원천, 둘째, 서인숙의 어머니와 남동생의 죽음, 남편의 투병과 죽음의 언저리에 열망을 담은 시적 출발, 셋째, 무시간성의 인식 아래 공간마저 무화된 세계에 진정한 '나'를 찾기 위한, 새로운 삶의 출발점이자 귀결점으로서 영원성을 갈구한, 서인숙 시의 원형 탐색이다. 본 연구의 대상은 일곱 권의 시집을 텍스트로 하였으며, 상호텍스트성으로 여섯 권의 수필집을 참고하였다.

---

62) 이하, 서인숙의 작품을 따올 때, 시를 제외한 수필의 경우 작품명 뒤에 <수필>임을 밝혀 적는다.

2. 상처, 시의 원천

일제강점기 말, 민족정신 말살과 착취의 기치인 '내선일체'가 어린 학생들에게까지 엄혹하게 강요되던 시기, 깔끔한 단발머리의 예쁘장한 소녀가 있다. 일본어 글 솜씨도 맵차서 일본인 여자 담임 선생님의 사랑을 한껏 받는다. 급장으로서도 모범인 소녀는 강고한 내선일체의 기치마저 아름다운 마음을 담아, "아침이면 교장실에서 마이크를 통해 각 교실의 학생들에게 낭송한다. 글짓기엔 언제나 일등을 차지하였고, 일본말을 잘한다는 칭찬으로 상을 수없이 받기도 하였다."(「유년의 그 문양」 - 수필) 동정童貞으로 일생을 신神에게 바친 큰할아버지(서 아길노)에게 상장을 내보이며 자랑한다. 마뜩찮은 안타까움이 짙게 배인 큰할아버지의 눈길이 마냥 서운해 소리 내어 운다.

아버지를 양자로 삼으셨던 큰할아버지 슬하에서 자라던 마산공립보통학교 5학년 여름, 광복이 되었다. "친일파라는 누명을 받고 학급 친구들에게 끌려가 산기슭의 구석진 곳에 수십 명 친구들에게 이리 떠밀리고 저리 맞아서 쓰러져 울던 해지는 산기슭의 적막"(「애국자」 - 수필) 그날따라 노을은 더욱 붉고 "붉은 스웨터, 검은 치마, 검은 신발 속 하얀 양말"의 소녀가 '하늘이여, 하느님이여'를 울부짖고 비로소 "여인이 되는 최초의 아우성이요, 사랑의 문이 열리며 그리움의 공통이 된 창惢"(「여인으로 시작되는 시간」 - 수필)을 열네 살의 나이에 평생토록 지니게 된다.

열다섯 살을 맞은 봄에 서인숙의 어린 시절은 물론, 평생의 영향을 끼친 큰할아버지를 여읜다.63) (「야생화 피는 봄」 - 수필) "해방 직후의 혼란 속에서 숨

---

63) 서인숙, 「동정童貞 할아버지 - 수필」 참조. 서인숙은 제1수필집 『타오르는 촛불』 헌정사에 "삼가 이 책을 동정童貞으로 일생을 신神에게 바친 나의 할아버지(서 아길노)에게

어 다니며 책만을 읽던 우울한 시절"(「애국자」 - 수필)이었다. 마산공립여자중학교와 마산여자고등학교 재학 시, 서인숙은 시인 김태홍 "선생님을 무척 따랐고 시집과 소설책을 안고 선생님의 남다른 지도와 귀여움을 받은 애제자였다."(「스승과 여제자」 - 수필) 한국전쟁기 여자의용군에 입대하여 "붕대를 감아주고 물을 주고하며 죽어간 많은 병사들의 미소와 애통과 울분"(「시간 앞에서」 - 수필)을 본다.

> 물을 찾는 병사의 외침에
> 소녀는 물을 붓는다.
> 누구를 위한 싸움이며
> 왜 바쳐야 하는 목숨인가.
>
> 영광일 수 없는 훈장을
> 젊음에 달고
> 세대를 밟고 섰는
> 분노, 분발, 고발
> 신의 자비를 기도하는
> 애국심에
> 광장의 밤은 깊어간다

바치렵니다"라고 하였다. 서아길노는 당신이 살던 집터를 성당을 짓는 데에 내어주었고, 이후 그 성당에 서아길노의 여형제가 낳은 김스테파노(훗날 김수환 추기경)가 1966년 주교를 서품 받아 마산교구장으로 착좌한다. 서아길노는 결혼을 거부하고 자식을 원치 않았던 신神을 위해 일생을 바쳤으며, 서인숙의 아버지를 양자로 삼았다. 새벽 네 시면 서인숙을 데리고 완월성당에서 기도하였으며, "손수 붓으로 시詩를 쓰시고, 방에는 언제나 갖가지 색깔의 촛불이 타고 있었다."고 한다. 제1수필집의 표제는 이에서 비롯되었으며, 할아버지가 했던 것처럼 '예수성심 상문' 신공을 늘 드렸다고 한다.

떠나간 자리, 죽은 자리

소녀는 눈물로 밤을 새운다.

내일

의용군을 지망하는

출발의 길에

얼룩진 피자욱의

고향의 옷 한 벌.

— 「역의 광장」 전문

후송된 군인들로 가득한 부산역 광장에서 시의 주체인 열아홉 살의 소녀가 전쟁에 대해 직정적으로 토로한 것은 "분노, 분발, 고발"이다. 한겨레가 서로를 죽여야 하는 데에 따른 분노, 살기 위해 마음과 힘을 다하여 떨쳐 일어나야 하는 분발, 사생死生의 기로에 처한 민족적 현실을 세대를 뛰어넘어 알려야 하는 고발이다. "떠나간 자리"가 "죽은 자리"임을 명증하게 드러내는 역사적 실존. 살아있는 소녀의 실존은 고향에서 입고 온, 한 벌 옷의 핏자국으로 표상된다. "밤이면 보초선 전우의 흐느낌이/하늘을 방황하고/사과밭 하얀 길이/향수에 흔들렸다."(「시간 앞에서」 - 수필 수록시) "병영에 시달리고 배가 고팠던 고아 같은 내게 기적같이 한 사람이 나타난다." 고종사촌의 종숙인 김수환 신부(훗날, 추기경)이다. 그리고 "1950년 10월 중순"(「흑인 인형」 - 수필) 수복된 서울 명동성당에서 "동강난 마리아상에/저녁 종소리는 고향 같으다."(「폐허의 길」)라고 한다.

"가난에 허덕이는 것보다 나라를 위해서 차라리 죽어버리고 싶은 충동"(「전쟁을 겪은 사람들」 - 수필)을 불러일으킨 "짧은 몇 개월의 의용군 시절"(「애국자」 - 수필)은 서인숙으로 하여금 "배움에 불타게 하"였다. 그러나 대구효성여자대학교 국문과를 다니다 형편이 어려워지고 아버지가 "몇 년을 앓으시는"

(「술과 여인」 - 수필/아버지는 서인숙이 결혼하여 첫 아이를 낳은 지 얼마 되지 않은 무렵에 별세한다. 죽음의 몇 분 전, 아버지의 청으로 술을 마시게 해드렸고, 이내 숨을 거두었다.) 등 지난한 가정사가 있는 듯하다.

1957년,(「꽃병 모으기」 - 수필에 근거) 열 살 연상의 남편을 맞아 결혼하였다. 치과의사였던 남편의 뒷바라지로 "한 지붕 아래 간호사, 조수 친척들이 살고 있어 하루 세끼 밥을 짓기 위해 시장을 뛰어 다녀야만 했었다."(「언제나 초년생」 - 수필) 게다가 40대에 남편을 잃고 8남매를 키운 어머니에 대한 가련함과 달리 "동생들을 뿔뿔이 흩어지게 하여 재혼한 어머니를 나는 이해하지도 않았고, 용서할 수도 없"을 뿐 아니라, "나의 결혼 생활은 그런 친정일로 하여 부끄러움과 저항과 미움으로 엉킨 불편한 생활"(「가을 뜨락에 핀 국화」 - 수필)을 보내던 터였다.

1965년 수필가로서 작품 활동을 시작하였고, 1966년 12월 30일, 시를 향한 열정은 한결같았으나 "시詩가 쓸쓸하게 얼어붙은 하얀 길에 가로수만이 앙상하고 낭만도 꿈도 동댕이친 벌거벗은 자아가 있는 세모歲暮"(「세모의 노래」 - 수필)의 세월을 보냈다. 1978년 그동안 "남몰래 써 온 시를 한데 모아"(「태고의 공간」, 「후기」) 제3수필집에 별도의 장을 마련하여 시 48편을 수록한다. 유년기와 한국전쟁기의 아픔을 그렸고, 생활 주변의 단상을 서정적 터치로 형상화했으며, 시적 제재로 「항아리」, 「무쇠솥」, 「청화백자」, 「토기」 등이 다루어졌다.

3. 죽음, 시의 출발

1977년(「태고의 공간」, 「후기」 - 에 근거) 서인숙은 "자주 만나지 못했던 엄마를 잃고, 남동생을 잃었다."(「헤어짐」 - 수필) 소녀시절에 겪었던 참담한 아픔의 상처, 8남매를 버리고 재혼했던 어머니만큼의 나이가 되어 어머니를 잃었다. 어머니에 대한 저항과 원망으로 가득했던 숱한 가슴앓이를 안은 채, 어느덧 서인숙의 나이는 마흔여섯을 치닫고 있었다. 1978년 서인숙의 남편은 후두암 판정을 받고 투병생활에 들어간다.

> 아, 운명은 수술될 수 없었다
> 우리를 숨어서 지켜보며 누군가
> 비웃고 있었다, 나는
> 그 비웃음을 피해 귀를 막고
> 밤새도록 울었다
> 베개 밑에서도
> 운명이 숨막히게 숨막히게
> 오열하고 있었다
>
> ―「수술」 부분

남편이 수술하기 직전에 서인숙은 "그를 향해 '여기까지 살아오면서 후회할 일이 많았느냐?'고 물었다. 남편은 '후회해본 일은 없으며, 행복하게 잘 살았다'고 해"(「후회하지 않는 후회」 – 수필)였다. 두 손을 마주잡고 엄청나게 울었던 남편의 수술은 실패로 끝났고, "날개 잃고 몸져누운 그대를/창문 너머로 물끄러미 바라보고 있다."(「하늘」) "가는 데까지 같이 가고 싶어요/사는 때까지 같이 살고 싶어요"(「산당화山棠花」)라며 "기도로 닳아버린 무릎이/촛불 아래서 출렁인다/아무 것도 주어지지 않아도 바램은/산다는 생명만으로 풀잎이 되는 것을 …"(「무릎」) 이라며 간구하였으나, "훗날 우리 다시 만날 때/따뜻한 우리 체온이 남아 있기를 바라며/돌아서고 돌아서며 헤어진다."(「악수를 나누며」) 1980년, 3년간 후두암으로 투병하던 남편과 마흔아홉 살에 사별한다.

살아서 죽어가는 모습을 본다
나의 죽음을 볼 수 없기에
타인의 죽음을 통해 나를 본다

산다는 괴로움
죽어간다는 자유
그 모두가 인간의 기쁨인가

살아 있음도 죽어가는 것도
서로가 나눌 수 없는
타인인 처절한 고독

살아서 죽어가는 모습을 본다
나의 죽음을 볼 수 없기에
타인의 죽음을 통해 나를 본다

살고 있다는 우주의 행복
살아서 사랑할 수 있는 무한
살아서 살며 언제까지 살고 싶어라

—「살아서 살며」 전문

위의 시에는 통상적으로 죽음과 조우하게 된 인간이 느끼는 절대적 허무가 없다. 아울러 가톨릭시즘의 세계관에 있어 죽음은 심령(pneuma)의 세계에 드는 것이라고 섣부르게 마름질하지도 않는다. "타인의 죽음을 통해서 나를 보고", "살아서 사랑할 수 있는 무한의 세계"란 무엇인가? 이는 라이너 마리아 릴케가 말하는 바, "어두운 시간은 내게 알려줍니다. 또 다른 삶에 이르는 시간을 넘어선 드넓은 공간이 내게 있음을."64)과 같은 세계관에서 비롯한다. 이러한 세계관은 죽음에 따른 허무의식에 침잠하는 것이 아니라, 오히려 "오 주여, 저마다 고유한 죽음을 주소서./사랑과 의미와 고난이 깃든/삶에서 나오는 그 죽음을 주소서"65)라는 간구와 맞닿아 있다. "죽음이란 사랑과 의미와 고난을 불러일으켜 오히려 인간으로서 더욱 성숙시켜야 할 정신적이며 영혼적인 현실로 받아들이는, 이른바 승화된 삶의 절정이 된다. 따라서 고유한 죽음이란 인간적 삶, 특히 예술적 자기실현의 목표로 칭송되며, 삶의 열매로 찬양된다."66) 따라서 위시의 화자는 "살아서 사랑할 수 있는 무한"의 세계를 꿈꾼다. 고인이 된 남편의 서랍을 정리하면서 비록 슬픔으로 울혈이 되어 있지만 다음과 같이 말한다.

> 끝이 나지 않는 것들도 정리되고 있었다
> 내 앞에 펼쳐질 희망의 것과
> 정열과 사랑과 시간이
> 젊음보다 더 짙은 성숙으로
> 기다리고 있는 것이다
> 서랍은 붉게 타고 있는 것이다
> 우주를 담고 있는 것이다
>
> ―「서랍」부분

이는 "잊지 않으려는 세상과의 약속이/가슴에 가득 넘치고/죽도록 빌어

---

64) R. M. Rilke, 김재혁 역, 「수도사 생활의 서」, 『기도시집』(세계사,1992). 14쪽.
65) R. M. Rilke, 「가난과 죽음의 서」, 위 책 137쪽.
66) 위 책, 137쪽. 박재혁 각주 9) 참조.

보는 신神의 은총을/인생人生으로 다하고/재생으로 다하리라"(「지하실의 병동」)는 자기 다짐이다. 아울러 "주여, 마음이 가난한 자의 가슴에/당신의 붓을 들어/행복과 천국을 그리소서"(「캔버스」)라는 예술적 승화에 이른다. 그리하여 "나의 꿈/나의 길"(「담장이」)에서 "시간의 채찍을 든 사내가/앞으로 나아갈 것만을 강요하였다."(「여행자」)로 갈무리한다.

  1979년 『현대문학』지에 시 「맷돌」을 발표하고, 1982년 첫 시집 『살아서 살며』를 '현대문학사'를 통해 상자한 때, 서인숙의 나이는 오십 하나이었다. 당시로서는 상당한 늦깎이로 시단에 나온 셈이다. 그런 만큼 "산다는 곤혹이 죽음을 그리는 발작/산다는 기쁨이 권태를 누리는 혼란"(「가슴」)을 떨치고 자기 안의 거인인 시詩를 발견하는 길에 나섰다.

    잊고 있을 즈음이면 문득
    내 등을 두드리는
    거인이 있다

    내 절망의 눈동자는
    거인의 손끝을 따라 움직인다

    불현듯 길이 보이지 않는다
    아무리 둘러보아도 요약되지 않는
    죽음의 길이 보일 듯
    보이지 않는다

    뒤를 돌아보면
    거인도 보이지 않는다

                              —「거인」 전문

서인숙에게 있어 시란 존재는 거인이다. "내 절망의 눈동자"가 시를 쓰게 하지만, 그렇다고 해서 죽음의 길을 간추리는 것이 아니다. 심지어 죽음의 길을 되돌아보면 거인이라고 여기는 시조차 보이지 않는다. 이러한 태도는 "죽음과 삶이 엇갈린 싸움이 아니라, 어떻게 자기가 살아가고 또 살아남을 것인가 하는 문제"(『먼 훗날에도 백자는』 - 시인의 말) 라고 여기기 때문이다.

> 그날
> 눈만이 내리던 날을
> 나는 항상 살고 있다
> 긴 긴 낭하
> 병실마다 닫혀진 문틈으로
> 죽음의 그림자가 얼렁거리고
> 하얀 간호원이 달려가던 곳에
> 죽음의 길이 열리고 있었다
>
> 나는 그들에게 자유를 주었고
> 나는 구속을 받아 돌아왔다
> 그러나 그 공포에서 벗어났을 때
> 또 한 번 죽음의 만족감과
> 삶의 자유에서
> 삶의 그 열려진 생동감으로
> 한 송이 꽃으로 피고 있었다.
>
> ― 「빗장」 부분

죽음의 길이 열린 자리에 피는 꽃이란 "우주가 내가 되고 내가 우주가 되는 찬란한 만남의 이야기"이어서, 진정으로 "나의 생명에 불꽃"(『살아서 살며』, 「후기」)과 같은 존재이다. "꽃으로 시간을 영글어 // 젊음을 재현하고/웃음을 배우며/믿음을 익혀서 // 피었다 떨어지는 허실虛實앞에/꿈으로만 사는 꿈이 있다."(「꽃의 의미」) 비록 피었다 떨어지는 허실과 같은 것이 삶이라고 해도, 더욱이 다 떨어지고 아무 것도 없는 고독의 극점이 삶이라고 해도, "꿈으로만 사는 꿈"의 꽃을 피우는 자리에 다음의 시가 있다.

꽃잎 만진다
생명 마주하는
뜨거움의 정

윤회의 계절 끝
세월 여는 봄

아픔으로 피운
수난의 부활이여
인내의 표상이여

생명의 벌판
시드는 부끄러움으로
종교인가, 사랑인가

떨어지고 떨어지는
빈 가지

고독은

예수의 발을 씻고

꽃으로 핀다.

—「모란꽃」 전문

"윤회의 계절 끝"이라는 생사유전生死流轉의 세계에 아픔과 수난을 참고 견디며 피어나는 모란꽃을 본다. 너른 벌판과 같은 생명을 언뜻 얻었으나 이내 시들려 한다. 설령 다 떨어지고 빈 가지로 남아 고독의 표상이 되더라도, 제 몸 바쳐 구원의 길로 나섰던 예수의 발을 씻는 꽃으로 거듭 날 것이라고 한다. 고독의 극점에서 예수의 발 아래 피는 꽃이란 무엇인가? 예수의 발은 온갖 수난의 응혈로 사무친 지점이다. 1987년, 서인숙의 나이 오십여섯에 장암 선고를 받는다.

무소식의 세월 속

돋아난 병마

神의 심판 앞에

내놓은 목숨

장미 송이송이

그대 발아래 깔고

침묵으로 쓰는 소식.

—「엽서」 전문

투병 생활을 침묵으로 쓴 까닭은 신神이 화자에게 침묵으로 답을 주었기 때문이다. 침묵은 자신이 말을 하는 데에 있는 것이 아니라 귀로 듣거나 마음으로 듣는 것이다. "아, 살았는가/등 뒤에서 엉거주춤/저승 돌아서는 기척"(「해후」)으로 느껴 알았기 때문이다. 죽음의 극점이었던 "저승"이 돌아서고 수난의 끝자락에 붉게 핀 "장미 송이송이"를 신의 발아래에 깔아 드린다. 신이 화자에게 침묵으로 삶이라는 답을 주었듯이, 장미 역시 살아가면서 침묵처럼 무한공간의 영원을 당신에게 드리겠다는 약속을 한다. "침묵을 찾아나서야 하는/또 하나의 형벌이/기다리고 있는 마음의 길"(「침묵하는 마음」)을 좇는다.

4. 영원, 시의 원형

서인숙에게 있어 '영원'을 체득케 하는 길목에 1980년 백자화랑을 여는 생활사가 무관하지 않다. 백자화랑을 열기 이전에 고물상을 헤매고 다니며 "고예당이란 간판을 내걸고 골동품 가게를 열었던"(「미국의 한국정」, -수필) 터였다. 일찌감치 전통 민화와 청화백자와 토기에 눈길을 두었으며, 이를 시적 제재로 삼아 시를 썼다. 그러나 이때의 시는 완상으로서의 기쁨에 머무른 정도였다. 혹은 옛 자기와 옛 기물의 영구성에 대한 섣부른 찬양이었다.

그러나 1980년 백자화랑을 연 까닭을 여러 수필에서 밝히고 있듯이 앞선 태도와는 확연하게 다르다. 일을 통한 자기 생활의 기쁨을 영위하는 것도 있지만, 무엇보다도 "그것은 나의 자유이며 나의 권리이며 나의 승리"(「미래를 향한 현대여성」, -수필)이기 때문이다. "해방과 자유에서 조용한 너그러움"(「풀잎으로 피던 날 - 수필」)을 추구하겠다는 것은 서인숙 삶의 가치관으로 자리 잡는다. 시인은 "이래도 슬프고 저래도 슬프다. 그냥 울면서 살아가고 있는 셈이다. 슬픔을 즐기면서 그 아픈 고독은 황홀하다. 이 자유, 이 해방, 언제 어디에 무엇을 위해 떠나도 좋을 세상의 보헤미안이요 생명의 보헤미안"(「황홀한 고독 그 생명의 소리」 - 수필)을 선언한다.

"'나는 누구인가?'라는 자문 앞에, 아무런 대답도 하지 못한 채, 허무와 염세, 우울증의 나락에 빠져 육체까지 병들게 할 때"(「슬픔은 파도처럼」 - 수필) 그가 보듬은 백자는 건너다보며 완상하는 것이 아니라, 백자에 진정한 '나'가 깃들어있음을 알아차리는 뜻깊은 일이 된다. 이를테면 백자의 "가난한 선은/외로움과 노여움을 지닌/잔잔한 용서이거니 // 내가 네가 아닌/나로서만 있는 선을/아름다운 몸짓으로/하얀 공백에 피어 있어"(「백자頌」)와 같다. 말하자면 백자의 선은 나의 외로움과 노여움에 대한 잔잔한 용서이며, 그리하여 백자의 면은 내 삶의 하얀 공백으로 충만하다는 인식에 이른다.

> 가면 어떠랴
> 시간이 없어도 하얗게 타다
> 뼈만 남은
> 하얀 가슴의 청화
>
> 빛이 없는
> 없는 세월의 끝없음에
> 의젓이 남을 그리움의 청화여.
>
> ―「청화의 그리움·1 - 이조청화백자」 부분

영원이란 시간이 아니다. "시간이 없"는 무시간성에 있어 오고가는 것이 없으며 빛과 어둠마저 없다. 모양도 없는 것이어서 꼴과 맵시를 두고 이야기 할 수 없는 것도 아니다. 다만 "뼈만 남은 하얀 가슴"같은 영혼으로, "의젓이 남을 그리움"같은 내 마음의 그릇으로, 청화백자와 나는 영원에 깃든다. 혹은 "님을 향한 사모의 꿈을/모란꽃으로 피운/아낙이여, 긴 머리의 댕기여"(「청화의 그리움-3 - 이조청화백자」)와 같이 자아의 모습으로 현현한다.

이것을 두고 이성적 사고의 결여로 보는 것은 온당치 못하다. 유한한 존재로서의 인간이며, 자신이 죽으면 모든 것이 허망하게 끝나는 것이라고 여기겠지만, 그렇지 않다. 영원이란 썩지 않을 영구성을 뜻하는 것이 아니라, 썩거나 다시 피거나 간에 자기 스스로 영원히 살기위해서 노력하거나 확신을 갖는 것만으로도 영원에 드는 것이다. 그것은 마치 "행여 버리고 온 무덤에서/뼈로 쓴/그대의 사랑이든가"(「엽서」)와 같은 것이며 "살아있음인가/죽어있음인가/분간할 수 없는 일치 // 별 하나가/희망으로 반짝일 때/그대가 보여준 색/영원함이여"(「노을」) 으로 존재하는 세계이다.

서인숙에게 있어 "시간이 없"는 무시간성이란 "모든 시간이 중지된, 중지된 시간의 깃에서 새로운 시간을 약속"(「빈터 - 수필」)받는 뜻깊은 자각의 시간이다. 무시간성과 더불어 공간마저 무화된 세계에 "아무 것도 없어라/누구도 없어라/온통 없음과 없음이 엇갈린 빛/빛이 굴러오는 이 무언의 세계"(「백자부인」)라는 침묵과 함께 "그 안에 있는 듯, 없는 듯,/모습도 소리도 없는/나를 본"(「조선사발 - 무상」)다.

만년에 서인숙 시의 자장은 고대의 향수로부터 출발하여 영원성을 들여다보는 내면화로 충일하다. 신라 진흥왕릉, 선덕여왕릉, 사천왕사, 선운사 부처, 석불, 와당, 수막새, 목어, 고려청자 사발에서부터 반닫이, 등잔, 부채, 분원 항아리, 조선사발, 빗살무늬 토기 등 기물에 이르기까지 시적 제재로 섭렵한다.

유독 눈에 띄는 것은 청동거울인데, 세 차례의 출간시집에 표제는 같으나, 각기 다른 연작시 형태를 띤다.[67] 태양숭배의 산물로서 반사된 빛에 하

---

67) 「청동거울·1,2」(『오렌지 햇빛』, 2001년), 「청동거울·1,2,3」(『조각보 건축』 2010년) 「청동거울— 소멸, 무상, 사랑 부제 연작 3편」(『청동거울』 2016년)

늘의 메시지가 있으며, 지상의 꿈을 하늘을 향해 소망할 수 있는 이른바 천상과 지상을 연결해주는 거멀못인 고대신화속의 청동거울. 한편으로 여성들의 기물인 동시에 자아의 반추로서 상징화된 청동거울이다. 서인숙은 첫번째 시집, 청동거울에서 "죄를 씻고 또 씻어낸 신의 말씀"(『청동거울·1』)을 본다. 두 번째 시집, 청동거울에서 "푸르게 푸르게 물든 내 모습"(『청동거울·1』)과 "아무래도 내가 아닌 또 한 사람의 내가/혼령이 되어 죽어도 죽지 않은 채/이승을 떠도는 한 마리 새"(『청동거울·1』)로 표상된다. 세 번째 시집, 청동거울에서 "푸른 거울이 하얗다/어둠의 어둠/아무 것도 없다."(『청동거울 - 소멸』) "사람 아닌 사람/죽음의 사람/깊은 밤/무서운 적막/달빛마저 숨어버린/시간은 간 데 없다"(『청동거울 - 무상』)로 부감된다. 다음 시에 이르면 이 시의 주체이자 화자인 서인숙이 죽음 저 편에서 이승을 향해 죽비처럼 냅다 내리치는 절창을 듣게 된다.

        시퍼렇게 멍든 사람
        아프게 슬픈 얼굴이여
        피 비린내 흙의 향기로 살아 온
        선사시대
        죽어도 죽지 않은 한 세상의 목숨이
        해골로 울지 않은 울음으로 통곡한다
        사랑에 목숨 걸어도 좋은 자유를
        신은 선물했다
        선물은 괴롭고 아파도 사랑은
        아름다워라
        저 시퍼런 갈증
        영원은 어디에 있는가

그립다

그리움은 강물로 흐느낀다

사랑이 죽음이 된 청동 꽃이여

―「청동거울 - 사랑」 전문

청동거울로 표상된 위 시의 화자는 "시퍼렇게 멍"들고 "아프게 슬픈" 얼굴을 지녔다. "해골로 울지 않은 울음", 죽어 살이 썩고 앙상한 뼈가 되더라도 울지 않았던 울음을 "통곡한다." 소리 높여 슬피 울 수 있는 까닭은 "사랑에 목숨을 걸어도 좋은 자유"를 신神으로부터 받았기 때문이다. 서인숙에게 신神은 앞선 시 「거인」으로 표상된 '시詩, 그 자체'이다. 시와 사랑이란 "저 시퍼런 갈증"과 같은 것이어서 늘 그립고, 그리운 만큼 강물이 되었다. 화자는 영원히 "사랑이 죽음이 된 청동 꽃"의 시인으로 남고 싶다.

한편, 만년에 서인숙의 인생관과 가치관을 명징하게 가늠할 수 있는 다음의 시가 있다.

조각보를 깁는다

조선의 기와집 마을이 아닌 새로운 도시

높고 낮고, 삼각, 사각 색색으로

명주천, 모직천, 무명천이 이웃되어 살고 있다

꽃들이 피고 지고 있다

별빛이 쏟아진다

옛집은 어디쯤

조각보의 길을 걷는다

실오라기 따라 걷는다

숨바꼭질하다 숨은 마루 밑
박쥐에 물린 소녀의 손가락 피가
봉숭아처럼 붉던 저녁
노을이 불타는
아득한 마을
한 뜸 한 뜸 조각보를 깁는다.

—「조각보 건축」 전문

    조각보는 여러 조각의 헝겊을 대어서 만든 보자기이다. 낱낱의 헝겊은 보잘 것 없는 것으로 여겨져 버려진다. 그러나 떨어지거나 해어진 곳에, 버려질 조각을 서로 맞대거나 꿰매는 순간 서로가 모자라는 부분을 덧대어 아름다운 조각보가 탄생한다. 이 시의 화자는 우리가 사는 도시에 숱한 헝겊을 본다. 높은 사람, 낮은 사람, 명주처럼 가늘고 고운사람, 모직처럼 제멋대로의 털실 같은 사람, 무명처럼 따뜻해 솜 같은 사람을 본다. 여러 사람들이 걸었던 길을 되짚어 한 가닥의 실오리 같은 기억을 따라가면 언뜻 유년의 "피, 저녁노을"아득한 마을이 나온다.
    열네 살에 수십 명의 친구들에게 이리 떠밀리고 저리 맞아서 쓰러져 울던 해지는 산기슭에 붉디붉은 노을은 이 시의 화자가 지닌 상처의 원형이다. 서인숙의 시 곳곳에 숱하게 자리 잡은 '노을'이란 무엇인가? "살아 있음인가/죽어있음인가/분간할 수 없는 일치 // 별 하나/희망으로 반짝일 때/그대가 보여준 색/영원함이여"(「노을」) 이다. 버려질 조각 같은 색색의 상처를 조각보 침선으로 꿰매는 마음이란 무엇인가? 낱낱의 헝겊 같은 사람을 이해하고 용서하였기 때문이다.

"누구에게 매를 맞았는가/아픈 맨살의 목소리가/시간 위에 구르는/저 어둔 골목/서러워도 견뎌야 하는/관용의 세월"(『그림자』)이었다. 조각보가 아름다운 것은 버려질 낱낱의 헝겊에 색색의 조화로움이라는 생명을 불어넣어 주고 더 나아가 상처를 꿰맨 자리가 아름답기 때문이다. 이렇듯 우리의 삶은 "무수한 색들이 이리저리 엉키어 알 수 없는 꿈의 세계를 펼치며 색의 향연을 벌이고 있다."(『색의 향연』-수필) 서인숙의 됨됨이와 넉넉한 품을 감지할 수 있다고 하겠다.

5. 맺음말

2016년 3월 4일 오전 4시, 서인숙은 향년 84세를 일기로 별세하였다. 만년에 서인숙은 "수필과 시 이 두 가지 일에 정열을 쏟으면서 한 가지를 택하라면 시를 택하고 싶다."(『언제나 초년생』- 수필)라고 하였다.

시와 꿈이 영원성에 깃드는 것이라고 믿은 로맨티스트 서인숙. 음악을 즐겨 듣는 까닭이 "살아있음의 아름다움을 찬미하고 더욱 삶을 빛내고자 하는 이유"(『존재의 의미 그 치열한 싸움』- 수필)에 있었던 사람. "나의 시는 내 목숨의 음악이다. 나의 인생이며 나의 길이다. 내 죽는 날 '바흐'의 '마태수난곡'을 들려달라"(『음악처럼, 자연처럼』- 수필)던 소원을 경남문단인은 들어주었는가? 설령 들어주지 않았다 하더라도 서인숙의 "시와 꿈의 고독은 비탄의 고독에서 우리를 꺼내준다. 우리로 하여금 삶을 등지게 했던 슬픔의 밑바닥들의 밑바닥에서 가장 순수한 환희의 노래"[68]로 울려 퍼지고 있다.

---

68) Albert Béguin, 이상해 역, 『낭만적 영혼과 꿈』(문학동네, 2001) 654쪽.

진정한 농민시에 이르는 길
- 성기각의 시

1. 들어가며

성기각은 농민시를 쓰는 시인이다. 한편으로 「한국 현대 농민시 연구」로 박사 학위를 취득한 농민시 연구자이기도 하다. 당시 심사위원장을 맡았던 서울대 김윤식 교수는 우리나라 농민시에 대한 이해와 관점을 토대 모순의 인식과 현실 변혁을 바탕으로 한, 생명 사상의 시원 회복으로 정리했는데, 성기각 역시 그와 같은 방향에서 수렴하고 있었다.

똥장군을 지고 거름을 내어 지심을 돋우던 그가 줄기차게 농민시에 대한 애정을 버리지 못하는 까닭은 무엇인가? 대처에 나가 낮에는 지식인으로서 품을 팔고, 밤에는 그의 고향에 그림자처럼 스며들어 흙처럼 잠을 자며 농민시를 쓰는 그는 누구인가? 그가 쓰는 농민시는 그의 연구 텍스트로 꼽아졌던 숱한 농민시와 어떻게 다른가? 이 글은 이러한 물음에 대한 나름대로의 견해를 정리한 것이다.

2. 농민에 대한 성찰

　대체적으로 농민시는 사실과 상황에 기초한 서술 양식으로 일반화되어 있다. 체험의 공유, 농민 의식과의 일체화, 농촌 문제 인식, 현실 변혁에 관한 실천적 전망 등이 선행되면서 절제될 수 없는 내적 형식을 띠게 된 것이다. 농민시를 읽는 독자들의 경우도 역시 일정한 선입관을 가지고 있는데, 그것은 마치 등식처럼 나열된다. 농촌의 황폐화, 척박한 현실, 어렵고 고생스러운 농민의 삶으로 전형화된 농민시로 어렵지 않게 읽어낸다. 게다가 비평가들이 농촌의 토대 모순, 농민들의 변혁 의식 등을 운위하면서 실천적 전망, 세계관의 확대 혹은 부재 등을 들어 가치매김 하게되면 영락없이 농민시는 사실과 상황에 대한 세계관 해석으로 이래저래 사설만 무성하게 된다. 농촌 체험과 무관하게 토대 모순을 이야기하고, 농민이지도 못하였으면서 농민의식의 지향성을 가늠하고, 농민이 되어 보지도 못하면서 세계관을 언급해야 하는 지적 딜레마, 그 감옥에 농민시가 가두어져 있다.

　이제 우리가 지녔던 모든 선입관을 배제하고 성기각의 시를 보자. 이때 일차적으로 다가서는 것은 농촌에 대한 있는 그대로의 명증한 시선이다.

　　　늙은 미루나무에 온통 먼지를 덮쒸우며
　　　달려가는 이방행 읍내 버스
　　　신작로 옆 양파논에 쫑다리 핀다
　　　마을회관 담벼락 탱자나무에 탱자꽃 지고 나면
　　　앞집 덕산댁 유월 토담 위에
　　　박꽃이 흰 속살로 무명 속곳 걸어주는 오후
　　　옆집 산동댁 조무래기들이

칭얼칭얼 낮잠 청하고 나면

풋마늘 냄새에 취해

뒷집 인동댁 씨암탉들도 모조리 존다

농로를 가로질러 댕-댕 날아오는

대지초등학교 무쇠종소리가

도꼬마리 풀잎사귀를 흔들면

미처 봄날 씨앗을 날리지 못한 민들레가

엉겅퀴 가시 아래에서 꽃대궁 밀어올리는

적막한 오후 3시

유월 졸음이 묻어오는

경상남도 창녕군 대지면 석동

— 「오후」 전문

초여름 농촌의 모습이다. 간혹 이방행 읍내버스가 먼지를 일으키며 달리기도 하지만 그것 외에는 쫑다리, 박꽃, 조무래기들, 씨암탉, 도꼬마리 풀잎사귀, 민들레와 같이 작은 것들이 이루는 세계에서 졸음에 겨운 농촌의 모습. 서두를 것이 없고, 하지 못해 안달하는 것도 없다. 그 모습은 미처 봄날에 씨앗을 날리고 꽃대궁을 밀어올리지 못한 민들레로 형상화된다. 이것이 농촌이다. 혁명을 향한 변혁이 잠재적으로 꿈틀대는 분노의 대지가 아니다. 생성을 향한 씨앗으로서의 흙이 거대 자연을 끼고 약동하는 희망의 대지도 아니다. 어떠한 암시와 상징도 배제되어 있는 자리가 농촌이다.

그 곳에서 그는 자신을 보고 아울러 농민을 본다. 그 자리에는 "석동에서 소벌까지 새벽 오릿길 쇠꼴을 베러 꼴머슴 구태랑, 내 8마력짜리 경운기를 몰고가면서 농사짓기 싫어 한참을 북받치던 내 스무살"(「소벌 가는 길」)이 있다. "예비군 훈련을 마치고, 무학소주에 취해 소나기를 맞으면서, 이른바 개구리 복장이라는 군복을 입고, 목이 쉬어 울지 못하는 청개구리 같은 젊은 남편들"(「맥산에서 석동까지」)이 있다. "이두박근 검게 탄 70년대 창산 형님, 김천 아재, 보리뫼 형님들이 투덜투덜 점심을 굶어가며, 복날 똥개 한 마리조차 지나가지 않는 신작로를 바라보며, 농협 김주임을 기다리고 있다."(「비료창고 앞에서」)

문제의 초점은 이러한 농민들의 모습이다. 그의 첫 시집 『통일벼』에서 무수히 만날 수 있었던 분노 어린 농민들이 다 어디를 갔는지 자취를 감추었다는 것이다. 물론 "노고지리가 자살 감행하는 오월 양파논에서 우루과이 라운드에 분개하여 일어서는 낙기 아재의 치솟는 분노, 창녕군 영농 후계자들이 일제히 분노하는 푸르디 푸른 팔뚝"(「창녕 양파」)이 없는 바는 아니다. 그런데 이번의 시집 『일반벼』에서는 그와 함께 살고 있는 농민들의 모습이 과거 그의 나이 열다섯에 가졌던 싸늘함으로 오늘에 다가서 있다.

일모작 논에
까마귀 떼 시커멓게 얼어죽었다
상촌 할배 장례식에
창산 댁 수퇘지 한 마리
매 맞아 죽었다
서른하나 동수형님이랑
배 맞아 도망간 우리 동네 정례 어미는
이모작 보리밭에서 얼어 죽었다
살아서 슬픈 것들은
모두 얼어 죽을 준비를 하고 있었다
정월 대보름
타오르던 달집 속으로

내 가슴에서

네 가슴으로 옮겨 붙던

열다섯 그 뜨거움도 죽었다.

— 「얼어 죽은 것들을 위하여」 전문

　시집 『일반벼』에서 바라보는 농민들은 더 이상 '푸르디 푸른 팔뚝'과 같은 양파대궁을 지닌 '분노'가 아니다. "가난만큼이나 매운 양파 냄새만 따라오는 논둑길, 마을회관 점방에서 막걸리통 앞에 놓고 꺼이꺼이 신세타령 늘어놓는 강골재 형님, 농공단지 경운기 공장에서 허전한 아랫도리로 귀가하는 장가 못간 동촌 형님"(「왕산리에서」)이 있다. "어린 아들 봉섭이 버리고 간 당신의 품안에서 달개비꽃 같은 눈물을 펑펑 쏟고 싶은"(「구미이장 윤석이」) 남편이 있다. "고추값 폭락하여 사십줄 나이에 탱글탱글 약오르는 고추농사를 보며, 죄없는 청춘 어디서 벌충조차 못하는"(「승호 형님」) 원동 마을 형님이 있다. "피망만큼이나 멍든 손마디로 오늘도 이 나라 영농 후계자의 하루를 따내는 대지면 경자생 친목회장"(「유리 온실에서 피망 따는 윤석종」)의 제값받기 걱정거리가 있다. "미락 아지매 큰아들 충경이 아재는 알이 꽉찬 배추농사 버리고 포기째 노총각이 되어 서울 택시 몰러 도망을 가고"(「충경이 아재」), "내 불알 친구 세범이는 고향을 떠나 대구시 달성군 농공공단에서 일하다가 멍자국 짙은 어깨로 빈털털이로 돌아오고"(「세범이」), "젊은 날 들판에서 쫓겨 난 타경이 아재 늘그막 마산수출자유지역 수위 노릇에도 쫓겨나 뒷골 두마지기 소작 물꼬에 쭈그리고 앉아"(「개망초」) 있다.

　시인의 섣부른 이념과 추상화된 실천 논리를 구체성으로 포장하고 형상화하여 앞세우기 전에 그는 농촌의 현실과 농민의 실체를 리얼리티 그 자체로 바라보고 있다. 심지어 「노주사가 간다」라는 시에서는 면사무소 노주사가 지나갈 때, 농약 먹고 자살한 창수 아재 산소를 유유히 지나치고, 모산

마을 이장님 수인사를 건네기 바쁘고, 지 아버지 거름 지게도 엎어질 정도로 인사하기에 허겁지겁이다. 시집 『통일벼』에 나오는 농민들의 모습과 사뭇 다르다.

이는 애써 '있어야만 하는 것'이라는 시인의 의식을 배제했기 때문이다. '있어야만 하는 것'이란 객관적 분석에 토대를 둔 과학적 인식이며, 이는 비판의 길을 열게 하는 단초로서 작용한다. 아울러 모순에 대한 비판과 대립을 통한 시적 긴장이 엇물리면서 새로운 가능성으로서의 통합 의지를 내세우기 마련이다. 농민시의 의미망은 늘 이러한 도식적 틀을 끼고 도는 관념적 형상화로서 그 몫을 다해 왔다.

그런데 그가 이제는 늘 '있어 왔는데 없었던 것처럼 했던 것'에 대해 말하려고 하고 있다. 지배와 피지배, 착취와 피착취에 기저한 투쟁적인 관념을 버리고, 무력한 농민을 그려냈다는 지사적인 비평가들의 폄하를 무릅쓰고, 농촌의 아노미 현상은 그대로 그리되, 농민 의식을 앞세우지 않는 시를 쓰고 있다.

농민들은 의식으로 살지 않는다. 그들은 감각으로 축적된 경험으로 산다. 마찬가지로 그 역시 농민들의 감각과 함께 하는 순연함으로 농민시를 쓰고 있다. 농민들의 실체에 근접하여 그들을 바르게 그려 낸 농민시는 과연 얼마나 될 것인가? 그들의 무력함, 무식하고 무지하며 똥 같은 삶을 살아내고 있는 농민들을 그려내고 있는 농민시는 얼마나 존재하고 있는가?

작위적인 시인의 관념적 의식이 농민들의 의식을 앞질러, '있어야 할 것'이라는 당위적인 세계를 역설하고, 농민들이 지니지 못하는 '의식 없음'을 개탄하거나, 거꾸로 농민들이 지니고 있지 않는데도 '있는 것'처럼 포장하여 투쟁의 깃발을 드높이는 것이 진정한 농민시가 되는 유토피아적 이상 세계의 공소함으로부터 자유로워야 한다. 있는 그대로 보아야 하는 자리에 농촌이 있고, 농민들의 실체 역시 그들을 그대로 보는 것에서부터 출발하여야 한다는 점에서 성기각의 농민시는 나름대로의 의의를 띠게 된다.

그는 농촌의 아노미 현상을 실체 그대로 보고 있다. 그리고 왜 그러한 것이 야기될 수밖에 없는지에 대해서도 그들의 삶을 통해 적확하게 그려내고 있다. 일한 만큼 거두어야 하고, 불가항력의 자연 재해에 맞서 싸운 만큼 최소한의 생존이 따라야 하고, 고통과 인내에 맞닿은 삶의 결실과 보상이 창출되어야 하는데, 이러한 모든 행동에 법칙이라는 것이 부재하기 때문이라는 것을 알고 있다.

더욱이 작금의 농업 현실에 있어 일정한 유형조차 없다는 데에 그 심각함을 더하고 있다. 산업화의 촉진과 더불어 농업 생산성을 높이기 위한 표준화 작업이란 대량 수확 체제를 가속화하기 위한 것이었다. 모든 것은 양적인 체계 속에 수렴되었고, 최대의 수확을 거두기 위한 단일화된 유형의 수립만이 모든 가치의 표준으로 자리잡았다. 그것을 상징하고 있는 것이 이른바 '통일벼'이다. 그러나 개별적인 지리 환경의 친화적 요소를 도외시하고, 유기적 조화를 간과한 까닭에 '통일벼'는 작황에 있어 부진함을 드러내고 말았다. 이것은 실패한 농정의 한 상징이다. 그는 이러한 것을 앞선 시집 『통일벼』에서 거침없이 적시하였다.

『일반벼』 시대라고 달라진 것이 없을 뿐 아니라, 더욱 심각하다. 농업 경쟁력 확보를 위한 농가 혁신은 곧 개별화된 지역별 특화된 농산물 생산으로 이어졌고, 그것은 곧 다품종 소량 생산의 독점으로 얻을 수 있는 가격 경쟁력이 되기도 하였다. 다품종 생산에 너도나도 할 것 없이 뛰어들었고, 경쟁력 있는 농산물에 대한 과잉 투자, 과잉 생산으로 인한 가격 폭락, 엎친 데 덮친 격으로 외국의 값싼 농산물이 쏟아져 들어 와, 설비 투자에 대한 감가상각비를 계산하기도 전에, 빚이 빚을 잡아먹는 농가 부채의 악순환이 초래하게 된 것이었다. 다품종 단품이 오늘날의 새로운 경쟁력이 된다는 것을 알면서도 어찌할 도리조차 없는 무력함에 빠져들었다는 것. 말하자면 비전은 있을 수 있으나, 어떠한 실천적 유형도 부재한 이른바 '일반벼' 시대의 오늘이 된 것이다.

뿌리 뽑힌 노동, 그것은 인간 에너지의 거세이며, 혼신의 힘을 기울일 것을 상실한 영혼의 죽음이며, 따라서 모든 생명성의 절멸을 뜻한다. 농민들에게 닥친 어려움을 척결하기 위한 여하간의 방편이 부재하며, 방편을 찾더라도 뜻을 펼칠 수 있는 기회가 주어 질 수 없다는 똥 같은 농촌 현실을 두고, 똥이 생성을 향한 거름이 된다고 말하는 것은 얼마나 거리가 있는 것인가? 그는 똥을 똥이라고 말한다. 그는 생명성의 회복이 진정한 농민시로 가는 길임을 말하고 싶어 한다. 이 시집에 수록된 상당한 작품이 척박한 농촌에서의 친족 체험에 대해 알뜰히 아끼고 기대고 있는 것은 그와 관련한 뜻이 담겨져 있는 것이다.

3. 가족 공동체로서 농촌

노동이란 무엇인가? 고통과 수난 속에 부여받은 천상의 소명인 동시에 지상적인 의무로서의 노동은 오로지 인간의 근면함만이 제반 악조건으로부터 벗어날 수 있는 유일한 길임을 우리에게 가르쳐 왔다. 충동과 본능에 기저한 인간 에너지의 조화로운 방출을 통한 가치로운 삶의 창출과 뜻 있는 일에 깃들은 자아의 자유로움이라는 이상적 측면에서 노동은 자기 창조의 가능성이기도 하지만, 도덕적 교과서로서의 수신修身 그 자체이기도 하였다. 특히 노동을 단순한 생존 수단이며 의무로서가 아니라, 인간의 영혼에 뿌리박은 신성성의 실현, 즉 육체적 노동을 통한 정신의 정화로서 의미를 두었을 때, 광휘로운 삶으로서의 극점에 두기도 하였다.

농민들에게 있어 노동의 진정성을 위와 같이 확대 해석하지 않더라도, 분명한 것은 생명의 싹을 틔우고, 자연의 운행 질서를 따라 이루어지는 생성의 참뜻이 자신의 땀에 깃들어 있다는 겸허함, 결실은 고통과 인내 속에 얻어지는 것이라는 외경의 세계에 있었을 때가 가장 행복했을 것이다. 그들이 누리는 노동이란 만물의 창조주로서 인간이 만물의 영혼에 붙박아 하나로 친교 하는 뜻있는 행위였을 터이다.

> 눈 시리게 맑은 청명 이른 아침
> 할머니 모판에 나와 씨나락을 뿌리신다
> 아느냐
> 죽어서 새순 푸른 자식을 키워낸다면
> 아무 것도 부러울 게 없느니라
> 보리누름 논두렁을 돌아나가시며
> 할머니께서 여덟 살 내게 말씀하셨다
> 어린 손자에게 무엇을 깨우치게 하시려는지
> 물새 궁둥이만한
> 내 손에도 씨앗 한 줌 쥐어 주셨다
>
> ―「할머니와 씨나락」 부분

할머니가 모판에 씨나락을 뿌리시는 것은 할머니 당신 역시 죽어서, 만물의 영혼이 되어, 새순 푸른 자식을 키워내는 것과 하나가 되는 것이다. 단순한 수확으로서의 의미를 넘어선 이것은 생명성의 영원함을 손자에게 가르쳐 주고 있다.

농촌에서의 삶이란 무엇인가? '없어서' 아쉬우면 '있어야 할 것 혹은 있을 것'을 갈망하며, 비록 그 갈망이 채워지지 않더라도 '그저 그만'이며, 반대로 '있다는 것'은 '아애 없는 것'보다 덜 불편한 것이며, '지금 있다'고 해서 '나중에 없어질 것'을 걱정하지도 않으며, 비록 없어져도 '그저 그만'인 것이다. 그러한 삶을 살아 나온 사람들이 그의 아버지와, 아버지의 아버지와, 그의 어머니와, 어머니의 어머니, 그리고 그들과 함께 한 모든 이들인 것이다.

"똑—똑 관절 부러지는 소리와 함께 호미 들고 된 비알 오르는 우리 어무이"(「마늘밭」), "사하라 태풍, 가난에 시퍼렇게 멍든 식구들, 그러나 거름 가마니 둘러메고 나선 아버지"(「감자밭에서」), "어두운 생각은 터서 동촌댁 논으로 보내고 희망찬 생각을 도랑물에 가두는 아버지"(「논물」), "입성 하나 변변치 못한 노친네가 자식들 굶기며 키워 온 나날이 쩬하여 마늘밭 고랑고랑에 단감나무를 심고"(「노친네가 단감나무를 심습니다」), "다리에 심없을 때까지 붙여 먹어야제, 이승의 마지막 쌀농사를 바라보시는 아버지"(「아버지 논두렁에 앉으시다」)가 있다.

그들은 채울 길 없는 욕망 때문에 거짓되거나 병적인 욕망에 스스로를 가두는 법이 없다. 거대한 갈망이 없는 까닭에 터무니없는 소망으로 자신을 해치고 남까지 해치는 어리석음을 범하지 않는다. 욕망에 관한 한 그들의 대답은 참으로 단순하고 명료하다. '있는 것'은 '있다'이고, '없는 것'은 '없다'이다. '지금 없는 것'은 '앞으로 있을 것'이며, '여기 없는 것'은 '어디엔가 있을 것'이다. 겨울날 이제 지금 알곡이 없더라도 언젠가 봄날이 오면 사람이 먹을 그 무엇이 있을 것이며, 여름날 땀 흘려 일하여 가을걷이를 하면 먹거리를 얻을 것이라는 삶의 과정이 그들을 그렇게 만들은 것이다. 마치 식물이 자기 삶에 '없는 것' 때문에 '있는 것'을 향해 뿌리를 내리고, 동물이 이리저리 몸을 움직여 '없는 것'으로 여겨졌던 데에서 '있는 것'을 찾아내듯이.

아버지와 어머니는 자연 그 자체로 살아 왔다. 생명이 생명을 안고, 생명을 이어나가 생명을 발전하고자 하는 원리와 하나가 되어 왔다. 아버지와 어머니의 생명은 철저히 뒤에 오는 생명에 대한 희생이다. 이들에게 있어 자식으로 인해 호사를 부리는 것은 애당초 없다. 자식들을 위한 희생적 삶이 있으나, 그것으로 인해 오히려 자식들을 그르치게 할까 우려하는 이들이다.

>
> 자식을 키운다는 것은
> 고구마순 같은 내 몸을 잘라내 한평생 안달하는 일
> 팔순 아버지는 빈 요소비료 포대에
> 잘 자란 자식들의 뿌리를 주워 담으며
> ― 너무 애지중지 키우질랑 말거라
> 척박한 땅일수록 맛갈진 알뿌리가 맺히는 법
>
> ―「고구마를 캐는 가을」 부분

    성기각 시인이 갖는 가족의 의미는 가부장적 질서 체계에 의한 것이 결코 아니다. 아버지는 아들의 영상 속에 깃든 그림자이며, 나는 아버지의 그림자 속에 깃든 빛이다. 아버지의 그림자가 없으면 나의 삶의 빛이란 존재하지 못한다. 가족에 있어서의 모든 배분은 우선 조건에 의해 양보되는 미덕에서 비롯되며, 가난의 과거는 미래로부터 되돌아올 새로운 세계를 향한 씨앗이며, 따라서 현재 척박한 나의 삶은 아버지의 노동에 의해 신성함으로 거듭 나야 할 나의 삶의 좌표로 자리잡는다. 이러한 동심원적 질서가 자리잡은 세계. 이른바 절망과 구원이 상생하며 함께 하는 가족 공동체의 자리에 농촌 마을 창녕군 대지면 석동이 있으며, 그곳에 살고 있는 농민들이 있는 것이다.

>
> 그렇다
> 바람에 살아 오르는 물결이 아니라

> 고여서도 썩을 수 없는
>
> 원시시대의 꿈으로 누웠다 너희들이
>
> 진정 알 수 없는 아름다움의 깊이로
>
> 혹은 그만한 넓이로

— 「소벌」 부분

4. 맺음말

농촌에 유토피아라는 것이 존재할 수 있는가? 바꾸어 말해, 아직은 존재하지 않지만 미래를 건너다보며 자신의 삶을 채워 나갈 가치로움의 나머지 혹은 자유로움으로 충만한 미래가 농민들에게 있을 것인가?

비관적 결론이겠으나, 농촌에 유토피아란 있을 수도 없고, 농민들 역시 유토피아를 감상적으로 동경해 본 적도 없다. 농민이 무력해진 것은 제반 합목적적 활동이 극도로 위축되고 제한되어졌기 때문이다. 더욱이 문제의 심각성은 그것이 강제화된 통제에 의해서가 아니라, 스스로가 기획한 모든 것이 무위로 추락하는 연속성으로 인해 이제는 농사 짓는 것에 흥미조차도 가지지 못하는 데에 이르렀다는 것이다.

자율적인 기획과 실천, 농촌에 있어 '자기가치화'(self-valorizing)를 위한 제반 노력은 부재하고 있다. 탈 메커니즘을 통한 다양한 활동의 전개를 통한 확대 재생산 구조에 들 수 있는 길도 차단되어 있다

그럼에도 불구하고 농민들은 자연의 노동 속에 현존한다. 농민들이 가졌던 네 계절의 변화란 본질적으로 생성과 소멸, 소멸과 생성이 원환의 사이클을 타고 반복적으로 흐르는 자연스러움 자체였다. 굳이 땅의 의미를 부여

하지 않더라도 자연스러운 본능과 리듬 속에 노동과 인간의 인위적인 분리가 존재하지 않았다. 타율적인 강박이 아니라, 자발성에 기초한 까닭에 노동에 참여할 때가 삶에 있어서 가장 안온한 때가 되었다. 아울러 노동은 생존을 영위하기 위한 수단이라기보다 그들의 존재 이유가 되는 것이었다. 그 자신이 논이며 밭이며, 논과 밭 역시 자신의 순환적 삶의 부분인 동시에 전체가 된다. 논과 밭이 어떠한 자연 재해에도 떠난 법이 없는 것처럼, 농민도 논과 밭에서 빠져 나오는 법이 없었다.

    자연은 스스로 균형을 추구한다. 부분과 전체의 구분이 없고, 중심과 주변의 가름으로 인한 상대주의적 불균형 혹은 대립, 위계의 사다리로 인한 지배와 피지배적 갈등이 없다. 또한 만물의 성性이 '生生不息之理'에 있는 것이어서 사람과 사물이 끊임없이 낳고 낳아 어떠한 단절도 없이 연면하게 이어지는 것과 같이 원환의 세계 속에 동심적 삶을 형성하고 있다. 그것이 생명성이다. 오늘날 농민시가 생명성의 시원으로서 그 의미를 회복하는 길에 있다고 한다면 성기각의 이 시집은 그러한 도정에 있는 작은 물방울 하나이다. 물방울이라도 그것이 모여 천하를 적신다. 애써 농민에 관한 자신의 의식이라는 손바닥으로 천하를 가리려는 어리석음이 있어서는 안 될 일이다.

삶의 영도零度, 혹은 미망迷妄을 넘어서
- 공영해의 시

1. 들어가며

　공영해의 시는 편안함을 지니고 있다. 그의 시에는 갈등과 부조화가 없다. 충돌과 대립을 불러일으키는 낱낱의 사물도 그의 의식 세계에 들어서면, 순연한 감성이 다스리는 세계와 조응이 되고, 스스로가 겪은 생활의 한 부분으로 공존하게 된다. 그의 시는 동심원적으로 한없이 확산되어 삶 전체를 구성하고, 세계 전체와 관계하는 것에 있는 것이 아니라, 낱낱의 세계가 이미 그의 삶에 부분이었다는 것을 확인하면서 전체를 수렴하는 데에 그 근원을 두고 있다. 말하자면 어떤 불확실성을 향한 끝없는 모색이 아니라, 스스로의 삶의 질료로서 내재하고 있었지만, 미처 조응하지 못한 뜻깊은 의미에 대한 시적 여정에 있다.

2. 삶의 영도零度

　본질적으로 그의 시작 행위는 닫힌 과거를 열고 들어서는 작업에 바탕을 두고 있다. 과거를 닫고 살아야 했던 것은 척박한 현실 생활 속의 관성이 몸에 배인 탓이다. 멈추어 서면 선 채로, 밀리면 밀려 가는대로 살아 왔던 자신의 삶은 이미 폐쇄 그 자체이다. 이러지도 저러지도 못하는 가운데의 흔들거림, 그것은 인간의 보편적인 한계인데, 그나마 흔들거리지도 않으면 삶의 영도零度에 정체될 수밖에 없다는 인식에 그는 있다.

　　　무너지지 않기 위해
　　　흔들림을 배운다
　　　흔들흔들
　　　흔들리는 동안만은
　　　세상 사는 기쁨을 안다

　　　흔들리지 않고
　　　무연히 앉았노라면
　　　산은 한 폭의 그림일 따름

　　　바람 한 자락 날아와
　　　어깨를 쳐도
　　　나는 흔들흔들
　　　움직여야 사는 맛을 안다

> 흔들릴 때라야 나는
> 살아 있는 산을 본다
> 나는 흔들려야
> 이름값을 한다
>
> ―「흔들바위」 전문

위난의 시대, 쾌치는 현실 세계에서 살아남는 길은 삶의 부조리와 맞서 무너지는 것이 아니라, 격랑의 시대를 숙명처럼 여기면서 적당하게 흔들리며 사는 길이다. 그나마 흔들리지도 않으면 산이 "한 폭의 그림일 따름"이듯이, 내 자신 역시 모든 욕망과 결별한 채, 그림처럼 정물화 되어야 한다. 흔들리게 하는 만큼 흔들려서 산다는 것은 모든 욕망을 거세하고 사는 것이 아니라, 좌절된 욕망이지만 자신에게 주어진 욕망만큼 세상을 살겠다는 것이다.

이러한 세계 인식은 두 가지의 비판을 감수해야 한다. 하나는 부조리에 대한 초극으로서의 삶의 자세가 결여된 것이고, 또 다른 하나는 억눌린 자들이 갖는 방편으로서의 현실주의적 삶의 태도에서이다. 그러나 한편으로 두 가지의 점에서 '흔들림의 의미'는 긍정적으로 수렴될 수도 있다. 하나는 절망적 국면에 대한 초극을 허장성세하여 지나치게 자신을 추켜세움으로써 갖게 되는 자아와의 거리와 그로 말미암은 위선적 태도를 그는 갖고 있지 않다는 점이다. 모자라면 모자라는 대로 그대로 보여주는 진솔함, 자신의 한계와 욕망의 좌절을 고스란히 드러내는 솔직한 토로라는 점에서이다. 또 하나는 현실의 질곡에서 자기에게 주어진 욕망만큼 살겠다는 긍정적 수렴의 자세에서이다.

좌절된 욕망은 거세된 욕망과는 다르다. 좌절은 절망에 빠진 만큼 희망을 향한 몸짓과 가능성을 배제하고 있지 않기 때문이다. 그는 사람들의 삶이 닫혀져 있는 까닭은 스스로가 자신을 되돌아보지 않기 때문이라고 생각한다.

가을비 알맞추 나리는 날
목마른 그리움을 바라본다.

바람에 흩날리는 저 무진장한 사연들
아무나 받아 보아도 좋다.
바쁜 세상살이,
다들 쫓기며 살지라도
인생이여, 잠시 뒤돌아 보아라.
그리운 그 사연
세세히 읽지 않아도 좋다.

그저 잠시, '가을이구나!'
생각만이라도 좀 해주기를.
현란한 언어가 아니어도
닫힌 가슴을 쬐금 열어놓기를

— 「나뭇잎 편지」 부분

현재의 삶이 퇴락하게 된 것은 쫓기듯이 살아가는 가운데, 현재적 삶의 의미를 새기지 못하기 때문이다. 살아가면서 수많은 사연이 있었지만, 그 사연들이 오히려 삶의 족쇄가 된다는 생각에 모든 것을 버리기에만 열중해 있다는 것이다. 모든 것을 버린다는 것은 삶의 무게를 벗어 던진다는 점에서 가벼워질지는 모르나, 자신의 정체성마저 상실하게 되는 일이 되기도 한다. 이 시의 화자는 '잠시 뒤돌아볼 것'을 말하고, 아울러 '바람에 날리는 저 무진장한 사연들'을 담은 '가을'을 떠올려 볼 것을 말한다.

조락凋落으로 이루지 못한 과거의 좌절된 욕망은 버려야 할 대상이 아니라, 오히려 보듬어서 오늘과 내일을 아름답게 만드는 것이 된다는 것을 인식해야 한다는 것이다. 현재가 힘들수록 과거의 그리움으로 채우는 세계, 잊힌 과거가 현재에게 건네는 말을 들어야 삶의 현재적 의미가 되살아난다는 뜻깊은 일에 그는 몰두한다. 잊힌 과거와의 조우를 통한 현재와의 화해인 셈이다.

3. 미망 너머, 삶의 원형 탐색

일반적으로 사람들에게 있어, 과거는 늘 부재와 상실의 음화적 세계를 타고 부정과 탄식의 정조로 흐르는데, 그의 시에 있어 과거는 오히려 가족적 질서와 덕목 속에 가지런한 삶의 원천으로서의 회귀와도 같다. 이러한 의미에서 그가 현실의 격랑을 헤쳐 나가면서 과거의 물살을 타고 흐르는 것은 현실을 회피하는 것이 아니라, 현실의 질곡 속에 잊어버린 원형을 탐색하는 과정과 같다.

과거에서 그가 만나는 것은 보릿고개의 궁핍함을 사랑으로 감내하는 어머니이며,(「보릿고개」) 피흘림의 역사를 타고 흐르는 좌절된 욕망과 한恨, 빈손에 누더기만 남았으나, 순정한 삶을 살은 아버지의 산맥, 그 앞에 부끄러운 나의 여정이다.(「태백산맥」) 과거의 무구한 사랑과 애정 앞에 부끄러운 나에 대한 성찰은 과거의 그저 그런 이야기로 끝나는 것이 아니라, 현재적 삶의 태도를 가다듬는 이음새가 된다는 점에서 생생하다. 그의 시선이 늘 따뜻한 것은 여기에 있다. 과거의 원망은 오늘의 그리움이 되고, 옛날의 고통스런 추억은 돌이켜보면 사랑이었음을 확인하는 감정적 변주에 그의 시가 있다. 아울러 구름처럼 떠도는 무심함이 인생의 길이라는 것과 만나며,(「그 유년의」) 허욕을 벗어 던지고 사는 삶의 영롱함을 떠올리는 성찰의 계기가 되기도 한다.

> 우리 외아제는 눈매가 깊었다.
> 귀밑으로 처지는 잔주름 두엇이
> 얼마나 따뜻하던지
> 마주보면 담박에
> 박하향에 그득히 묻히게 된다.
>
> 어느 해는 뒷실 산비알에다
> 고두박 만탕 심어
> 수만개 박 바가지를 만들어 놓고도
> 팔줄을 몰라서
> 이웃마다 나눠주며
> 생광스레 쓰라고 먼 산 보고 웃을 때도
> 한 해 농사 버렸다고 말하지 않았다.
>
> 절간같은 빈 집에
> 혼자 사시며
> 대추라도 한 되팍 터는 날이면
> 이 사람 저 사람 불러
> 다 나눠주고도
> 아이마냥 하얗게 웃기만 할 뿐
> 당신의 손자가 보고 싶단 얘긴 비치지도 않았다.
>
> ─「하회河回에 가면 외아제를 만난다」 부분

좌절된 욕망이란 허욕을 버리지 못한 데에서 비롯되는 것이다. 그가 하회에 가서 외아재를 만나는 것은 좌절된 욕망이라는 것이, 모든 것의 집착을 끊은 세계에서 얼마나 하잘 것 없는 것인가라는 인식과 만나는 것이다. 남을 원망한다는 것은 자신이 아직도 교만한 까닭이고, 스스로를 탓하는 것은 자신의 삶을 고맙게 여기지 않는 까닭이다.

아파하지 말아라
푸른 것들 있는대로 모여
생기 철철 넘치는 아침을
퍼 올리나니

바위에 기댄 한 마리
작은 짐승까지
순정한 마음으로
고맙다 고맙다 하는데

사람의 따순 말씀
숨결마다 보드라운 햇살로 닿아
목메는구나

푸른 것들 함께 모여 서로
어깨 비비대며
달디단 웃음으로
세상을 여는데,

아파하지 말아라.

— 「산상山上에서」 전문

　우리가 살고 있는 세상과 운명을 말할 때 그것이 통속적인 까닭은 무력감, 체념, 패배주의적 색채를 띠고 있을 때이다. 그러나 운명을 말한다고 해서 모두 천박한 넋두리로 전락하는 것은 아니다. 비애와 체념 끝에 마주치는 회한은 자신의 운명에 대한 반추를 수반하며, 그러한 여과를 통해 자신의 삶의 결을 다듬는 행위로 이어지기 때문이다. 운명이 아름다운 미덕이 되는 까닭은 자신의 처절함과 만나기 때문이며, 궁극적으로 자신의 상처까지 사랑하기 때문이다. 비극적 굴절로 다가서는 아픔을 오히려 고마움으로 여길 때는 어느 때일까? 그것은 자신이 진정한 허무에 들어야만 비로소 가능한 것이다. 허무함만을 건너다보는 사람은 자신의 삶이 허무하다는 진술에만 머물러 있는 까닭에 넋두리가 이어지지만, 진정 허무의 나락에 빠져든 사람은 공허함에 대해 아무런 할 말이 남아 있지 않는 것이다.
　허무를 일컬어 자기적自己的이라고 한다면, 진정한 허무는 스스로를 버리는 작업이며, 자신과 관련한 모든 것의 집착을 끊어내는 작업이 되는 것이다. 다음 시가 그렇다.

차라리 땅 꽁꽁 어는 겨울이라 하자
그대여, 우리네 삶을
아파하지 마세나
닥종이 한 장에도 이승은 화엄華嚴의 세계

때묻은 마음으란 흰 눈 움켜 씻어내고
흑마黑馬엔 여물 든든히 먹여

'언치 노하 지즐 타고'

아귀론 고삐 바짝 감채어

단숨에 지쳐나자, 이 홍진의 골목

— 「설원雪原을 달리며」 부분

   화엄의 세계란 본질적으로 끝없는 부정 앞에 직면한 인간 욕망의 구도에 대한 성찰이다. 인간 욕망은 삶의 조건에서 비롯되고, 삶의 조건 앞에서 욕망이 생기生起하는 속박, 그 굴레에 대한 부정과 그 부정에 대한 부정으로 자신마저 벗어내야 할 것을 화엄의 세계는 말하고 있다. 일반적으로 우리의 삶을 일컬어 홍진의 골목이라고 하는 것은 좌절 체험 끝에 오는 허약한 실존의 몸부림과 하소연에서 기인하는 것이다. 우리에게 부딪치는 숱한 조건들과의 싸움에서 겪는 무력함, 혹은 숱한 조건들에 대한 적대감과 증오가 삶의 어두운 골에 가득하기 때문이다.

   본질적으로 인생이란 자기 앞에 펼쳐진 숱한 조건들과의 화해이다. 조건들을 뛰어 넘으면 이것이 없으므로 저것도 없어지는 것이다. 그는 과연 그러한 세계에까지 이르렀는가? 결론부터 앞세우면 그는 화엄의 세계 근처에 갔을 뿐, 들지는 못했다.

   지당엔

   연밥

   예닐곱

   귀를 찢는

   매미 소리

   서석瑞石들 알맞초

한 우주로
누워 있다

행단수杏檀樹
어깨 기대면
현훈眩暈으로
뛰는 별

— 「빛을 따라 가는 길 2」 전문

 진리의 깨우침을 상징하는 행단수 어깨에 기대어 그가 본 것은 연밥 예닐곱과 서석들이며, 그가 들은 것은 매미소리이다. 그는 진정 보아야 할 자신은 보지 못한 채, 정신이 어뜩하여 어지러운 혼미함만을 보았을 뿐이다. 미망迷妄의 세계 속에 그는 있으며, 따라서 시를 쓰는 일은 이러한 미망의 경계를 넘어선 세계에 들기 위한 그의 실존적 몸부림이 된다.
 그의 시는 정갈한 말솜씨와 이미지가 혼효되어 한참을 생각해야 행간에 묻어 둔 느낌들을 찾아내는 수고로움을 우리에게 강요하지 않는다. 말이란 이미 빈 껍질과 같은 것이라는 인식이 앞선, 그에게 시를 쓴다는 것은 껍질만의 목숨을 잇는 또 하나의 껍질을 배태할 뿐이라는 생각으로 가득하다.

이쪽은 거짓의 세계
꽃 피고 바람 불기로
나는 그대에게 갈 수가 없다.

참하고 향기로운 물상들이
있는 대로 숨쉬고

노래하는

그대 곁으로

돌아갈 수 없다.

내 안에는 이미

꽃이 이울고

말씀도 사위어

마른 살가죽

빈 껍질만 남아 있다.

이 껍질만의 목숨,

그대 향기론 말씀으로

씻어 주옵소.

벗게 하옵소.

― 「벽, 또는 창살밖의」 전문

참하고 향기로운 물상들은 그 자체로서 거짓 없는 제 모습을 갖추고 있는데, 거짓의 세계에 살고 있는 내가 그대에게 가는 것은 오히려 그대를 욕되게 하는 일임을 위 시의 화자는 말하고 있다. 그러다가 내 안에 들었던 꽃마저 이울고, 말 한번 건네 본 적이 없는 상태에서 나는 더욱 껍질만의 존재로 전락해 간다. 시적 염결성에 기초한 이러한 사고의 끝에서 그는 역설적으로 자신의 살과 뼈를 전부 다 추려내어야, 순은의 언어 하나 가지게 될 것이라는 시적 절망의 끝자락에 선다.

날 벼린 새벽

시린 등

뒤체며

번 – 쩍

번 – 쩍

물살을

난도질한다.

그 새벽 강물 한자락

내 안에 끌어다가,

소나기 같은

수박 내 같은

공백空白한 속 것을 헹궈내자

살은 살대로

뼈는 뼈대로 추려내면

나의 회귀回歸는

마침내 순은純銀의 언어言語,

날 벼린

새벽이 된다.

— 「은어」 전문

    자신이 사는 물살의 세계를 난도질하고, 스스로의 공백도 씻어내고, 살과 뼈를 다 추리고 나서야 비로소 진정한 회귀에 드는 순은의 언어. 그가 생각하는 시의 세계란 이렇듯 자신을 전부 도려내고 형체를 벗어 던져야 이를 수 있는 곳이다.

자신의 세계를 벗어내야 자신의 세계에 들 수 있는 길이란 예사로운 일이 아니다. 말을 버려야 말에 들 수 있는 세계, 즉 말이 존재가 되는 시의 세계이다. 시는 그 자신인 동시에 타자이다. 이러한 역설의 세계 속에 시는 존재한다. 시의 길에 있어 명확한 것은 어디에도 없다. 다만 분명한 것은 존재에 깃들기 위한 자는 그 자체로도 존재한다는 점이다.

4. 맺음말

공영해의 시를 읽으면서 마주치는 것은 그가 시를 방법으로서가 아니라, 자신의 존재에 대한 끝없는 모색에 큰 비중을 두고 있다는 것이다. 그에 시에 있어 시적 대상과 화자 사이의 감정 처리가 세련되지 못한 것은 안과 밖, 정靜과 동動, 밝음과 어둠, 뜨는 것과 가라앉는 것의 대립 혹은 일체화를 통한 순간적 포착, 즉 '여기, 지금' 속에 증폭되거나 응축되는 이미지 처리를 앞세우지 않기 때문이다. 그는 시를 상상력의 소산으로 보기에 앞서, 자신의 삶에 대한 화두로 삼아 마주하고 선 사람이다.

화두를 풀어야 할 자는 그 자신이다. 다만 중년을 넘어선 그가 우리에게 던지는 메시지는 일종의 실존적 경고일수도 있다는 점이다. 즉 모자라면 모자란 만큼 지금 말하지 않으면, 평생 자신에게 물음을 던진 적 없는 허상으로 살아간다는 것이며, 그것이 인생을 얼마나 우습게 대하고 있는가라는 데에 대한 뼈아픈 성찰로 우리 앞에 다가선다는 점이다. 앞으로의 시적 정진을 눈여겨 두고 볼 일이다.